湖北发展研究报告

武汉大学湖北发展问题研究中心
武汉大学发展研究院　组编

武汉大学出版社

湖北发展研究报告 2018

报告统筹人： 李　光

报告撰写人：
（以姓氏笔画为序）

万　庆	马　楠	王光杰	王薇薇	王　鑫
云昭洁	牛婧红	毛宗福	邓明亮	田　丹
史俊男	付新平	朱丽霞	乔亚兰	刘义胜
刘远翔	刘国新	刘　钒	刘　洁	杜　宇
李　光	李　波	李俊杰	李　健	杨　炎
杨树旺	杨　禹	连天碧	肖俊涛	肖艳丽
吴传清	何　凡	何瑜莎	邹进泰	邹　敏
沈壮海	宋子逸	张　宁	张君宇	张高琼
张　雪	张欲晓	张逸轩	陆　芳	陈池波
邵红梅	范欲晓	林　洪	尚斌斌	易江格
易　明	金　军	周恩德	周毓萍	赵荣凯
赵清强	胡雅洵	胡　然	南瑞江	段世德
贺　容	秦尊文	耿　新	徐干城	徐晓明
徐　峰	殷　潇	高程程	涂　瑜	黄　成
黄　涛	黄　磊	盛建新	彭　虎	葛　瑾
董　元	董　旭	童　欣	曾菊新	潘经韬

《湖北发展研究报告2018》由武汉大学湖北发展问题研究中心、武汉大学发展研究院组织研究和出版，并获湖北省普通高校人文社会科学重点研究基地建设基金、武汉大学人文社会科学发展基金支持。

目 录

发挥武汉大学在湖北创新发展中的支撑和引领作用
  沈壮海 ··· 1

湖北乡村产业振兴研究
  陈池波　潘经韬　赵清强 ································· 12

湖北省长江新城建设方略研究
  武汉大学发展研究院课题组 ······························ 36

推进湖北创新型省份建设的重点与对策研究
  盛建新　等 ·· 55

湖北省大健康产业发展现状及对策建议
  张欲晓　毛宗福　殷潇 ······································· 67

湖北省政府职能从研发管理向创新服务转变的现状及趋势研究
  林洪　涂瑜　云昭洁 ··· 78

大力提升湖北省民营经济高质量发展的综合竞争力
  李光 ·· 95

湖北省农村一、二、三产业融合发展研究
  王薇薇　徐峰 ·· 101

武汉国家中心城市建设进程及对策建议
  秦尊文　张宁 ·· 117

湖北省推进乡村振兴战略的人才队伍建设研究
  肖艳丽　邹进泰 ·· 137

湖北省科技创新创业政策监测评估研究
　　湖北省科技信息研究院课题组 ………………………………………… 146

湖北省工业效率的时空演化格局研究
　　贺　容　朱丽霞　曾菊新 …………………………………………… 165

以环保科技创新推进湖北省大气雾霾治理
　　易　明　邵红梅　杨树旺 …………………………………………… 185

湖北省高新区创新生态系统的评价研究
　　刘　钒　彭　虎　张君宇 …………………………………………… 193

湖北省稳定脱贫机制研究
　　武汉理工大学—湖北汽车工业学院联合课题组 …………………… 207

努力为国家及湖北省高质量发展作贡献
　　李　好 ………………………………………………………………… 218

湖北省武陵山片区精准脱贫亟待破解"最难一公里"
　　中南民族大学课题组 ………………………………………………… 226

武汉全面创新改革试验区建设的现状、问题与对策研究
　　黄　涛　等 …………………………………………………………… 233

武汉东湖高新区创新驱动发展战略研究
　　武汉光谷创新发展研究院课题组 …………………………………… 269

武汉航运交易所总体建设路径研究
　　付新平　等 …………………………………………………………… 281

湖北省黄石韧性经济体系建设研究报告
　　武汉大学经济与管理学院课题组 …………………………………… 301

关于武汉申办世界技能大赛的再次建议
　　李　光　乔亚兰 ……………………………………………………… 323

关于盛隆电气集团坚守实体经济走高质量发展道路的调研报告
　　李　健 ………………………………………………………………… 329

2017年湖北省国民经济和社会发展主要指标
　　易晓波　整理 ………………………………………………………… 334

后记 …………………………………………………………………… 335

发挥武汉大学在湖北创新发展中的支撑和引领作用

沈壮海

区域创新是国家创新发展的重要基石和有力支撑。习近平总书记2018年4月考察湖北时，特别强调了创新对于高质量发展的重要意义。以创新引领国家和地方经济社会发展是时代给大学提出的明确要求与重要使命。作为在鄂高校的排头兵，武汉大学创新人才聚集、创新基础雄厚、创新势头强劲，可以在推动新时代湖北创新驱动发展中发挥独特的支撑和引领作用。

一、大学对区域创新发展具有独特意义

大学是创新的基础和源泉。放眼世界，创新活力强的区域往往是研究型大学的汇聚之地，研究型大学往往成为推动区域创新的发动机。美国以斯坦福大学、加州大学系统为核心的硅谷和以麻省理工学院、哈佛大学为核心的波士顿高科技产业集聚区即提供了鲜明例证。

武汉大学是一所有125年悠久历史的综合性研究型国际化大学。改革开放以来，武汉大学以强烈的使命担当精神，自觉回应重大思想理论问题、攻坚重大科技前沿、创新人才培养机制，在国家和湖北的改革发展中做出了积极的贡献。陶德麟教授投身真理标准大讨论、查全性教授倡言恢复高考，为中华民族进入改革开放的新时期发出了武汉大学学者的声音；韩德培教授创立了具有中国特色的现代国际私法学理论体系，被誉为新中国国际私法的一代宗师；谭崇台教授作为将西方发展经济学引入中国的第一人，在中国发展经济学研究领域树立了丰碑；李崇淮率

先提出武汉市"两通起飞"战略构想,对武汉发展乃至全国的改革开放产生了积极的影响。武汉大学还参与了载人航天、三峡工程、南水北调、西电东输、高速铁路等国家重点工程项目的科学研究和工程建设,先后在国产高分遥感卫星数据高精度处理、北斗地基增强系统等领域取得一系列重大创新成果,在南北极科学考察、重大传染性疾病防治等科技攻关中不断取得新的突破。红莲型杂交水稻被公认为全球三大杂交水稻类型之一,植物生物反应器产业化体系国内首创、国际领先。

新时代的武汉大学,服务国家战略和地方经济社会发展的实力更加雄厚、热情更为充沛、动力更为强劲。学校目前跻身国家"双一流"计划重点建设高校,有10个学科列入"一流学科"建设计划,有5个国家重点实验室、2个国家工程技术研究中心、2个国家野外科学观测研究站、2个"2011计划"协同创新中心、1个国家高端智库、1个国家高端智库培育机构、9个教育部重点实验室和5个教育部工程研究中心,有7个教育部人文社会科学重点研究基地、10个国家基础科学研究与人才培养基地、10个国家级实验教学示范中心、3个国家级虚拟仿真实验教学中心。在教育部组织的第四轮学科评估中,学校有19个学科获评A类。一流学科数和A类学科数在全国居于前列,在湖北居于首位。有关学科在全球处于引领位置,如测绘科学与工程学科世界排名第一,化学学科进入全球ESI排名1‰。学校同时还进入了国家一系列重要建设计划,如"111计划""珠峰计划""海外高层次人才引进计划""卓越工程师教育培养计划""卓越法律人才教育培养计划"和"卓越医生教育培养计划"等。所有这些方面,都为武汉大学在新时代湖北创新发展中发挥好支撑和引领作用创造了良好条件、奠定了坚定基础。

二、充分发挥武汉大学在新时代湖北创新发展中的支撑和引领作用

当前,正是湖北省决胜全面建成小康社会、全面建设社会主义现代

化强省的关键历史阶段，也是湖北"建成支点、走在前列"的突破性阶段。国家自贸试验区、长江经济带建设等一系列重大战略机遇，为湖北的创新发展带来了新动能、提出了新要求。在新时代湖北创新发展宏伟进程中，应当充分发挥武汉大学"七大平台"的作用，即思想理论引领平台、基础科学策动平台、前沿科技孵化平台、领军人才汇聚平台、中外交流联通平台、新型智库协作平台、创新文化培育平台的作用。

（一）发挥"思想理论引领平台"的作用

思想是行动的先导，湖北创新发展实践亟待新思想引领。中共湖北省委十一届二次全会通过了《关于学习贯彻落实党的十九大精神全面建设社会主义现代化强省的决定》，提出了加快"建成支点、走在前列"进程，决胜全面建成小康社会，全面建设社会主义现代化强省的奋斗目标。武汉大学一直以来都是我国马克思主义教育、研究和宣传高地，有全国首批重点马克思主义学院，有全国排名第一的马克思主义理论学科，有28位中央或教育部马克思主义理论研究和建设工程首席专家，有中组部全国干部教育培训基地，牵头协同全国多方力量推出了大型工具书《马克思主义大辞典》等一批精品力作。在新时代湖北创新发展的进程中，可以充分依托武汉大学的力量，推进"新时代湖北讲习所"建设，深入开展习近平新时代中国特色社会主义思想的研究和教育，系统开展湖北省委重大决策部署、创新实践经验的研究和宣传，推动习近平新时代中国特色社会主义思想在荆楚大地落地生根、开花结果，为湖北的创新发展提供更好的思想理论引领和思想舆论环境。

（二）发挥"基础科学策动平台"的作用

强大的基础科学研究是建设世界科技强国的基石。当前，新一轮科技革命和产业变革蓬勃兴起，学科交叉融合更加紧密，一些基本科学问题孕育重大突破，全球科技竞争不断向基础科学研究前移。武汉大学基础科学研究整体水平高，国际影响力大，曾在很多重要领域实现了原创性突破。如舒红兵院士团队的细胞生物学、免疫学研究成果多次在国际顶级期刊发表；张俐娜院士团队的天然高分子及高分子物理研究，荣获2011年度国际纤维素和再生资源材料领域最高奖"美国化学会安塞姆·佩恩奖"；徐红星院士在单分子表面增强光谱和纳米全光网络方面做出了开创性和系统性的工作，奠定了我国在纳米光学和等离激元光子学领域的国际领先地位；窦贤康院士团队独立自主研制了Mie-Rayleigh-Na荧光双波长激光雷达和车载多普勒测风激光雷达两种先进的实验系统，在国内首次利用激光雷达实现对流层以上中高层大气的风场观测，为中高层大气动力学研究奠定重要基础，等等。目前，武汉大学正在以数、理、化、生等一流的基础学科体系为着力点，以高等研究院、医学研究院等前沿交叉研究特区建设为重要抓手，聚焦国际学术前沿和国家与地方重大战略，努力在偏微分方程以及应用、材料计算、量子物质能量转换、纳米材料、新能源化学与材料、生物功能材料、人类健康等领域推动原始创新和源头创新。在新时代湖北创新发展中，可进一步加强并充分发挥武汉大学基础科学策动平台的作用，发挥基础研究对于科技创新的战略支撑作用，汇聚力量，选准方向，探索新领域，发现新原理，寻求新突破，进一步夯实湖北创新发展中的基础科学根基，凸显湖北在服务国家重大战略中的地位和作用。

（三）发挥"前沿科技孵化平台"的作用

当前，以人工智能、清洁能源、机器人技术、量子信息技术、虚拟现实以及生物技术为主要领域的第四次科技革命正席卷全球，也为湖北提供了重大战略机遇。主动布局科技前沿，大力推进战略性新兴产业发展，是湖北创新发展的必由之路。目前，武汉大学已与小米共建人工智能研究院，聚集业务应用、产品开发和技术研究等方面的优势，推动开展基础性、前瞻性、交叉性及战略性科学研究；已瞄准"中国制造2025"，推进工业科学研究院建设，积极布局先进制造，努力为湖北的智能制造、高端装备发展等提供战略支撑；正聚合以测绘遥感学科为核心的空天信息世界一流学科群的优势，深度参与"湖北空天信息"实验室建设，筹建集突破型、引领型、平台型于一体的国家实验室，力争在地球空天信息领域整合全国创新资源，实现国家实验室的突破；正加快推进与武汉市共建第四代同步辐射重大基础研究平台，以打造前沿学科交叉合作的战略平台，提供原始创新和高新技术转化的温床；正加强水资源与水电工程科学国家重点实验室、梁子湖国家野外科学观测研究站建设，努力建强服务长江经济带水生态和水安全的协同创新体系；同时，也正进一步推动生物科学与医学融合的"大生命科学"等交叉学科建设、居于世界前沿地带的杂交水稻协同创新中心建设等。在新时代湖北创新发展的进程中，可以充分发挥好这些平台的作用，并依托武汉大学汇聚省内外相关力量启动相关战略平台建设，为湖北在新的科技革命浪潮中有新作为、有大作为布好局、下好先手棋。

（四）发挥"领军人才汇聚平台"的作用

创新驱动实质是人才驱动，人才是创新的第一资源。湖北要进一步转变发展方式、优化经济结构、转换增长动力，从高速增长阶段转向高质量发展阶段，迫切需要聚集人才、激活人才、用好人才。武汉大学现有11位中国科学院院士、7位中国工程院院士、3位欧亚科学院院士，舒红兵院士和徐红星院士连续刷新湖北省最年轻院士记录；有9位人文社科资深教授，5位荆楚社科名家；有22人次担任"973项目"（含国家重大基础研究计划）首席科学家、6位"863项目"计划领域专家、5个国家创新研究群体、56位国家杰出青年科学基金获得者、15位国家级教学名师、62位"长江学者奖励计划"特聘教授、24位"长江学者奖励计划"讲座教授、9个"长江学者和创新团队发展计划"创新团队。近年来，武汉大学以更大的力度实施"人才强校战略"，学校作为人才"磁场"的吸引力越来越强。2017年新增"国字号"人才总数位居全国高校前列：新增院士两名；新增长江学者排名全国第五，"杰青""优青"全国前六，"青千"并列全国第四，再创新高；两个团队入选国家自然科学创新群体，全国排名第二。在人才培养方面，作为全国首批双创基地，武汉大学坚持倡导"创造、创新、创业"教育理念，加大人才培养改革创新力度，为国家和湖北培养了大量创新创业人才。据统计，自2014年以来，武汉大学累计向武汉市输送各类优秀人才9344人，其中3760人扎根武汉基层，服务经济社会建设。武汉大学毕业生就业质量年度报告显示，2016届本科毕业生、研究生就业于湖北省的分别占27.52%和36.02%，是湖北省实实在在的"人才库"。在新时代湖北创新发展的进程中，可以进一步发挥武汉大学在引才、聚才、用才、育人方面的引领性作用，为全省的创新发展涵养人才资源、汇聚人才力量、强化人才优势、释放人才红利。

（五）发挥"中外交流联通平台"的作用

创新离不开开放。湖北的创新发展要聚四海之气、借八方之力，交天下朋友。武汉大学作为享誉世界的一所百年名校，可以更好地发挥中外交流联通作用，为湖北汇聚更多的国际化创新资源。武汉大学与哈佛大学、耶鲁大学、斯坦福大学、牛津大学、剑桥大学、东京大学、多伦多大学等60多个国家和地区的200多所大学、科研机构一直在开展深度合作交流。与法国巴黎七大、美国匹兹堡大学、德国杜伊斯堡-埃森大学、英国阿伯丁大学共建了四所孔子学院。武汉大学还积极深化与世界一流大学、研究机构和企业的深层次、实质性学术交流与合作，参与或牵头组织"欧盟科技框架计划"、中英"牛顿基金"、中国－新西兰"三兄弟"合作计划、中欧"龙计划"、南极科考等国际和区域性重大科学计划和科学工程；也正以共建昆山杜克大学为基础，推进"武大杜克研究院"等国际科研合作平台建设；同时依托法学、经济学、新闻学、测绘遥感、水利水电工程等优势学科，响应"一带一路"倡议国家战略，与沿线国家高校和科研机构开展面向国际和地区重大需求、具有显著影响力的实质性国际交流与合作；武汉大学主导的"中法非"高校合作平台建设已经启动并实质性顺利运行。此外，还值得一提的是，武汉大学有逾50万校友遍及全球各地，是推动湖北做大做强校友经济的引领力量和中坚力量。2017年先后开展两轮"武大校友资智回汉"，来自全球的"珞珈商帮"企业家和武汉市签约总金额达到3253

亿元。一大批校友"资智回汉",如在湖北设立小米第二总部、中诚信征信总部、中珈资本中小企业总部、中国数字出版企业总部等,将为湖北新经济发展注入活力、提供动力。在新时代湖北创新发展的进程中,可以充分发挥武汉大学在国际联通方面的优势与作用,在汇聚全球相关创新资源中助力湖北创新,在对接中外联通世界提升湖北的国际吸引力和影响力。

(六)发挥"新型智库协作平台"的作用

智库是助推创新发展的思想库、智慧库。党的十九大报告再次作出了"加强中国特色新型智库建设"的战略部署。2005年,武汉大学即明确提出实施"智库锻造"战略。2015年,武汉大学国际法研究所成为入选首批国家高端智库建设的25家机构之一;2017年,武汉大学中国边界与海洋研究院获批纳入国家高端智库建设培育单位,为湖北在国家新型智库战略中占得了先机、赢得了主动。目前,武汉大学正在全方位构建立体化的"珞珈智库方阵",现已形成以国家"2011计划"协同创新中心、国家高端智库为牵引,教育部人文社会科学重点研究基地、校部共建研究平台、省级重点研究基地为主骨,各类研究机构为基础的智库体系,瞄准国家和地方急需、紧扣时代发展主题,开展前瞻性、针对性和政策性研究。由武汉大学牵头组建的"国家领土主权与海洋权益协同创新中心"主动服务国家领土主权与海洋权益维护,全程参与了钓鱼岛、南海维权斗争,在每个关键阶段都提交了直接、管用的咨询报告,核心成果在国家相关政策制定和外交斗争中发挥了重要和关键性作用。武汉大学国际法研究所围绕"国际法治与中国主权安全""全球治理与国际民商新秩序"等问题,为有关部门参加国际谈判、实施WTO协定等国际条约、修改国内有关立法提供了大量咨询报告并得到采用。武汉大学发展研究院、中部研究院、质量发展战略研究院、文化创新发展研究院、党内法规研究中心等一批智库机构也都在国家和湖北发展中积极发挥着作用。在新时代湖北创新发展的进程中,可以进一步强化这些智库"关注世界、研究中国、聚焦湖北"的研究特色,引导其更好地为湖北发展建言献策；可以依托武汉大学聚合校内外智库力量，建设智库联盟或智库协作机制，汇聚国内外研究湖北、服务湖北的智慧力量。

（七）发挥"创新文化培育平台"的作用

习近平总书记强调，要"在全社会积极营造鼓励大胆创新、勇于创新、包容创新的良好氛围"，"坚持用创新文化激发创新精神、推动创新实践、激励创新事业"，"让创新在全社会蔚然成风"。"自强　弘毅　求是　拓新"是武汉大学校训精神，创新文化是武汉大学校园文化的内核。着力弘扬创新文化，培养创新人才，是武汉大学长期以来的不懈努力和优良传统。这种不懈努力和优良传统，在一批批杰出校友的成长中得到了鲜明的印证和体现。统计数据显示，2017年国家"杰青"入选者中，有9位本科毕业于武汉大学，数量位列全国高校第二，仅次于北京大学（有10位入选者本科毕业于该校）；2017年国家"优青"入选者中，有18位本科毕业于武汉大学，数量位列全国高校第二，仅次于中国科技大学（有20位入选者本科毕业于该校）；2017年国家"优青"入选者中，有13位博士毕业于武汉大学，数量位列全国高校第四，前三位分别是北京大学（20位入选）、中国科技大学（20位入选）、清华大学（16位入选）。2017年11月23日发布的《2017胡润百学·最具财富创造力中国大学排行榜》中，武汉大学总共有12位企业家校友上榜，在所有上榜的72所高校中位列第7位、在全省高校遥遥领先。这也是武汉大学创新人才培养成效的具体例证。目前，面向国家"双创"战略，武汉大学正在大力实施创新创业教育，构建全覆盖、多层次的创新创业课程，建立通识教育与专业教育、专业教育与创新创业教育有机融合的本科教育培养体系。在新时代湖北创新发展的进程中，一方面，可以进一步激发武汉大学在创新人才培养方面改革创新的活力，支持其为国家和湖北培养更多高质量的创新人才；另一方面，可以依托武汉大学积极开展创新人才的高端培训，在全省范围内推动创新文化建设，推动创新精神的弘扬，为全省的创新发展营造良好的文化环境。

三、进一步加大支持力度，将武汉大学建设成为湖北创新发展的重要引擎

大学是区域创新发展的重要支撑。对大学创新发展的支持，是面向创新的投资、面向未来的投资。充分发挥好武汉大学在新时代湖北创新发展中的支撑和引领作用，离不开中共湖北省委、省政府的关心和支持。在全面推动武汉大学加强服务湖北创新发展"七个平台"建设的同时，建议省委、省政府在以下四个方面给以更大力度的指导和支持：

（一）大力支持"双一流"建设，用"双一流"建设成效更好助推湖北经济社会发展

2018年5月26日，教育部与湖北省人民政府正式签署湖北"双一流"建设高校共建协议，湖北省把武汉大学等7所"双一流"建设高校的改革发展纳入全省经济社会发展总体规划，这是统筹利用中央和地方两方面资源，提升湖北高校办学水平和质量的重要举措，有利于将"双一流"建设与服务湖北经济社会发展紧密结合，促进人才、学科、科研与产业互动，推动重大科学创新、关键技术突破转化为先进生产力，增强高校创新资源对湖北经济社会发展的驱动力。

建议湖北省进一步统筹校地协同创新政策，在全局中谋势、在关键处落子，让"双一流"高校创建工作底气更足、干劲更大、势头更猛，同时引导"双一流"高校扎根湖北大地、服务湖北需求、解决湖北问题，实现"双一流"建设与新时代湖北创新发展互为促进、同频共振。

（二）大力支持武汉大学建设一批重大科学工程，助力湖北发挥先发优势、实现引领型发展

大科学工程是解决重大关键性科学技术难题和影响经济社会发展瓶颈性问题的重要途径，是一个国家或地区综合实力的重要体现。为了推

动湖北加快建设科教强省、武汉加快建设国家中心城市和综合性国家科学中心，武汉大学瞄准国家重大战略需求和学术前沿，正抓紧谋划第四代同步辐射光源（武汉光源）、空天信息国家实验室（空天信息军民融合湖北实验室）等一批关系未来长远发展的重大科学工程落户湖北，同时正在抓紧建设高等研究院、医学研究院、国家网络安全学院、工业科学研究院、主体功能区战略研究院、新能源研究院、大数据研究院以及人工智能研究院，努力产出一批引领科技变革和社会经济发展的重大原创性成果。同时，为了推动创新链、产业链、资金链、人才链深度融合，形成立体创新体系，武汉大学正着力打造以科技研发区、成果孵化区为主体的产学研创新基地。

建议湖北省积极支持武汉大学配合武汉市立项建设"第四代同步辐射光源（武汉光源）"，请中共湖北省委、省政府主要领导协调国家部委立项事宜；积极支持空天信息国家实验室（空天信息军民融合湖北实验室）建设；对高等研究院、医学研究院、国家网络安全学院、工业科学研究院、主体功能区战略研究院、人工智能研究院等创新平台给予配套支持，并推动创新平台与相关产业对接；在长江新城规划中综合考虑武汉大学产学研创新基地和武汉光源建设事宜。

（三）大力支持武汉大学引才育才，助力湖北打造世界顶尖人才的聚集高地

武汉大学作为湖北领先的人才高地，将围绕国家重大战略、湖北省支柱产业和新型产业、学校学科优势，努力引进一批国内外具有重大原始创新能力的科学家、具有推动重大技术革新能力的科技领军人才、具有重大潜力的青年科技人才和高水平创新团队，为湖北省打造世界顶尖级人才高地、抢占未来发展制高点做出应有的贡献。

目前，武汉大学正大力实施"人才强校"战略，面向海内外加大人才引育力度。建议湖北省与高校着力打造并不断强化高端人才引进的"合力"机制、激发人才创新创造的"动力"机制，催生人尽其才、才尽其用的"活力"机制，为"省校人才共建"提供相应的政策与资金

支持，特别是对武汉大学在高端人才引进、现有人才稳定和人才配套科研支持等方面给予经费支持，并对武汉大学人才公寓建设给予政策支持。

（四）大力支持珞珈智库方阵建设，为湖北改革发展稳定提供有效智力支持

支持武汉大学发挥学科特色和学科优势，围绕"推动湖北高质量发展""着力打好三大攻坚战""深化供给侧结构性改革""全面深化改革开放""加快创新强省建设""加快发展民营经济""实施乡村振兴战略""做好民生工作""加强作风建设"等领域，在湖北深度融入长江经济带建设、长江中部城市群建设、武汉"自主创新"示范区建设等方面更好地开展前瞻性、针对性和储备性研究。

建议湖北省加大对智库的建设力度和投入力度，关注并支持珞珈智库方阵建设，构建政府部门与高校智库高效对接机制、智力成果高效转化机制，吸纳更多学者为湖北经济社会发展提出更多专业化、建设性、切实管用的意见、建议和对策报告，为湖北创新发展提供更为有效的智力支持。

报告撰稿人：沈壮海　中共武汉大学委员会副书记、教授、博士生导师、教育部"长江学者奖励计划"特聘教授、湖北省人民政府咨询委员

湖北乡村产业振兴研究*

陈池波　潘经韬　赵清强

党的十九大报告提出实施乡村振兴战略，明确"产业兴旺、生态宜居、乡风文明、治理有效、生活富裕"的总要求，为新时代农业农村改革发展指明了航向。2018年中央一号文件《中共中央　国务院关于实施乡村振兴战略的意见》对乡村振兴战略进行了全面部署。乡村振兴，产业振兴是重点。产业兴则农村兴，没有产业兴旺的乡村振兴，无异于无源之水、无本之木，生态宜居、治理有效、乡风文明和生活富裕等目标也无从谈起。乡村产业振兴能够创造出更多的就业岗位和工作机会，能够为乡村发展吸引和凝聚强大的人才队伍和人力资源，同时也能为农民收入增长和农村经济发展拓展持续稳定的渠道，从而为乡村政治、文化、社会和生态文明建设提供物质条件和基础，继而实现乡村全面振兴。

湖北是农业大省，素有"鱼米之乡"的美誉，是我国重要的商品粮、棉、油、生猪和淡水水产品生产基地。长期以来，中共湖北省委、省政府认真贯彻落实党中央、国务院关于"三农"工作的决策部署，高度重视"三农"工作，积极探索农村产业发展的湖北模式，深度拓展湖北特色的农村产业发展新动能新业态。2018年3月，湖北省发布了《中共湖北省委　湖北省人民政府关于推进乡村振兴战略实施的意见》，对谱写湖北乡村振兴新篇章提出了总体要求和基本思路，并突出强调加快推进农村强省建设，为实现湖北乡村产业振兴指明了

---

*　本研究受中南财经政法大学一流学科建设项目"乡村振兴战略决策咨询与公共服务（项目编号：31730041805）"资助。

方向。

一、湖北乡村产业振兴的基础

近年来,湖北省加快推进农业供给侧结构性改革,稳步推进新农村建设,农业生产发展形势持续向好,农业基础支撑能力稳步提升,新型农业经营主体蓬勃发展,农产品加工业持续健康发展,农村新产业新业态快速发展,农村综合改革取得显著成效,为实施乡村振兴战略和实现乡村产业振兴奠定了坚实基础。

(一) 农业生产发展形势持续向好

近年来,湖北省农业生产发展整体上呈现"稳中有进"的良好态势,农业综合生产能力稳步增强。2016 年,湖北省农林牧渔业增加值达到了 3780.8 亿元,比上年增长 4.0%(扣除价格因素),实现了"十三五"的良好开局。2017 年,湖北省农林牧渔业增加值再创新高,达到 3921.03 亿元,比 2016 年增长 4.3%(扣除价格因素)。

1. 粮食生产能力显著增强

湖北省是全国 13 个粮食主产区之一。2013 年,湖北省粮食总产量突破 500 亿斤大关,粮食综合生产能力跃上新台阶,2014—2017 年连续四年稳定在 500 亿斤以上,2015 年更是达到历史最高的 541 亿斤。2017 年,湖北省粮食种植面积 6707.59 万亩,比上年增加 52.29 万亩;粮食总产量达 519.93 亿斤,比上年增加 9.11 亿斤,增长 1.8%。

2. 经济作物持续稳产增效

湖北省拥有"全国第一油菜大省"的金字招牌。2016 年,湖北省油菜种植面积为 1725.65 万亩,油菜子总产量达 241.63 万吨,连续 22 年稳居全国第一。2017 年,湖北省油菜子产量再创新高,总产量达 248.08 万吨。蔬菜、水果和茶叶等经济作物也保持稳产增效。2016 年,湖北省蔬菜面积、产量分别达到 2028.2 万亩、4001.7 万吨,同比分别增长 2.9%、3.9%,蔬菜产量居全国第 7 位;水果产量达到 1010.4 万吨，同比增长 4.6%，居全国第 10 位；茶叶产量达到 29.6 万吨，同比增长 10.2%，居全国第 3 位。2017 年，湖北省蔬菜产量高达 4133.92 万吨，同比增长 3.3%；茶叶产量高达 31.4 万吨，同比增长 6.1%。

3. 林业生产实现质效同增

2016 年，湖北省造林总投入超过 127 亿元，超历史最高水平；完成造林面积 366.7 万亩，其中人工造林面积 257.6 万亩，超额完成植树造林任务；林业总产值达到 2850 亿元，同比增加 22.6%。

4. 畜牧产业发展形势良好

2016 年，湖北省畜牧业生产总值突破 1700 亿元。生猪出栏量达到 4223.6 万头，居全国第 6 位；牛出栏量达到 160.3 万头，同比增长 0.3%；羊出栏量达到 555.4 万只，同比增长 0.9%；家禽出笼 52195.9 万只，同比增长 1.9%；禽蛋产量 167.8 万吨，同比增长 1.5%。

5. 渔业生产保持强劲发展

近年来，湖北省放养面积整体上稳中有升，水产品保持平稳增长。2016 年，湖北省放养面积达到 1048.35 万亩，同比增长 1.6%；改造标准化池塘 40 多万亩，新建水产生产板块基地 192 个，新增稻渔综合种养面积 80 多万亩。2016 年湖北水产品产量达到 470.81 万吨，比上一年增长 3.3%，连续 21 年保持第一淡水产品大省地位。

（二）新型农业经营主体蓬勃发展

近年来，湖北省新型农业经营主体不断发展壮大，为实现湖北乡村产业振兴提供了有力支撑。截至 2016 年底，湖北省各类新型农业经营主体达到 24.1 万家，其中种养专业大户达到 8.03 万户，经工商登记注册的农民专业合作社达到 7.05 万家、家庭农场达到 2.56 万个，分别比去年增长 16.1% 和 28.6%，培育新型职业农民达 10 万余人。截至 2016 年底，湖北省县级以上龙头企业 3966 家，省级龙头企业 853 家，其中销售收入过 10 亿元的企业达到 79 家。省级龙头企业固定资产总额 761.7 亿元，同比增长 6.4%；实现主营业务收入 4112.4 亿元，同比增长 5.2%；净利润 191 亿元，同比增长 6.5%；纳税总额 94.6 亿元，上缴税金过亿元的龙头企业达到10家,其中劲牌公司纳税超过25亿元。随着新型农业经营主体的蓬勃发展,各种类型新型经营主体探索出入股入社、订单合同、托管联耕等多种经营模式,带动了多种形式的农业适度规模经营。

(三) 农村综合改革取得显著成效

近年来,湖北省各项农村改革协调推进,农村综合改革取得显著成效,农村土地承包经营权确权登记颁证基本完成,农村产权交易体系建设有序推进,农村集体资产股份合作制改革试点顺利推进,集体林权制度主体改革工作全面完成,农村金融制度改革稳步推进,为农村产业发展带来了政策红利和新活力。

1. 农村土地承包经营权确权工作基本完成

2015年,湖北省共有59个县(市、区)基本完成农村土地承包经营权确权登记颁证工作,实测面积3013.4万亩,确权249.5万户,订立合同249.5万份,建立登记簿236.5万份。截至2016年12月底,湖北省已经完成对856.8万农户的权属调查,占二轮延包农户总数的92.9%,完成实测面积6814.5万亩,占总数的90%。

2. 农村产权交易体系建设有序推进

2015年,湖北省已建成运行41家市县级农村综合产权交易中心(所),建立乡镇土地流转服务平台1150个,县级土地承包仲裁委员会95个。武汉城市圈农村产权流转交易平台基本实现联网运行,交易信息互通共享。2015年,湖北省共开展农村综合产权交易9300宗,交易金额155亿元,办理农村产权抵押贷款32亿元。截至2016年12月底,湖北省已建成县级以上农村产权交易市场54个,其中市级10个、县级44个,统一联网的农村产权流转交易市场初步建立。2016年,湖北省共办理农村综合产权交易3.25万宗,交易金额达48亿元。

3. 农村集体资产股份合作制改革试点稳步推进

湖北省京山县被列为全国农村集体资产股份合作制改革试点县,截至2016年12月底,京山县365个村共清理核实村级资金1.41亿元、资产8.88亿元、资源103万亩，界定农村集体经济组织成员11.45万户、43.76万人，全面完成改革试点方案确定的目标任务。京山县在农村集体资产清理、集体成员身份确定、集体资产股份配置、股份权能落实和保障等方面，初步形成了配套的制度体系，为全省改革探索了道路、积累了经验。省级试点宜昌市夷陵区共有134个村完成清产核资，36个村完成集体成员身份界定，11个村完成股权配置，10个村成立了经济股份合作社。武汉市蔡甸区共有156个村完成清产核资和集体成员界定，9个村成立了股份经济合作社。

4. 集体林权制度主体改革工作全面完成

湖北省襄阳市、恩施市作为国家集体林业综合改革试点示范区，在集体林权"三权分置"、投融资平台、社会化服务体系、可持续经营管理等重点领域创新，摸索出了一批释放林业经营发展活力的改革举措。

5. 农村金融改革顺利推进

农村合作金融创新试点范围扩大，截至2016年底，湖北省共有10个试点县（市、区）通过农村合作金融创新平台发放涉农贷款14.35亿元，年均利率控制在7.35%以内，有效破解了农户贷款"难"、贷款"贵"问题。农村"两权"抵押贷款试点进展顺利，湖北省共有12个试点县（市、区）全部建立"两权"等级管理服务平台和流转交易平台。各试点县（市、区）政府统筹安排财政性资金，设立"两权"抵押贷款风险补偿基金2.3亿元，明确贷款损失分担比例，由风险补偿基金和金融机构共同承担"两权"抵押贷款风险，积极开展"两权"抵押贷款产品和服务方式创新，截至2016年年底，湖北省"两权"抵押贷款余额9.5亿元。

（四）农产品加工业持续健康发展

近年来，湖北省农产品加工业持续健康发展，已成为全省规模最大、发展最快、就业最多、效益最好、农民获利最丰的"五最"产业，并构成了农村产业发展的中坚力量。2016年，湖北省农产品加工业主营业务收入达到13656.37亿元，占全省规模以上工业的30.20%，同比增长6.40%，其中食品工业主营业务收入达到8450.04亿元，同比增长6.90%，高于全国平均增速1.6个百分点。农业总产值与农产品加工业产值之比为1∶2.43，农产品加工业对农业增长的贡献率达到24.20%，拉动工业经济增长1.9个百分点。农产品加工业实现税金754.07亿元，占规模以上税金总额的39%；实现利润698.93亿元，占规模以上利润总额的28.60%，同比增长4.7%。

随着农产品加工业的跨越式发展，农产品加工企业的实力不断增强。湖北省规模以上农产品加工企业达到5423万家，同比增长173家，占全省规模以上工业企业的32.90%。全省主营业务收入过100亿元的农产品加工企业有6家，过50亿元的企业有14家，过30亿元企业有38家，过10亿元的企业有191家，过亿元的企业有2691家。湖北省亿元以上农产品加工企业实现主营业务收入12381.16亿元，同比增长9.9%，占全省农产品加工业的90.70%。随着农产品加工业的跨越式发展，相关加工企业的实力也不断增强。而在这些企业的带动下，订单农业、龙头企业+合作社+农户、粮油存储银行等农企利益联结模式不断完善和推广。同时，农产品加工业带动农户就业增收效果越来越明显，对农业向产前和产后融合发展的推动引领作用越来越强。

（五）农村新产业新业态快速发展

近年来，湖北省农村电子商务、休闲农业和乡村旅游等新产业新业态快速发展，新模式不断涌现，加速了农村产业融合发展，拓展了农村产业发展的空间。

1. 农村电子商务不断发展，农村物流体系逐步完善

2015年，湖北省26个农村电子商务示范县（市）共建立乡镇服务站215个，村级服务点2965个，实现农副产品网络交易额25.1亿元，加工品网络销售额22亿元，农村旅游服务网络销售额7亿元，带动社会就业4.1万人。2016年，湖北省农村电子商务持续快速发展。截至2016年底，湖北省共建成县级运营中心30个，县级仓储配送中心18个，乡镇服务站328个，村级服务站4400个，其他物流配送体系项目

25个，26.7%的村设有电子商务配送站点。2016年，全省累计实现农副产品网络销售额50亿元，加工品网络销售额78亿元，农村旅游服务网络销售额17亿元，带动企业投资额1亿元，带动社会就业11.8万人。

2. 休闲农业和乡村旅游蓬勃发展

2016年，湖北省积极开展"旅游名县、名镇、名村、名街、高星级农家乐创建活动"，命名旅游强县20个，旅游名镇24个，旅游名村97个，旅游名街11个，高级农家乐346个，休闲农业与乡村旅游示范点120个。2016年，湖北省开展乡村旅游的村占到全省的8.5%，比全国高3.4个百分点。全省乡村旅游接待游客达1.7亿人次以上，实现乡村旅游综合收入1500亿元以上，占全省旅游人数和综合收入的比重均达到1/3。其中国庆节、中秋节、端午节等节假日期间乡村旅游市场份额达到60%以上。

二、湖北乡村产业振兴的短板

近年来，湖北省农业生产发展形势持续向好，农业基础支撑能力稳步提升，新型农业经营主体蓬勃发展，农产品加工业持续健康发展，农村新产业新业态快速发展，农村综合改革取得显著成效，为实现乡村产业振兴创造了有利条件、奠定了坚实基础。但从总体来看，湖北省农村产业发展还面临着农业生产效益相对较低、农业基础设施仍需完善、农业农村人才队伍不优、农业社会化服务体系不健全、农村产业融合发展层次较低等诸多问题和短板，这些对实现乡村产业振兴形成了巨大的挑战。

（一）农业生产效益相对较低

伴随着经济发展进入新常态，全省农业生产面临着农产品价格"天花板封顶"和生产成本"地板抬升"的双重挤压，农业生产成本普遍上涨，农产品价格趋于下行，农业生产效益相对较低，大大限制了农业生产的增收空间,导致农产品竞争力不强。

一方面,农业生产成本不断上涨,特别是土地成本和人工成本涨幅较大,种子、化肥和农药等生产资料价格在高位徘徊,挤占了农民的增收空间,导致农业生产比较效益低下。2011—2016年湖北省中籼稻、油菜子和小麦三种农作物的生产成本整体上均呈现出上涨的趋势。中籼稻的亩均生产成本从2011年的856.84元增加到2016年的1098.43元,增长了28.19%。油菜子的亩均生产成本从2011年的524.43元增加到2016年的761.53元,增长了45.21%。小麦的亩均生产成本从2011年的556.33元增加到2016年的699.02元,增长了25.65%。其中,人工成本上涨是推动农业生产成本上涨的主要因素。中籼稻亩均人工成本从2011年的289.51元增加到2016年的435.17元,增长了50.31%,比生产总成本的增长率高22.12个百分点。油菜子亩均人工成本从2011年的435.17元增加到了2016年的393.34元,增长了64.17%,比生产总成本的增长率高18.96个百分点。小麦每亩人工成本从2011年的159.07元增加到2016年的235.32元,增长了59.26%,比生产总成本的增长率高33.61个百分点。此外,种子、化肥、农药和机械作业等物质与服务生产成本均存在不同幅度的上涨。

另一方面,农产品价格趋于下行,近年来均存在不同程度的下跌。2016年,湖北省每50公斤中籼稻平均销售价格为129.17元,比2011年要下跌了3.69元,比近5年最高价位的2014年(134.68元)要低5.51元。湖北省每50公斤油菜子平均销售价格在2013年达到高位(236.00元)后,整体上开始呈现下跌的趋势,尽管在2016年有所回升,但2016年的每50公斤平均销售价格仍比2013年低41.61元。小麦每50公斤销售价格在2014年达到高点(111.56元),但在2015年和2016年连续两年下跌,2016年的每50公斤的销售价格要比2014年低11.50元。

在单产水平提升幅度不大的情形下,农业生产受到生产成本上涨和农产品价格回落的双重影响,农业生产经营的效益空间也受到挤压,导致农产品竞争力不强,农民农业经营性收入增加面临更大的挑战。2016

年，湖北省中籼稻每亩现金收益要比2015年低260.18元。湖北省油菜子每亩现金收益在2013年达到高位（526.95元）后，整体上开始呈现下跌的趋势，尽管在2016年有所回升，但2016年的每亩现金收益仍比2013年低257.95元。湖北省油菜子每亩现金收益在2013年达到高位（421.58元）后，在2014年、2015年和2016年连续三年下跌，2016年的每亩现金收益要比2013年低81.30元。

（二）农业基础设施仍需完善

近年来，湖北省逐步加大农业基础设施建设力度，开展了高标准农田建设、农田水利工程建设和农业信息化服务平台建设等一系列农业基础设施建设项目，农业基础设施有所改善，但由于农业基础设施建设欠账太多、管理不善，整体上农业基础设施建设仍然相对滞后，还不能满足现代农业生产发展的需要。

1. 农田水利设施薄弱

农业生产面临着自然风险和市场风险双重风险，气候和环境的极端变化导致的高温干旱、大量降雨和病虫害等自然灾害增加了农业生产的不稳定性，而农田水利设施建设能在一定程度上降低干旱、洪涝等自然灾害对农业生产的不利影响。由于前期建设投入不足和后期维护管理不善，部分水库、引水渠和排灌设施等农田水利设施年久失修、严重老化，出现了排灌不畅、设施损坏等现象，甚至出现了完全不能使用的情况，大大降低了农田抵御自然灾害的能力，严重影响了农业生产发展。

2016年，湖北省梅雨期间的连续强降暴雨天气，此次降雨突发性强、雨量大，对我省鄂东、鄂南、江汉平原东部、鄂中丘陵等广大地区造成严重的洪涝灾害，给全省粮食生产造成较大损失，部分重灾区约12%的早稻面积、6.2%的中稻面积、8.6%的玉米面积绝收，蔬菜、牲畜、水产品等生产也有不同程度的损失，虽然通过抗灾救灾和农户生产自救等措施，减小了损失，但农业仍然减产短收。2016年灾情调查结果显示，2016年荆州市农作物受灾面积362.45万亩，成灾面积214万亩，绝收面积70.06万亩；253个养殖场受灾，生猪死亡68.19万头，家禽死亡18.3万只；养殖水面受灾面积79382.54公顷。2016年随州市农作物受灾面积达69.2万亩，占农作物总面积的26.7%，其中成灾27.29万亩，绝收5.96万亩，种植业损失达33345.4万元，畜禽养殖损失达6303.2万元，渔业经济损失达18596.5万元。这些数据说明湖北省农田水利基础设施仍不完善，抵御自然灾害能力不强。

2. 农村信息化建设滞后

湖北省农村大部分地区农村宽带基础设施滞后，且缺乏专业技术人才，建设农村综合信息化服务平台难度较大。由于缺乏对农业生产经营、农民创业、农产品销售等信息的有效整合和综合利用，跨部门、跨地区、跨行业的农村公共信息共享程度较低，延缓了农村产业的快速发展。

（三）农业农村人才队伍不优

随着湖北省城镇化水平的不断提高，大量农村青壮年劳动力外出务工，农村劳动力呈现出年龄、性别、素质等结构性矛盾和农业用工季节性短缺问题，新型农业经营主体带动能力有限，现代农业人才队伍建设任务艰巨，难以适应现代农业发展的需要，乡村产业振兴仍然受到制约。

1. 农村劳动力存在结构性短缺

由于种植业生产周期长，收益低等多种因素影响，农村青壮年劳动力大量外出务工，农村人口空心化问题严重。2016年，湖北省全省外出农民工人数为1112.81万人，高于"十二五"期间年均外出农民工人数（1092.80万人）；外出农民工占农村从业人员比重高达47.4%，高于"十二五"时期年均占比（46.7%）。农村留守人口多为"386199"部队（妇女、儿童和老人），农业劳动力呈现弱质化的趋势。

一方面，由于农村青壮年劳动力的大量转移，从事农业生产的劳动力多为老人和妇女。2016年，湖北省向外转移的农民工中，21~49岁的劳动力人数的人数为787.94万人，比2015年增加2.91万人。21~49岁的劳动力人数占外出总数的70.8%，比重比上年提高了0.6个百分点，由此可见青年劳动力是湖北省农村外出从业人员的主力军。农村青壮年劳动力大量转移的后果是，农村留守劳动力中绝大部分是50岁以上的老人和妇女。2016年，湖北省农业经营人员中55岁以上占41.4%，高于中部地区7.0个百分点，也高于全国平均水平7.8个百分点。相比青壮年劳动力而言，老人和妇女的体力劳动能力低，接受新技术、新事务的观念淡薄，造成农业技术推广进程缓慢、科技应用水平停滞不前，农业生产效益有倒退的危险。在农忙季节，由于劳动强度大和用工紧张，农业劳动力还会出现短缺，导致农业生产压力加大。

另一方面，农业劳动者受教育程度较低。2016年，湖北省外出农民工中，初中学历占56.2%，高中及以上占32.6%，而小学及以下仅占11.2%，与2015年相比高中以上文化程度比重提高0.4个百分点，而低学历比重分别下降0.2个百分点，高学历占比逐渐提高，而低学历占比逐渐减少。由此可见，湖北省外出务工劳动力文化程度呈现出上升的趋势。农村劳动力的快速转移也会导致大量高学历、高素质的农村劳动力流向农村，从而造成留守劳动力中高学历占比逐渐减少，低学历占比逐渐提高。2016年，湖北省农业经营人员中小学及以下文化程度占44.3%，高于中部地区5.9个百分点，也高于全国平均水平0.9个百分点。较低的受教育水平限制了农业劳动者的经营观念、创新意识和技术学习能力，导致农业劳动者科技意识薄弱、创新意识不强，仍以传统的方式进行农业生产，难以适应发展现代农业的需要。

2. 新型农业经营主体带动作用有限

目前，湖北新型农业经营主体数量虽多，但在产销能力、农技水平、加工能力等方面发展极不平衡，在农业科技成果应用、市场开拓等方面的引领作用不明显，未能形成明显的规模优势和集聚带动效应，还不能成为乡村产业振兴的骨干力量。具体表现在三个方面：

第一，新型农业经营主体整体实力不强。有实力的新型经营主体少，部分新型经营主体自我发展能力有限，缺乏拳头产品和知名品牌，抗市场风险能力小，产品缺乏市场竞争力，与其他农业强省相比还存在较大差距。以农业产业化龙头企业为例，2016年山东省规模以上农产品加工企业1.3万家，农产品加工业主营业务收入3.7万亿元，分别是湖北省的2.4倍和2.6倍；省级龙头企业销售收入7172.3亿元，是湖北省的1.73倍；出口92.5亿美元，是湖北省的6.3倍；过百亿元的龙头企业11家，10亿元以上龙头企业131家，湖北省只有4家和79家。

第二，部分新型经营主体经营项目单一，带动能力有限。家庭农场、专业大户和农民专业合作社主要从事种植养殖活动，属于"生产-销售"型结构，管理运行不规范、组织化程度低，参与产业融合能力有限。2016年，孝感市农民专业合作社达到4800多家，入社农户4.1万户，带动农户40多万户，分别占全市农户总数的4%和40%。农产品加工龙头企业普遍存在着初级加工多、精深加工少、产品附加值低的现象，且与农户的合作不紧密、利益分配不规范，带动农民增收能力有限。

第三，部分经营主体自主创新能力不足。农业新型经营主体中懂技术会管理、市场开拓能力强的复合型人才不多，缺乏专业技术人才和先进生产技术，导致创新能力不足，对资源禀赋和财政支持项目依附性强，难以形成核心竞争力。受技术装备、经营理念和创新能力等因素制约，农产品加工转化能力较低。2016年，全省农产品综合加工率约为67%，精深加工率约为18%，远低于农产品加工发达国家和地区90%的加工率及60%的精深加工率，且产品同质化现象比较突出。

（四）农业社会化服务体系不健全

湖北省农业社会化服务体系经过多年的建设取得了一定成绩，对农业生产发展的服务作用也逐步加强，但依然存在公益性服务机制不顺、经营性服务能力不足和服务内容供需不匹配等问题，仍需进一步健全和完善。

1. 公益性服务机制不顺

从中华人民共和国成立到现在，湖北省逐步建立起以农技推广为核心的农业公益性社会化服务体系，农业公益性社会化服务的作用逐步增强，但体制机制不顺畅的问题仍然存在，限制了农业公益性社会化服务作用的充分发挥。

一是基层农技推广服务体系不完善。随着乡镇机构改革的逐步推进，基层农技推广服务体系形成了"以乡镇管理为主的县、乡双重管理，县级农业部门指导工作，基层财政核发工资"的双层管理体制。这种管理体制虽然节约了基层农技推广服务的成本，但也限制了农技推广服务的工作经费、基层农技人员的提拔和流动，从而使基层农机推广人员的服务工作时间和积极性难以保证，部分地区出现了"网破、线断、人散"的现象，影响农技推广工作的正常开展。

二是基层农技推广服务人员结构不合理。目前，湖北省基层农技推广人员以种养能手为主，普遍存在学历低、知识结构单一且老龄化等问题。由于管理体制不畅和工作经费不足等问题的限制，基层农技推广人员很难接受到专业化、系统化的技术培训，对新技术的理解和熟练程度不够，加之服务方式单一、服务半径有限，大大削弱了新技术的推广应用效果。

三是产学研衔接机制不畅，技术扩散渗透力不强。目前湖北省各涉农科研单位和高等院校通过"科技下乡"、"基地建设"等活动形式与基础推广机构和农业经营者初步建立起利益联结机制和技术沟通平台，但也仍然存在产学研对接不畅和技术熟化推广不足等问题。各涉农科研单位和高等院校主要分布在城镇地区，与处于在生产一线的农业经营者缺乏及时有效的信息沟通，容易出现农业技术供给与农业技术需求不匹配的现实困境，最终导致农业生产经营的技术装备欠缺、科技成果转化水平不高的结果。

2. 经营性服务能力不足

近年来，湖北省农业经营性社会化服务组织快速发展且服务效果良好，有效促进了当地农业产业化经营，但也存在服务能力不足等现实问题。

一是服务方式创新不够，服务覆盖面较窄。近年在国家政策的支持下，各类农业经营性服务组织如雨后春笋般不断涌现，但整体上经营规模小且发育迟缓，服务方式仍以传统订单作业为主，服务内容以机械化播种、收割等传统生产性服务为主，服务功能单一、服务层次低，缺乏新技术、新装备的有效应用。

二是规范化组织化程度低，带动能力不足。部分从事经营性服务的农民专业合作社存在组织管理松散、利益分配机制不健全、缺乏现代管理经营理念等问题，组织化程度较低，辐射带动能力有限。部分农业产业化龙头企业对财政补贴类项目的依赖性强，与农户的利益联结机制不紧密，缺乏对农户生产、销售等经营活动的有效指导与带动。

3. 服务内容供需不匹配

目前，湖北省农业社会化服务注重以农资供应为主的产前服务和以农机作业服务为主的产中服务，对农产品保鲜、加工、销售和贮藏等产后服务的重视程度不够，同时也忽视了信息、技术、金融和保险等配套服务。随着农业生产逐步向市场化、专业化发展，农业经营主体不仅仅需要单纯的产前和产中服务，更加渴望得到农产品保鲜、加工、销售和贮藏等产后服务和信息、技术、金融和保险等配套服务。但现实情况是，湖北省大部分农业社会化服务组织的服务内容以产前服务和产中服务为主，像农产品保鲜、加工、销售和贮藏等产后服务才刚刚起步；农村信息化建设相对滞后，农业信息化服务不足；农村金融服务体系不健全，农业经营主体"融资贵、融资难"等问题依然存在；农业保险市场发展缓慢且滞后，农业保险服务保障水平低。现阶段湖北省农业社会化服务供需存在结构性失衡，现有的农业社会化服务还不能满足各类农业经营主题的多样化需求。

（五）农村产业融合发展层次较低

从 20 世纪 90 年代实现农业产业化经营，到 2015 年中央一号文件明确提出要加快推进农村产业融合发展，湖北省一直在积极探索农村产业融合发展的"湖北模式"，深度拓展湖北特色的农村产业融合新动能新业态。应该说，湖北省农村产业融合工作在不断探索并快速推进，成效显著；但从总体上看，湖北农村产业融合发展规模偏小，仍处在"初级阶段"，由于资源禀赋和体制惯性，农业与二三产业的深度融合和持续发展还面临着诸多难题。

1. 产业融合链条较短，附加值低

农业生产性服务覆盖面较窄，尚未完全覆盖农业的产前、产中和产后环节。农产品的市场营销和品牌建设滞后，农产品价值链延伸不足。农产品加工业目前仍以初加工为主，高技术、高附加值的产品较少，在精深加工、综合利用等方面需要提升档次，急需转型升级。

2. 农业多功能拓展有限，缺乏深度开发

部分地区休闲农业大多停留在中低档次的"农家乐"层次。乡村旅游项目同质性强，缺乏差异化竞争和创新性开发，市场吸引力有限。2016年，湖北省开展旅游接待的村只有2000多个，仅占全部村的8.5%。

3. 农村电子商务等新业态处在探索阶段

现阶段，湖北省农村电子商务等新业态规模小且发展还不成熟，仍需加强培育并进一步发展壮大。当前农村电子商务等新业态不断涌现，为农产品销售和流通拓宽了渠道，同时也为农村经济的发展注入了新的活力。但在现阶段，农产品互联互通的信息资源共享机制还不健全，全省大部分农业经营主体尚未参与农产品电子商务，全省优势农产品网上交易经营水平相对较弱。据统计，2016年全省规模户和经营单位通过电子商务销售农产品的个数只占5.9%。

4. 融合机制创新不够，利益联结松散

在当前农村一、二、三产业融合发展的过程中，湖北各类新型农业经营主体通过合同、合作、股份合作等形式与农户建立了初步的利益联结关系。这类利益联结机制还比较脆弱，履约率不高，遇到市场波动而违约的现象仍时有发生，双方利益均无法得到有效保障。

三、湖北乡村产业振兴的对策

为了进一步推进湖北省乡村产业发展，加快实现湖北乡村产业振兴，本文结合湖北乡村产业振兴的基础与条件，针对湖北省乡村产业振兴的短板与问题，提出如下思路与对策。

（一）夯实现代农业发展基础

农业兴，百业兴；农业强，百业强。现代农业是乡村产业振兴的根基。农业基础设施是现代农业发展的重要支撑。但目前，湖北省农业基础设施还比较薄弱，不能满足现代农业生产发展的需要，更不能满足实现乡村产业振兴的需要。因此，要加强农业基础设施建设，着力夯实农业生产发展基础，为实现乡村产业振兴奠定坚实的基础。

1. 加强耕地保护力度，稳步提升耕地质量

全面落实永久基本农田特殊保护制度，严守耕地红线，强化监督考核和地方政府责任。集中力量开展农村土地整治、中低产田改造和高标准农田建设，深入推进耕地地力提升工程。

2. 加强农田水利建设，增强抗灾防灾能力

深入推进山丘区"五小水利"和鄂北地区水资源配置工程。加快大中型灌区、灌排泵站、水库、塘堰等水利基础设施建设。深入实施小型农田水利重点县建设，完善农田排灌设施，降低农田灌溉成本。积极完善管理和维护机制，推进小型农田水利设施达标提质。大力发展旱作节水农业，建设一批重大高效节水灌溉工程。加强抗旱应急水源工程建设，增强灾害防御能力，确保旱涝保丰收。

3. 完善农业科技创新体系，提高农业科技应用水平

加强面向全行业的科技创新基地建设，鼓励开展产学研合作，提高农业科技创新能力。加快农业科技示范园区建设，搭建农业科技创新载体。推进现代农业产业技术体系建设，打造农业科技产业链。深入实施"三新"技术推广和农业科技"五个一"行动，支持公益性和商业化农业科技成果转化利用。

4. 加速农业信息化建设

加强农村交通、通信和互联网等基础设施建设。搭建农业农村信息服务平台，使互联网与农业生产经营、管理服务、产品销售融合。建立省内外农产品市场价格信息监测服务体系和"种养帮"移动信息服

平台，充分发挥通信技术和信息技术的优势，及时将农业市场信息、农产品价格趋势和气候灾害预警信息等发送给农业经营主体，使得农业经营主体根据市场趋势和灾害信息，能更早做出对应调整，减少风险损失。大力发展数字农业和智慧农业，推动物联网技术和遥感技术在农业生产中的应用。

5. 全面推动农业机械化进程

加强科研机构、高等院校与设备制造企业联合攻关，推动农机核心零部件技术研发和高端农机装备制造，加快研发经济作物、养殖业、丘陵山区农林机械，优化农机装备结构，推动农机装备产业转型升级。围绕我省特色优势农产品产业建设，大力推广水稻、小麦、油菜等主要农作物全程机械化生产，推进种植业、畜牧业、渔业、设施农业和农产品初加工机械化同步发展，提高农作物综合机械化水平。加强机耕道、机具库棚等基础设施建设，解决好农机"行路难"和"住房难"的问题。

（二）加快实施质量强农战略

湖北省是农业大省，但不是农业强省。农业生产成本持续上涨，农业生产效益较低，农产品质量不优且缺乏品牌效应，导致农产品竞争力不强。因此，必须坚持质量强农，转变农业发展方式，大力发展绿色农业和特色农业，逐步完善农产品质量保障体系，提升农产品竞争力，加快推进农业强省建设。

1. 大力推进农业生产绿色化

推行减量化生产和清洁生产技术，实施化肥农药零增长行动，大力推广测土配方技术和农作物病虫绿色防控技术，鼓励施用有机肥和生物农药。优化养殖业空间布局，鼓励发展绿色生态健康养殖和循环农业，积极推进畜禽养殖废弃物无公害处理和资源化利用。加大对农业面源污染的防治力度。

2. 积极发展特色优势农业

优化农业产业结构和布局，鼓励各地区因地制宜地发展特色优势种养业。大力实施水稻产业提升计划，加快建设粮食生产功能区、双低优质油菜保护区和粮棉油高产创建万亩示范片,深入实施藏粮于地、藏粮于技战略。江汉平原地区重点发展优质稻米、双底油菜、小龙虾等特色水产品;鄂东南丘陵地区重点发展油料、蔬菜、水果、茶叶、中药材、竹业、生猪等特色林牧渔板块;鄂北岗地地区重点发展中筋小麦、夏玉米、中短纤维原棉等粮棉油大宗农产品。鄂西山区重点发展玉米、蔬菜、茶叶、烟草、柑橘、生猪、食用菌、中药材、土鸡和富硒产业等山区特色农林产品。

3. 完善农产品质量保障体系

完善农业生产标准化技术推广体系,建设农业标准化生产基地,鼓励和引导农业经营主体进行标准化生产,规范农业生产行为。加快推进农产品质量安全保障工程,建设全省农产品质量安全追溯信息平台,扩大追溯体系覆盖面,实现农产品质量安全全程可追溯。加强农产品质量安全监管能力建设,健全农产品质量安全检测体系和安全监管体系,积极探索有效的农产品质量激励机制和监管体制,提高农产品质量,保障食品安全。

(三) 构建新型农业经营体系

随着农业集约化、规模化进程的加快,健全和完善新型农业社会化服务体系是农业现代化发展的必然要求。党的十九大报告明确指出,培育新型农业经营主体,健全农业社会化服务体系,实现小农户和现代农业发展有机衔接。着力构建集约化、专业化、组织化、社会化相结合的新型农业经营体系,创新新型农业经营主体培育模式,培育一批多元化和市场化的新型农业经营主体,引导各类新型农业经营主体在乡村产业振兴过程中发挥主力军作用。

1. 积极培育家庭农场和专业大户

通过培训活动和政策扶持,打造一批具备专业技能、经营能力的家庭农场和专业大户,为实现湖北省农村产业兴旺奠定微观基础。坚持家庭经营的本质特征,引导专业大户和家庭农场通过信息服务、合同订单等方式实现产销对接,同时鼓励专业大户和家庭农场积极参与产业融合项目，发展农产品初加工、农家乐、体验农业等产业业态。

2. 规范发展农民专业合作社

引导和支持种养大户和家庭农场向农民合作社发展壮大，提升农民合作社托管服务能力，实现农业生产销售的全程服务。探索"互联网+合作社"的生产和经营模式。鼓励农民以土地承包经营权入股组建土地股份合作社，鼓励村级集体经济组织组建有贫困户、农村承包土地按户连片耕种户等参加的以资金入股的合作社。培育一批带动能力强、辐射范围广的农民专业合作社，支持发展农业生产服务、农产品初加工、销售流通等经营业务，鼓励拓展农村电子商务、休闲农业和乡村旅游等经营业务。推进农民专业合作社规范化建设，健全合作社的管理制度、财务制度和监督机制，深化合作社示范社创建工作。鼓励发展农民专业合作社联社，提高农民专业合作社的带动能力、经营能力和抗风险能力。

3. 壮大农业产业化龙头企业

加大对农业产业化龙头企业的扶持力度，充分发挥其在人才、资金、理念和技术等方面的优势，推动产业链前延后伸，挖掘各环节潜力，增强辐射带动能力。围绕特色种养业、农产品加工业、休闲观光农业，从生产、加工、流通、乡村旅游到科技服务等领域，着力引进工商资本发展现代农业。引导重点发展农产品精深加工、流通、休闲旅游和电子商务。鼓励通过直接投资、参股经营、签订长期合同等方式，与专业大户、家庭农场、合作社有效对接，推进各类主体的深度融合。支持龙头企业建立稳定的原料基地、农产品加工基地、物流配送基地，打造产业关联度大、辐射效应强的龙头企业群。

4. 健全农业社会化服务体系

加快构建以公共服务机构为依托，专业服务机构、服务专业户等社会力量为主干，合作经济组织和龙头企业为补充的农业社会化服务主体框架，发挥好经营性服务组织的主力军作用，加快实施"农业社会化服务惠农工程"。加强公益性服务资源的整合与统筹，深化农村基层农业服务机构改革，建立农村公益性服务"以钱养事"新机制，进一步明确服务机构的责任、义务和权利，完善基础农业技术推广体系。大力发展经营性服务，要积极培育各类专业化市场化服务组织，推进农业生产全程社会化服务。重点发展农业市场信息、农资供应、农业技术、农机作业、农产品加工、农产品营销等服务，不断拓宽农业生产性服务领域。以沙洋等地土地托管服务试点为突破口，鼓励开展土地托管、代耕代种、统防统治等全程化服务，探索精准化和个性化的专业服务，不断创新服务方式。

（四）加强农村人才队伍建设

人力资源是产业发展不可或缺的投入要素。乡村产业振兴离不开各类人才的支撑。对于乡村产业振兴而言，农业农村人才队伍是重要的引领者和践行者。党的十九大报告明确指出，培养造就一支懂农业、爱农村、爱农民的"三农"工作队伍。现阶段，湖北省农业农村人才在数量、质量、结构和配置等方面还有很大的发展空间。加强农业农村人才队伍建设是实现乡村产业振兴的关键。

1. 加快培育新型职业农民

推进新型职业农民培育工程，推进农民从身份型向职业型、经验型向知识型、单干型向组织型转变。支持新型职业农民通过弹性学制参加中高等农业职业教育。整合农业农村培训资源，创新职业农民培训方式，鼓励农民专业合作社、专业技术协会、龙头企业等主题开展新型职业农民培训活动，加强专业技术培训和指导，提升农业经营者的基本素质和技能水平。

2. 健全乡村专业人才培养和引进机制

支持高等学校特别是涉农院校综合利用教育培训资源，灵活设置专业（方向），创新人才培养模式，为乡村振兴培养专业化人才。扶持培养一批农业职业经理人、经纪人、乡村工匠、文化能人、非遗传承人等。出台一系列优惠政策，吸引一大批大中专毕业生等高素质人才投身现代农业建设，使之成为现代农业知识的传播者和发展现代农业的引领者。

3. 鼓励社会各界投身乡村产业

深入推进"三乡工程",以"市民下乡、能人回乡、企业兴乡"为抓手,打造乡村产业振兴的建设性力量。建立有效激励机制,以乡情乡愁为纽带,吸引支持企业家、技能人才和外出务工人员,通过返乡创业、投资项目等方式支持乡村产业振兴。

(五) 推进农村产业深度融合

党的十九大报告明确指出,促进农村一、二、三产业融合发展。推进农村产业融合发展是产业兴旺的重要引擎和实现路径。农产品加工业、休闲农业、乡村旅游和农村电子商务等新型业态既是农村一、二、三产业融合发展的产物,又是现阶段农村一、二、三产业融合发展的主要途径。构建农村产业融合发展体系,以市场需求为导向,大力发展新兴业态,延伸农业产业链和价值链,开发农业多功能,提高农业综合效益,不断扩宽农村一、二、三产业融合发展路径。

1. 推动农产品加工业转型升级

完善农产品产地初加工补助政策,以粮食、果蔬、茶叶等主要及特色农产品的干燥、储藏保鲜等初加工设施建设为重点。深入推进农产品加工业"四个一批"工程,大力支持发展农产品精深加工和综合利用,提升农产品加工率与附加值。坚持规模与质效并举,发挥品牌和技术创新的优势,打造农产品加工业优势产业集群。加快农产品精深加工装备制造业发展,提高农产品加工业的科技装备水平。优化农产品加工业产业布局,鼓励各地区通过工园区建设模式引导农产品加工产业集聚发展。鼓励农产品加工企业兼并重组,淘汰落后产能,尽快形成一批具有竞争力的优势企业。促进农产品加工企业与种植户签订协议,使更多农民进入产业化加工的增值链,完善利益联结机制,让农民分享更多农业产业链的增值效益。

2. 加快发展休闲农业和乡村旅游

进一步拓展农业功能,因地制宜推动农业与休闲旅游、文化教育、健康养生等深度融合,打造农业与加工业、文化生态休闲旅游融合发展的新业态。打造田园综合体，引导乡村旅游向多业态、高品质转型。重点发展武汉都市农业、宜昌橘都茶乡、恩施民族风情、鄂东四季花木、鄂西北山地生态、江汉平原水乡田园等乡村旅游。建设一批具有历史、地域、民族特点的特色旅游村镇，积极开发形式多样、特色鲜明、附加值高的乡村旅游休闲产品，推动山区变景区、民房变客房、产品变礼品。

3. 大力推进农村电子商务发展

积极培育"互联网+农业"新业态，逐步将"互联网+农业"融入新型主体的生产经营全过程，促进农业与互联网的深度融合，推进大数据、互联网等现代信息技术向农业生产、加工、流通、服务领域的渗透和应用，充分发挥电子商务在农资供应、农产品流通和农业多功能挖掘中的作用。着力打造茶叶、粮油、果蔬等农产品电商平台，积极拓展销售渠道，降低经营成本，减少流通环节、提高流通效率。鼓励各类新型农业经营主体与电商企业衔接合作，促进线上线下融合发展，并通过示范试点工作探索出可复制推广的农村电商发展模式。

（六）全面深化农业农村改革

党的十九大报告明确指出"巩固和完善农村基本经营制度，深化农村土地制度改革，完善承包地'三权'分置制度。保持土地承包关系稳定并长久不变，第二轮土地承包到期后再延长三十年。深化农村集体产权制度改革"。在面对国内外复杂的农业生产形势与多目标决策的条件下，现行的农业农村体制机制显示出了不适应性，需要进一步健全与完善。全面深化农业农村改革，防范农业系统性风险，激发农村产业发展的内生动力，助推农村产业振兴。

1. 巩固和完善农村基本经营制度

落实农村土地承包关系稳定并长久不变政策，衔接落实好第二轮土地承包到期后再延长30年的政策，让农民吃上长效"定心丸"。加快完成土地承包经营权确权登记颁证工作。完善农村承包地"三权分置"制度，在依法保护集体土地所有权和农户承包权前提下，培育土地经营权流转市场,发展多种形式适度规模经营,探索完善承包权有偿退出和经营权抵押担保机制。

2. 深化农村土地制度改革

加快完成农村集体建设用地和宅基地使用权确权登记颁证。完善农民闲置宅基地和闲置农房政策,探索落实宅基地所有权、资格权、使用权"三权分置",落实宅基地集体所有权,保障宅基地农户资格权和农民房屋财产权,探索农村宅基地有偿退出机制。探索出台支持乡村产业兴旺的土地配套利用政策。

3. 完善农业支持保护制度

坚持把农业农村作为财政支出的优先保障领域,财政投入要与乡村振兴的目标任务相匹配。各级财政预算安排继续向农业农村倾斜,确保农业农村投入力度不减弱、总量有增加。优化财政支农投入结构,持续增加农业基础设施建设、农业综合开发投入,完善促进农业科技进步、加强农民技能培训的投入机制,强化对农业结构调整的支持。创新财政支持方式,充分发挥财政政策导向功能和财政资金杠杆作用,采取政府与社会资本合作、政府购买服务、风险补偿、财政贴息等方式,引导金融和社会资本更多投向农业农村,提升财政支农效能。优化完善农业补贴政策,创新农业补贴政策工具和手段,探索建立以绿色生态为导向、促进农业资源合理利用与生态环境保护的农业补贴政策体系和激励约束机制,调整优化农业补贴政策,加快建立新型农业支持保护政策体系,进一步提高农业补贴政策的指向性和精准性。深化粮食等重要农产品价格形成机制和收储制度改革,加快培育多元市场购销主体,通过完善拍卖机制、定向销售、包干销售等,加快消化政策性粮食库存。

4. 创新农村金融制度

金融是实体经济的血脉,为实体经济服务是金融的天职。农村产业兴旺离不开金融服务的有力支撑。瞄准现代农业发展融资难、融资贵的薄弱点,健全和完善农村金融服务体系,把更多金融资源配置到农村经济社会发展的重点领域和薄弱环节。支持各金融机构向下延伸设立分支机构,持续扩大农村牧区金融服务覆盖面,将金融服务延伸到最后一公里，增强农村金融服务的便利性与可得性。大力发展农村普惠金融，创新农村金融服务模式、服务方式和金融产品。开展农民合作社内部信用合作试点，规范发展农村资金互助组织。广泛开展农村普惠金融教育，提升新型农业经营主体的金融意识、信用意识、法律意识。

报告撰稿人： 陈池波　中南财经政法大学乡村振兴研究中心主任、教授
　　　　　　　潘经韬　中南财经政法大学工商管理学院博士研究生
　　　　　　　赵清强　湖北经济学院经济与环境资源学院讲师

湖北省长江新城建设方略研究

武汉大学发展研究院课题组

伴随着湖北省、武汉市在国家战略中的地位不断提升，长江新城被提到城市规划建设的重要日程。打造长江新城，既是国家发展的需要，也是湖北省发展的需要，更是建设现代化、国际化、生态化大武汉的需要。长江新城作为长江新区的核心动力区，不仅对湖北省规划建设国家级长江新区产生重要影响，而且对武汉建设国家中心城市具有极其深远的战略意义。

一、湖北省长江新区建设的重要意义

建设湖北省长江新城意义深远，其重要性主要体现在国家层面、流域层面、区域层面和地方层面。

（一）武汉是长江中游唯一的国家中心城市

2016年，国家正式批复武汉建设国家中心城市，使武汉成为长江中游地区迄今为止唯一的国家中心城市。按照国家发展战略布局及战略意图，武汉肩负"挺起长江经济带的脊梁"的战略使命及战略支撑重任。

（二）武汉是长江经济带发展的关键支撑城市

按照2016年发布的《长江经济带发展规划纲要》，武汉在长江经济带是与我国直辖市上海、重庆相提并论的特大城市，也是长江中游地区唯一的特大城市。长江流经武汉145公里，流经主城区25.5公里。在长江中游城市群中，武汉无疑具有重要的引领和支撑作用。

（三）武汉是中部地区崛起的战略支点城市

按照国家《促进中部地区崛起规划》、《促进中部地区崛起"十三五"规划》，湖北省不仅肩负自身加快发展的重任，而且肩负"建设支点，走在前列"的国家战略使命。湖北省是促进中部崛起的"战略支点"，武汉则是"战略支点"的重要"支点"。

（四）武汉是湖北举足轻重的引领发展城市

武汉是湖北省会城市，是湖北省"一主两副多极"区域发展战略的核心和龙头，在湖北省具有举足轻重的关键地位。伴随着武汉的战略地位及重要性日益凸显，其在湖北省的首位度也越来越高，并将持续保持这种发展及引领态势。

（五）武汉迫切需要长江新城作为新增长极

国家、流域、区域及地方发展赋予的重要战略使命，迫切需要武汉充分发挥国家中心城市、特大城市的重要引领和支撑作用。加快武汉发展迫切需要新的城市增长极，迫切需要以规划建设长江新城作为新的城市增长极。

二、湖北省长江新城建设的社会环境影响

湖北省长江新城建设面向未来、志存高远、追求卓越，规划建设期长达30年、50年乃至100年。面对变幻莫测的未来世界，尤其是客观存在的不确定性，长江新城规划建设必须前瞻性考虑环境影响因素和约束条件，并尽可能履行严格的科学研究、科学论证和科学决策程序。

（一）未来社会环境影响因素之一：辐射引领因素

根据联合国预测数据，到 2050 年全球城市人口比例将超过 75%，最大的 40 个城市群将参与全球 66% 的经济活动和 85% 的技术创新。未来世界各地的"超级大都市"将逐渐汇聚成为更大的"超级城市群"，城市群和机场群是全球城市发展的主流及趋势。城市发展不仅是当今世界的主旋律，而且是未来人类社会发展的主旋律。

武汉是湖北省经济首位度很高的城市，2016 年 GDP 大约占湖北省总量的 36.8%，2017 年 1—6 月 GDP 大约占湖北省总量的 37.9%，拟建长江新城将对湖北省未来发展产生深刻影响。湖北省作为武汉所在省份，迫切需要武汉发挥更大的辐射引领作用。毋庸讳言，武汉作为湖北省主要中心城市，在改革开放之年已发挥一定的聚集、辐射和引领作用，但在其快速发展阶段也对周边城市产生或多或少的"虹吸效应"，不仅聚集了周边城市的优秀人才、重点项目和重大投资，而且客观上或多或少对这些周边城市的发展产生影响。由于历史和现实的原因，湖北省绝大多数战略性科技创新资源、教育资源、文化资源等，都生成、积淀和聚集在武汉，形成明显的"一城富集"现象。伴随着湖北省深入实施"一主两副多极"区域发展战略，加快武汉国家中心城市建设并取得突破，迫切需要武汉强化区域辐射引领功能，迫切需要武汉义不容辞地反哺周边城市，有效发挥对武汉城市圈及湖北省的辐射引领作用。

武汉既是中部地区中心城市也是长江中游城市群的核心城市，无论是城市建设规模还是科技、经济发展水平都首屈一指。2016 年 12 月，国家发改委在关于支持武汉建设国家中心城市的批复文件中指出："武汉市作为我国中部和长江中游地区唯一人口超千万、地区生产总值超万亿元的城市，区位优势突出，科教人才资源丰富，文化底蕴深厚，具备建设国家中心城市的基础条件。武汉建设国家中心城市，有利于增强辐射带动功能、支撑长江经济带发展，有利于激发改革创新动力、推动中西部地区供给侧结构性改革，有利于构筑内陆开放平台，纵深拓展国家开放总体格局。"《国家发改委关于支持武汉建设国家中心城市的指导意见》明确提出："国家中心城市是指居于国家战略要津、肩负国家使命、引领区域发展、参与国际竞争、代表国家形象的现代化大都市。"……国家战略要求武汉"进一步提升辐射带动功能、创新发展能力和开放竞争水平",尤其要"补齐武汉高端功能短板",切实"增强辐射中部的现代服务功能"。

毫无疑问,武汉必须坚定不移地履行国家赋予的战略使命,自觉担当、敢于担当和善于担当,充分发挥对中部及长江中游地区发展的辐射引领功能,努力发挥对长江经济带发展的坚实支撑作用。长江新城作为长江新区建设的重中之重和武汉发展的重要增长极,不仅对武汉加快建设国家中心城市举足轻重,而且对湖北省、中部及长江中游地区发展影响深远。武汉要真正"挺起长江经济带的脊梁",迫切需要长江新城发挥关键的支撑作用。

(二) 未来社会环境影响因素之二:科技创新因素

我国正深入实施创新驱动发展战略,科技创新在全面创新中具有核心地位和引领作用。展望人类发展未来,科技创新正在世界范围内成为综合国力和全球价值链跃升的战略支撑,将对世界科技、经济和社会发展产生深刻影响。

美国《2016—2045年新兴科技趋势报告》通过对近700项科技趋势的综合比对分析,明确提出20项最值得关注的科技发展趋势:物联网、机器人与自动化系统、智能手机与云端计算、智慧城市、量子计算、混合现实、数据分析、人类增强、网络安全、社交网络、先进数码设备、先进材料、太空科技、合成生物科技、增材制造、医学、能源、新型武器、食物与淡水科技、应对全球气候变化,并分析了这些科技发展趋势的代表性技术及实际应用。从智慧城市发展趋势看,2045年全世界65%~70%的人口将会居住在城市。伴随着城市人口的增加,全球人口超过1000万的超级城市会不断增加,将从2016年的28座增加到2030年的41座。大量人口向城市流动、迁徙,将会给这些城市的基础设施提出更高要求,尤其是对城市交通、食物、水资源、电力能源、污水处理以及公共安全系统等方面带来极大的压力。未来的智慧城市无疑是科技城市，人类将充分依靠科技进步，如利用信息和通信技术（ICT），通过大数据以及自动化来提高城市的效率和可持续性；利用新材料及新设计，开发智能化高效节能建筑；利用网络交通信号系统及自动驾驶系统，有效缓解城市车辆拥堵问题；利用消费型机器人，为更多的城市居民、尤其是老年人提供各种服务……

经济合作组织和欧盟联合发表的《OECD科学、技术与创新展望2016》研究报告从科技发展动因方面明确提出：源于社会、经济、环境、技术和政治的深层原因，正在塑造未来的科学、技术与创新能力及活动，技术变革将会在未来10~15年对经济和社会产生深远的颠覆性影响。报告主要从五个方面展望未来：一是全球科技格局多极化趋势将会继续；二是政府仍将在保证科学自主性和支撑基础科学方面发挥主要作用；三是公共科研向大科学、国际化和开放范式转变；四是科研人才供需不平衡现象长期存在；五是科技创新政策供给更显得重要。在"2017科技创新智库国际研讨会"上，多位科技政策专家展望了科技创新与城市发展。美国兰德公司高级经济学家Steven Popper指出："未来10—20年，大都市仍然是最重要的科技创新策源地、创新政策的孵化地以及产业活动的集聚地。"德国弗劳恩霍夫系统和创新研究所教授Knut Koschatzky认为："城市是全世界的增长枢纽和新理念、新方案的实验地，也是开放型合作创新的最重要场所。城市不仅是一个生产系统，也是一个创新系统，同时还是创新的领先市场。"

以全球视野展望科技创新及科技进步，新一轮科技革命和产业变革蓄势待发，前沿技术群正酝酿一系列重大突破，颠覆性技术对人类社会生产和社会生活的深刻影响已见端倪。一是信息技术涌现新的创新浪潮。尤其是物联网、移动互联网等技术日新月异，正在彻底改变人类社会的生产方式、生活方式和管理方式。如泛能网是利用信息网络和气、电、热、水等物理网络，构建各类能源设施互联互通的能源物联网。泛能网基于能源大数据及人工智能，实现从需求到供给、从品类到相变的智慧优化，进而释放能源的时间价值、空间价值和社会价值。二是新能源技术取得重大突破。新能源技术创新使能源使用成本不断降低，能源效率大大提高，将对未来社会能源结构产生更重要的积极影响。三是新材料技术带来革命性变革。特别是石墨烯技术的创新，使这种新材料的优越特性得以淋漓尽致地体现，预计到2025年，前后石墨烯将成为继硅材料后的新一代信息基础材料，能够广泛应用于工业生产领域。四是生物技术加快产业化。生物技术创新有效促进现代农业、健康产业发展，正在形成战略性新兴产业，对人类生存与健康将产生空前的积极影响。五是智能制造及机器人技术广泛应用。人工智能作为一种基础技术，理论上可以应用到各个行业的众多领域，也有力推动了智能制造及机器人技术的推广进程，从而有效提高人类社会的生产和生活效率，创造更高层次的需求。按照我国2017年7月印发的《新一代人工智能发展规划》，到2025年人工智能成为带动我国产业升级和经济转型的主要动力，智能社会建设取得积极进展。新一代人工智能在智能制造、智能医疗、智慧城市、智能农业、国防建设等等领域得到广泛应用。到2030年，我国智能经济、智能社会取得明显成效，人工智能在生产生活、社会治理、国防建设各方面应用的广度深度被极大拓展。我国新一代人工智能发展的重要任务之一，就是要培育高端高效的智能经济，建设安全便捷的智能社会。

显而易见，这些科技创新及科技进步将对未来城市发展产生极其深刻的重要影响，也必然渗透到长江新城建设的整个过程及每一个环节。湖北省是我国科技创新资源富集大省，武汉更是我国科技创新重镇，必须进一步重视科技创新的核心支撑及引领作用，将强化科技创新及作为长江新城科学规划建设的重要环境影响因素。

（三）未来社会环境影响因素之三：发展空间因素

2017年6月召开的湖北省第十一次党代会明确提出：支持武汉建设长江新区。2017年7月，武汉市人民政府新闻发布会正式宣布长江新城先行建设区域范围，面积30~50平方公里。长江新城规划建设必须切实考虑与长江新区的关系，并致力于核心动力区长江新城建设。综合考量各种基础和条件，长江新区建设可选择以天兴生态绿洲为圆心，以 25~30 公里为半径，以扇面向江北江岸区、黄陂区、新洲区部分区域和江南青山区、洪山区、东湖生态旅游风景区、东湖国家自主创新示范区、鄂州市部分区域辐射，其覆盖面积 600~1000 平方公里。相比之下，上海浦东新区面积为 1210 平方公里，天津滨海新区陆域面积为 2270 平方公里，重庆两江新区面积为 1200 平方公里，成都天府新区面积为 1578 平方公里，湖南长沙湘江新区面积为 1200 平方公里，江西赣江新区面积为 465 平方公里。成都在 2016 年通过代管简阳，不仅新增 2213 平方公里国土资源和 100 多万人口，而且在 2016 年增加了简阳的 437 亿元 GDP 贡献。2016 年，成都 GDP 为 12170 亿元，人均 GDP 为 7.74 万元（位居四川省第二）；武汉 GDP 为 11912 亿元，人均 GDP 为 11.23 万元（位居湖北省第一）。事实上，2016 年成都扣除简阳贡献后的 GDP 为 11733 亿元，比武汉 GDP 少 179 亿元，人均 GDP 只有武汉的 68.9%。2017 年，成都 GDP 为 13889 亿元，武汉 GDP 为 13410 亿元，如果扣除简阳对成都 GDP 贡献的 413 亿元，武汉只比成都 GDP 少 66 亿元。

如果能争取调整发展空间，以城市代管、协同发展等方式使武汉实际可用面积超过 9000 平方公里，则有助于武汉积极参与我国区域发展和国家中心城市建设的激烈竞争，也更有助于长江新区及核心动力区长江新城的建设。目前，武汉面积 8494 平方公里，其中水域面积占 26.1%，大约 2216 平方公里。相比之下，长江中游地区的长沙市面积 11819 平方公里，大约比武汉多 3325 平方公里；岳阳市面积 15019 平方公里，大约比武汉多 6525 平方公里；九江市面积 18823 平方公里，大约比武汉多 10329 平方公里。显而易见，武汉面向未来建设国家中心城市和国际大都市，必须有相对充分的战略拓展空间。

关于长江新区及核心动力区长江新城发展空间的这种选择，其重要战略意义在于：一是积极为湖北省填补国家级新区空白和武汉建设国家中心城市提供必要的发展空间，并与其他已经获得批准的国家级新区有发展空间的可比性；二是强化武汉对湖北省、长江新城对长江新区的重要支撑作用,保持长江新城与武汉主城区的紧密联系,带动黄陂、新洲等远城区以及鄂州等城市同城化发展;三是进一步保护和建设天兴生态绿洲这一极其稀缺的资源瑰宝,完善和落实2011年制定的《武汉天兴洲生态绿洲保护与发展规划》,彻底解决青山地区老工业基地、尤其是"宝武钢铁"等企业转型发展问题;四是加快基于武汉新港的长江中游航运中心和自由贸易试验区武汉片(实施范围71平方公里)建设;五是强化天河国际航空客运枢纽与燕矶顺丰国际航空货运枢纽的相互支撑,加快建设迄今为止在中国乃至世界都绝无仅有的全覆盖多式联运枢纽;六是充分利用备选区域建设长江新区及核心动力区长江新城所必需的战略性资源,尤其是水资源、土地资源、生态资源、交通资源、人才资源以及科技创新资源等;七是围绕燕矶顺丰国际航空货运枢纽建设,能够展开周边区域产业结构调整升级和新一轮战略性产业布局,促进长江新城战略性新兴产业和现代服务业协调发展;八是加快武汉辐射功能向湖北东部地区倾斜,改变鄂东南无省级副中心城市现状,缓解困扰湖北多年的"鄂东南发展滞后"问题和"东部塌陷"之隐忧。

(四) 未来社会环境影响因素之四:航空运输因素

按照美国著名学者约翰·卡萨达(John Kasarda)关于航空推动经济发展的"第五冲击波"理论,17世纪以后人类社会曾先后出现海运、内河航运、铁路、高速公路及航空,并如同波涛作为经济发展的重要推动力量。21世纪是"第五冲击波"航空的世纪,航空产业将对经济发展产生空前的重要影响。从世界发展现状看,国际性城市无不得力于航空产业带来的蓬勃发展,航空在现代多式联运体系中具有十分重要的地位。武汉地处内陆腹地,历史上的"九省通衢"曾得益于内河航运,近现代则得益于铁路、高速公路和高速铁路。从我国区位版图看,武汉所在湖北省是中部地区唯一不与沿海沿边省市接壤的省,航空对建设国际化大武汉和国家中心城市具有极其特殊的重要意义,在经济全球化向纵深发展阶段尤其如此。

与地处西部的国家中心城市成都市相比,武汉应高度重视航空交通方式对未来城市发展的战略影响。2016年5月，成都市有两项相互关联的重大事件将永载历史：一项是成都市正式代管县级市简阳，另一项是5月27日开工建设成都天府国际机场。这个位居简阳的成都第二机场，定位于国家级国际航空枢纽，也是四川省历史上最大投资体量的项目。从区域发展战略意图看，成都代管简阳寓意深远，不仅使成都获得了更大的发展空间，为成都天府新区更好更快发展创造了有利条件，而且非常有利于加快成都天府国际机场建设，迎接21世纪航空对经济发展的"第五冲击波"。根据湖北省主体功能区发展规划，鄂东地级市鄂州是融入武汉、与武汉同城化发展城市。鄂州面积1594平方公里，人口100万，2016年GDP为797.8亿元，人均GDP位居全省第三位（7.53万元）。经过多年相向而行，鄂州与武汉同城化发展可圈可点，不仅多通道城际铁路、高速公路使两地交通得到空前改善，而且在产业互补、产业转移、产业融合等方面取得重要进展。目前，武汉东湖国家自主创新示范区与鄂州葛店国家经济技术开发区已经连为一体。从武汉青山区工业港出发，走江南快速通道到鄂州燕矶顺丰国际航空货运枢纽大约38公里，从成都市中心城区到简阳天府国际机场也大约38公里，这不能不说是一种巧合。按照鄂州燕矶顺丰国际航空货运枢纽发展规划，其建设规模为亚洲第一、世界第四，将在2021年投入运营；规划2025年旅客吞吐量100万人次，货邮吞吐量245万吨；规划2030年旅客吞吐量150万人次，货邮吞吐量330万吨。鄂州燕矶顺丰国际航空货运枢纽建设，给湖北发展带来了千载难逢的机遇，将对湖北、尤其是武汉经济社会发展产生极其深远的影响。

不仅如此，以代管、协同发展等方式真正实现鄂州与武汉同城化，能有效应对21世纪航空影响经济发展的"第五冲击波"，加快鄂州燕矶顺丰国际航空货运枢纽建设，有助于尽快补齐武汉航空货运发展的明显短板。从2016年我国民用航空统计看，成都/双流机场旅客吞吐量4198万人次（位居全国第4位），货邮吞吐量61.1万吨（位居全国第5位）；郑州/新郑机场旅客吞吐量2076万人次（位居全国第15位和中部第二位），货邮吞吐量45.6万吨（位居全国第7位和中部首位）；武汉/天河机场旅客吞吐量2077万人次（位居全国第14位和中部首位），货邮吞吐量17.5万吨（位居全国第16位）。从2017年我国民用航空统计看，成都双流机场旅客吞吐量4980.1万人次（居全国第4位），同比增速8.2%；货邮吞吐量64.2万吨（居全国第5位），同比增速5.1%。郑州新郑机场旅客吞吐量2429.9万人次（居全国第13位和中部首位），同比增速17.0%；货邮吞吐量50.2万吨（居全国第7位和中部首位），同比增速10.1%；武汉/天河机场旅客吞吐量2312.9万人次（居全国第16位和中部第三位），同比增速11.4%，货邮吞吐量18.5万吨（居全国第16位和中部第二位），同比增速5.5%。显而易见，武汉/天河机场在旅客吞吐量、货邮吞吐量方面与成都/双流机场相差甚远，与中部地区郑州/新郑机场也有明显差距。2016年，武汉/天河机场旅客吞吐量比郑州新郑机场多1万人次，货邮吞吐量只有郑州/新郑机场的38.4%。2017年，武汉/天河机场旅客吞吐量比郑州新郑机场少117万，货邮吞吐量只有郑州/新郑机场的36.8%。值得关注的是，近年来郑州/新郑机场货邮吞吐量保持高速增长。对比《郑州航空港经济综合实验区发展规划》和《武汉临空经济区总体规划》，武汉/天河机场货邮吞吐量规划预期数与郑州/新郑机场有很大差距，2025年郑州航空港经济综合实验区货运吞吐量规划为300万吨，2040年武汉临空经济区货邮吞吐量规划为95万吨，武汉货邮吞吐量规划指标不到郑州的1/3。事实上，武汉正在大力发展的存储器、生物医药、光电子信息、国际物流、研发服务等战略性产业，对航空快运产业有潜在的巨大需求。湖北省、尤其是武汉必须未雨绸缪，应着眼于构建完整多式联运体系，尽快根据未来需要调整相关民航发展规划指标，高度重视武汉天河机场航空客运和鄂州燕矶顺丰国际航空货运枢纽的战略互补性，并将满足航空快运需求作为湖北省长江新城科学规划建设的重要环境影响因素。

三、湖北省长江新城建设的形象特质

在我国区域发展及新城建设的激烈竞争中，湖北省长江新城建设应尽可能避免与其他新城之间的同构化、同质化，必须始终坚持差异化发展，不断通过创新强化自己的形象特质。

（一）长江新城以"高大上"为形象特征

面向未来，志存高远，着眼超越，湖北省长江新城的形象识别特征可以通俗表述为"高大上"：所谓"高"，即高水平科技创新引领全面创新；所谓"大"，即大城崛起社会综合治理典范；所谓"上"，即上善若水宜居宜业生态。"高大上"形象定位，使长江新城具有极其丰富的内涵和外延。长江新城的特质是基于高水平科技创新引领全面创新的"智能"、"智慧"和"智造"，即应以"智能"为驱动引擎、以"智慧"强社会治理、以"智造"促产业发展。这也意味着长江新城应着力打造"智高点"，以构筑引领未来发展的"制高点"。综合分析武汉的资源禀赋和比较优势，不仅拥有战略性区位、水资源等先天优势，而且同时拥有科技创新、产业集聚等先发优势和后起步、后规划等后发优势。长江新城对标上海浦东新区、天津滨海新区以及世界著名城市新区，由于规划起步时间晚而具有明显的后发优势，可以预期将在多方面实现超越。事实上，湖北省现在就有一些已经实现超越的范例，如武汉百步亭社区基层治理体系和治理能力现代化的探索、武汉长江江滩生态建设及综合治理等。

（二）长江新城以"智能"为驱动引擎

2016年12月，国家发改委正式批复支持武汉建设国家中心城市，并明确其战略功能定位为经济中心、高水平科技创新中心、商贸物流中心和国际交往中心。2017年1月，武汉市第十三次党代会报告明确提出"建设现代化大武汉"，打造全国重要的科技创新中心。尽管"高水平"和"重要"两个关键词的寓意不同，但国家和武汉发展战略都高度聚焦于"科技创新"，都非常重视科技创新的重要作用。

科技创新在全面创新中具有核心地位和引领作用。武汉要更好地担当和履行国家中心城市建设的战略使命，就"必须紧紧抓住科技创新这个核心,发挥科技创新的支撑引领作用",牢牢牵住科技创新这个"牛鼻子",依靠科技创新转换发展动力,加快国家高水平科技创新中心建设。当今世界,新一轮科技革命蓄势待发,其主要特征是从"科学"向"技术"转化,尤其是重大科技创新成果的产业化和社会化。值得关注的是,深刻影响人类未来发展的一系列"黑"科技和"颠覆式"科技创新正面临突破。武汉是我国科技创新重镇,具有丰富的科技创新资源禀赋和科技创新能力。中华人民共和国建立以来不断积淀的科技和教育资源,为武汉建设国家高水平科技创新中心奠定了坚实基础。尤其是在汉的国务院部委办直属高校及研发机构,形成对区域科技创新体系的关键支撑,在中部地区具有明显的比较优势。以教育部直属高校为例,武汉所拥有的数量就超过中部地区其他省市的总和。在我国大力推进军民融合发展的新形势下,地处武汉的海军工程学院、武船重工、中船重工七一九所、中核动力设备等院所及企业,有助于形成高水平军民融合的新增长极。

打造以高水平"智能"为重要特征的长江新城,必须始终坚持基于科技创新引领和支撑的"智能"驱动,长江新城应是现代化大武汉实现"科学"向"技术"转化、尤其是重大科技创新成果产业化和社会化的重要载体,应着力将其打造为大的 CID(中央创新区),应成为湖北省、武汉以科技创新引领和支撑全面创新的核心动力区。

(三)长江新城以"智慧"强社会治理

长江新城以"智慧"强社会治理包括两个方面:一是以"智慧"贯穿城市社会治理的基础设施建设;二是以"智慧"渗透城市社会治理体系和治理能力现代化建设。

以"智慧"贯穿长江新城社会治理的基础设施建设,主要着力于以人为本的高水平智慧城市建设,充分运用现代科学方法及高水平科技创新成果,创新城市智慧式管理和运行模式,减少城市运行管理成本,提高城市运行管理效能。武汉既是首批国家智慧城市试点,也是国家智慧城市技术和标准试点城市。事实上,智慧城市不仅是人类社会发展不可逆转的必然趋势，而且是超大城市应对"城市病"和"城市脆弱性"的不二选择。打造以高水平"智慧"为重要特征的长江新城，必须始终以"智慧"贯穿城市社会治理的基础设施建设，使其能够及时传递、整合、交流、运用城市政治、经济、科技、文化、公共资源、管理服务、社会动态、市民生活、生态环境等信息，提高城市物与物、物与人、人与人之间的互联互通、全面感知和利用信息能力，从而极大地提高政府社会治理和公共服务能力，极大地提升市民生活质量和幸福美满感受，从而使城市发展更加全面、协调和可持续。

以"智慧"渗透长江新城社会治理和治理能力现代化建设，主要着力于推进城市治理体系和治理能力现代化、尤其是社区基层治理体系和治理能力现代化建设，努力探索和示范具有中国特色的社会治理模式，以创新"红色引擎"为驱动力，创造宜居宜业、安居乐业的优越社会环境。经过20年的实践探索和不断创新，百步亭花园社区已成为我国文明社区建设的旗帜，是我国基层治理体系和治理能力现代化的范例，也是我国社区基层党建创新的典型，更是湖北省、武汉市的靓丽名片，并受到党中央、国务院以及地方各级政府的广泛重视和社会的普遍关注。2017年1月召开的武汉市第十三次党代会上，中共湖北省委副书记、中共武汉市委书记陈一新在工作报告中明确提出："全面推广'百步亭经验'，加快形成一批先进基层党组织示范群。"目前，武汉正以前所未有的认识高度和工作力度，深入贯彻落实党代会精神，全面推广"百步亭经验"。在长江新城建设中，应厚植百步亭基层社会治理先行先试优势，在实践探索和不断创新中全面推广"百步亭经验"，以更加成熟、完善的实践经验和理论，促进我国城市社会治理体系和治理能力现代化。

打造以高水平"智慧"为特质的长江新城，其目的是真正打造以人为本、可持续发展的现代化宜居宜业生态。尤其是通过努力创造高舒适度生活环境，厚植长江新城在新一轮高层次人才竞争博弈中的比较优势，不断优化天下英才近悦远来的社会氛围，加快形成武汉高层次创新创业人才的核心聚集区，构建湖北省乃至中部地区、长江中游的人才高地。

(四) 长江新城以"智造"促产业发展

长江新城的产业发展应始终坚持"智造",尽可能依靠科技进步,充分发挥科技创新的引领和支撑作用,真正实现高能效的产城融合。比较1978年、2016年和2017年的数据,不难看到武汉与广州三次产业结构变化的巨大差异。1978年,广州GDP为43.09亿,武汉GDP为39.91亿,武汉GDP比广州只相差7.38%;2016年,武汉GDP与广州的差距达到39.2%,且差距比2015年进一步扩大。2016年,广州三次产业增加值比重为1.22:30.22:68.56,第三产业对经济贡献率达到77.0%。2016年,武汉三次产业增加值比重为3.3:43.9:52.8,武汉第三产业比重比广州低15.76。2016年,武汉第二产业增加值比广州大约少699亿元,而第三产业增加值比广州大约少7200亿元。2017年,广州三次产业增加值比重为1.09:27.97:70.94,第三产业对经济贡献率达到79.3%。2016年,武汉三次产业增加值比重为3.0:43.7:53.3,武汉第三产业比重比广州低17.64。2017年,武汉第二产业增加值比广州大约少153亿元,而第三产业增加值比广州大约少8113亿元。对近年数据分析表明,武汉与广州第二产业增加值差距不断缩小,而第三产业增加值差距越来越大。建设国家中心城市和长江中游特大城市,武汉在大力发展先进制造业的同时,必须切实在现代服务业发展方面取得新突破。

打造湖北省长江新城,应精心规划和优化产业发展,始终坚持"智造",强化实体经济与虚体经济并举,真正实现先进制造业与现代服务业协同发展。尤其是要面向未来补短板,大力发展现代服务业,着力于以下几个重点领域:一是加快发展高技术服务业。2016年,东湖国家自主创新示范区高技术服务业约占总收入比重25%,而中关村高技术服务业占总收入比重早在2010年就超过50%,湖北省及武汉具有很大的发展潜能。二是加快发展文化产业或文化创意产业。2015年,武汉文化产业增加值占GDP比重低于全国平均水平0.11个百分点,湖北省更低于全国平均水平1.12个百分点；2016年，我国文化及相关产业增加值达到30254亿元，占GDP比重为4.07%，展现出文化产业在经济动能换挡时期所蕴藏的巨大潜能，湖北省文化产业发展面临新的挑战。不论是从文化产业发展需求看，还是从文化产业发展条件看，湖北省及武汉具有很大的文化产业发展空间。三是加快发展集中体现以人民为中心的幸福产业，特别是旅游业、体育产业、健康产业和养老产业等，湖北省及武汉都具有很大的发展需求。长江新城在高度重视战略性新兴产业发展的同时，应高度重视战略性产业发展。对于一个超大城市而言，有些产业及其细分行业可能不是新兴的，但却永远是战略性的；战略性新兴产业必须发展为战略性支柱产业，才能够充分体现其重要战略价值。可以说，在面向未来的产业竞争中，"智造"对长江新城高能效产城融合、高质量宜居宜业举足轻重。长江新城应成为武汉担当"引领中部、服务全国、链接世界"国家战略使命的核心功能区。

四、促进湖北省长江新城建设的重要策略

为促进湖北省长江新城规划建设的科学性、前瞻性和可行性，实现长江新城规划建设的宏伟蓝图及美好愿景，特提出以下策略：

（一）弘扬"敢为人先追求卓越"城市精神

面向未来，长江新城规划建设必须大力弘扬"敢为人先追求卓越"城市精神，始终坚持开拓创新，真正志存高远、追求卓越，以全新发展理念诠释解读长江新城，以超长远眼光谋划建设长江新城，以超高标准规划建设长江新城。按照长江新城高标准定位及超长建设周期，在世界上几乎没有成功城市典范可以复制，在很大程度上尚无成熟建设经验可资借鉴，需要一代又一代建设者承前继后地完成，可谓是一项前所未有、极富创新性和挑战性的伟大事业。在敬畏自然、切实遵循人类城市发展客观规律的前提下，武汉必须不断传承和弘扬"敢为人先追求卓越"的精神，不断提高长江新城建设者的科学文化素养，不断深入研

究未来城市的发展态势，不断强化长江新城规划建设的开拓创新，不断探索真正具有中国特色的可持续发展城市规划建设之路，努力使长江新城规划建设成为践行"敢为人先追求卓越"、复兴大武汉的先行示范。

（二）以集成创新汇聚人类文明之大成

面向未来，长江新城规划建设必须立足于后发优势和创新超越，始终坚持以集成创新汇聚人类文明之大成，充分学习借鉴国内、尤其是世界上众多新城新区规划建设经验。集成创新具有丰富的内涵，既包括思想观念的集成创新、多元文化的集成创新、科学方法的集成创新，也包括技术工具的集成创新、管理手段的集成创新、信息资源的集成创新。集成创新既是长江新城规划建设的战略路径，也是长江新城规划建设的重要方法，更应是长江新城规划建设的识别特征。在推进长江新城规划建设集成创新实践过程中，要注重科学的重要性、集成的普适性、发展的整体性、战略的协调性、区域的互补性、技术的关联性、产业的延伸性、文化的差异性等，努力提高集成创新的效率和效益，并创造和强化长江新城规划建设的集成创新领先优势。尤其要坚持"工欲善其事必先利其器"，高度重视科学方法论，大力推广和应用集成创新方法，积极开展开放式创新、分布式创新、迭代创新、草根创新，不断提高综合创新效率和创新效益，努力为长江新城规划建设营造大众创业、万众创新的良好社会氛围。

（三）强化规划的科学性、前瞻性和可行性

面向未来，长江新城规划建设必须遵循科学规律、自然规律和社会规律，始终坚持规划的科学性、前瞻性和可行性，尽可能以超前理念、全球视野和遐思远眺考量谋划发展。在规划科学性方面，必须真正崇尚科学，遵循科学规律，恪守科学规范，坚持科学方法，革新技术手段，严格工作程序；在规划前瞻性方面，必须尽可能预测未来科技、经济和社会发展，尽可能考量未来客观存在的不确定性和风险性隐患，尽可能寻求解决问题的系统性、综合性和协同性；在规划可行性方面，始终坚

持可实现的超高标准，总体目标由阶段目标支撑，具体目标通过明确任务及进度来实现。长江新城规划建设周期超长、定位标准极高，且未来社会信息加速聚变、科技日新月异、思想层出不穷、事物不断迭代，难以估量的不确定性客观存在，建设规划适时适度调整势在必行，但必须坚持"万变不离其宗"，坚持基本理念、基本原则及基本目标始终不变。为保证长江新城规划建设的科学性、前瞻性和可行性，应切实加强地方立法，尽可能避免人为随意性对长江新城规划建设产生的重大影响，不断长江新城规划建设创造更好的社会环境。

（四）坚持宜居宜业的产城融合发展模式

面向未来，长江新城规划建设必须以高舒适度宜居宜业为发展愿景，始终坚持产城融合可持续发展模式，有效避免目前大城市客观存在的"城市病"以及未来城市发展的风险隐患。不论是从我国城市发展还是从世界城市发展看，目前城市发展规模及水平在三五十年前是难以想象的。在科技创新日新月异的时代背景下，描绘未来城市发展的宏伟蓝图非常困难，建设未来城市的过程势必存在许多不确定性，必须以超前视野谋划长江新城的高舒适度宜居宜业环境。我国供给侧结构改革的主攻方向是提高供给质量，长江新城产城融合发展模式创新的着力点也在于提高供给质量：一方面要不断提高政府促进长江新城宜居宜业的政策供给质量，努力创造更好的宜居宜业软环境；另一方面要不断提高长江新城基础设施建设及公共服务的供给质量，努力创造更好的宜居宜业硬环境。创新长江新城宜居宜业产城融合发展模式，应始终坚持以人为本和以人民为中心，以打造高舒适度宜居宜业环境、聚集优秀创新创业人才、实现综合效益最大化和可持续发展为目标。

（五）加快社会治理体系及能力现代化建设

面向未来，长江新城规划建设必须加快推进社会治理体系及社会治理能力现代化，针对长期存在的重城市基础设施规划建设轻城市社会治理体系及能力建设问题，始终坚持城市基础设施规划建设与社会治理体系及能力现代化建设"四同步",即同步探索、同步规划、同步建设、同步实现。在同步探索方面,切实加强长江新城社会治理体系及能力现代化研究,积极探索城市基础设施建设与社会治理体系及能力建设的耦合;在同步规划方面,切实加强社会治理体系及能力现代化建设在长江新城总体规划中的重要地位,制定高质量的社会治理体系及能力现代化建设专项规划;在同步建设方面,切实加强长江新城的城市基础设施建设和社会治理体系及能力现代化建设统筹协调,不断在实践中探索和创新;在同步实现方面,切实加强长江新城的城市基础设施建设和社会治理体系及能力现代化建设进程管控,形成一流城市基础设施和社会治理体系及能力的相互支撑,成为我国城市社会治理体系及能力现代化建设的典范。坚持城市基础设施规划建设与社会治理体系及能力现代化建设"四同步",是长江新城规划建设的重大创新,是有效超越潜在竞争对手的重要策略及着力点。

(六) 发挥科技创新的引领和核心支撑作用

面向未来,长江新城规划建设必须强化科技创新和依靠科技进步,始终坚持科技创新在全面创新中的核心地位和引领作用,坚定不移地依靠科技进步。长江新城应是尽可能应用人类最新科技的典范,也应该是世界智慧城市发展的典范。长江新城规划建设必须紧紧把握时代科技创新及科技进步的脉搏,不仅要厚植科技创新优势,而且要形成快速应用最新科技创新及科技进步成果的机制;不仅要成为城市科技应用的典范,而且要成为科技创新及科技进步的策源地;不仅要以科技创新及科技进步作为城市发展的重要手段,而且也要将促进科技创新及科技进步作为城市发展的重要目的。湖北省、尤其是武汉应该根据长江新城规划建设的巨大科技需求,聚焦科技创新资源,强化需求导向的科技创新,制定和实施滚动性《科技创新引领和支撑长江新城建设规划》及阶段性行动计划,积极探索科技创新引领和支撑长江新城建设战略及实现路径,不断提高科技创新政策供给质量,设立"长江新城重大科技专项"及科技支撑计划,努力实现城市最新科技应用典范和科技创新及科技进步策源地的双重建设目标,并以此作为加快武汉创新型城市建设的新引擎。

(本报告为 2017 年湖北科技思想库重点课题研究成果)

课题负责人: 李　光　武汉大学"珞珈杰出学者"、教授、博士生导师
课题组成员: 刘远翔　武汉大学发展研究院副研究员、博士
　　　　　　　刘义胜　武汉大学博士生
　　　　　　　徐千城　武汉大学博士生
　　　　　　　杨　禹　武汉大学博士生

推进湖北创新型省份建设的重点与对策研究

盛建新　等

推进创新型省份建设是实施创新驱动发展战略、构建创新型国家的基础要求，是顺应市场竞争趋势、优化配置创新资源的必然选择，也是湖北提升自主创新能力、建设创新强省的紧迫需要。自2016年获批建设国家创新型试点省份以来，湖北从顶层设计、政策环境、创新服务、强化考核等方面系统推进创新型省份建设，尽管成效显著，但仍有不足，有必要坚持问题导向，做到"对症下药"，提出推进创新型省份建设的重点与对策。

一、湖北推进创新型省份建设历程与面临形势

（一）湖北创新型省份建设的演进与成效

改革开放以来，湖北的创新型省份建设经历了一个认识不断深化、战略不断推进的历程。1993年，湖北在全国率先提出了"科教兴鄂"战略，将科技进步置于湖北加快实现"两个根本性转变"突出重要的位置。1996年，湖北省"把发展高新技术产业作为实施科教兴鄂战略的突破口"，提出了建设"武汉·中国光谷"的重大决策。2006年，湖北省委、省政府出台了《关于增强自主创新能力建设创新型湖北的决定》。2007年，湖北省九次党代会，进一步提出把创新写在湖北发展的旗帜上。2012年，党的十八大明确提出我国大力实施创新驱动战略，湖北省第十次党代会上明确将"创新湖北"纳入"五个湖北"建设总

体框架,将"创新湖北"作为"五个湖北"建设的动力之源。2016年,湖北省获批国家创新型省份试点建设,开启以创新发展理论为引领,科技创新治理为引领的全面创新治理新征程。纵观20多年的发展历程,湖北省的创新型省份建设主要有以下成效:

一是科技创新战略地位不断突出。从率先在全国提出实施"科教兴鄂"战略,到中共湖北省委、省政府作出《关于增强自主创新能力建设创新型湖北的决定》,以及湖北省第十次党代会明确将"创新湖北"建设纳入"五个湖北"建设总体框架,作为未来"黄金十年"发展的总任务,再到湖北成功获批创新型省份,这些标志性的举措将创新战略一步一步提升到湖北经济社会发展总体战略中的重要位置。科技创新战略逐步成为湖北省发展战略的核心。

二是科技创新治理体系不断完善。目前,湖北科技创新治理由原来单一的省市县三级科技管理体系逐步拓展,发展形成了更为完整的囊括省、市、县、创新园区、创新创业平台、创新型企业、创新人才等科技创新的纵向管理体系,以及更紧密的联合产业管理部门、财政管理部门、人才管理部门、知识产权管理部门等多个单位的横向协同管理体系,初步形成了横纵结合的创新治理网络。

三是科技创新治理精准度不断提高。改变以往目标不明确、对象不聚焦的被动式"报项目、评项目、立项目"的科技创新组织方式,树立主动对接需求、主动引领创新、主动设计部署的有的放矢、目标明确的创新治理理念,聚焦科技成果转化、科技创新主体培育、科技创新载体建设、科技投入方式改革等科技创新中的重点难点,统筹运用多种科技创新治理手段"对症开方",大大提升了科技创新治理的精度和效率。

四是科技创新治理成效不断显现。湖北省科研产出效率大幅提升,发明专利申请量从2013年的18189项增至2017年的51569项,增加了183.5%;科技成果转化效率实现明显跃升,一批重大科技成果落地转化,技术合同成交额从2013年的235亿元增至2017年的1066亿元,增加了353.6%,从全国第6位上升至第2位;支撑经济社会发展成效加速凸显，2017年高新技术企业数量达到5369家，位居全国第七、中部第一，高新技术产业增加值达到5937亿元左右，占GDP比重达到16.3%。

五是社会创新环境不断优化。湖北省率先在全国推出"科技十条"、"新九条"等创新政策，科技体制改革全面深入推进，重点领域和关键环节取得全国领先的重大突破。"科技成果大转化工程"、"科技企业创业与培育工程"、"科技行政服务能力大提升工程"陆续启动、推进成效明显，受到湖北省科技同行的高度肯定。一系列政策、工程的实施，推动湖北省科技创新创业环境加速优化，创新治理生态悄然形成。

(二) 湖北推进创新型省份建设面临的机遇与挑战

党的十八大以来，以习近平同志为总书记的党中央始终把创新引领作为发展新起点上的第一动力，统筹谋划，优化我国科技事业发展总体布局，在建成世界科技强国道路上迈出了坚实步伐，也在全社会营造出浓厚的创新氛围，致力于建成创新型国家。按照当前国家创新发展新形势和新要求，结合创新型省份建设要求，湖北省委、省政府统筹谋划，积极主动作为，力争把习近平科技创新思想精神落实到推进创新湖北建设的具体工作中。

湖北省是国家重要的老工业基地，经济总量还不够大，转型升级任务重，适应经济新常态面临巨大的压力和挑战。但新常态将倒逼经济结构调整优化、增长动力加快转换、改革开放深入推进，从而促使将发展的立足点转到提高质量和效益上来。湖北省正处于工业化中期加速发展阶段，"黄金十年"与新常态历史性汇合。同时，随着"一带一路"战略全面加速展开，长江经济带建设强力推进，中部地区全面崛起进程不断提速，长江中游城市群建设稳健起步，多重国家战略的叠加，正为湖北加快创新提供了广阔的发展空间和有利条件，不仅有利于发挥传统优势，也有利于培育新优势。从这个意义上讲，经济新常态将是湖北发展面临的新的重大战略机遇。湖北必须认清经济新常态下的新机遇，准确把握未来发展方向,全面建设创新型试点省份,以全球视野谋划,更加注重协同创新,完善知识创新体系,强化前沿基础研究,提高科学技术研究水平和成果转化能力,抢占科技创新发展的战略制高点,加快构建促进中部地区崛起重要战略支点。

二、湖北创新型省份综合竞争力分析

2017年9月,由中国科学技术发展战略研究院发布的《中国区域科技创新评价报告2016—2017》显示,湖北综合科技创新水平指数排全国第7位,比上年提升3位。2017年11月,中国科技发展战略研究小组、中国科学院大学中国创新创业管理研究中心发布《中国区域创新能力评价报告2017》,指出湖北创新能力排全国第9位,比上年提升3位。两个报告均显示湖北是全国唯一一个前进3位的省份,如表1所示。

表1 全国31个省市区创新能力排名变化

地区	各省市位次变化		地区	各省市位次变化	
	《中国区域科技创新评价报告》	《中国区域创新能力评价报告》		《中国区域科技创新评价报告》	《中国区域创新能力评价报告》
北京	1	0	山西	0	-1
上海	-1	0	甘肃	0	-1
天津	0	0	吉林	0	0
广东	1	1	江西	2	2
江苏	-1	-1	河南	-1	0
浙江	0	0	宁夏	-1	2
湖北	3	3	内蒙古	0	0
重庆			河北	0	0

续表

地区	各省市位次变化		地区	各省市位次变化	
	《中国区域科技创新评价报告》	《中国区域创新能力评价报告》		《中国区域科技创新评价报告》	《中国区域创新能力评价报告》
陕西	0	-3	广西	0	-1
山东	-3	0	海南	0	0
四川	1	0	青海	0	2
福建	1	0	云南	0	2
辽宁	-2	1	贵州	1	-1
黑龙江	0	-4	新疆	-1	
安徽	0	-1	西藏	0	-1
湖南	0	1			

然而，从两个报告来看，湖北一些科技创新能力指标排名仍较低，阻碍了湖北创新型省份综合竞争力的提升。一是在企业创新方面，根据《中国区域科技创新评价报告2016—2017》，湖北企业技术获取和技术改造经费支出占企业主营业务收入比重居全国第24位；根据《中国区域创新能力评价报告2017》，湖北企业创新综合指标对应的四个二级指标中，设计能力综合指标、技术提升能力综合指标分别居全国第14、15位。二是在创新投入方面，《中国区域科技创新评价报告2016—2017》显示，湖北R&D经费支出与GDP比值为1.90%，而安徽该指标为1.96%；湖北R&D经费支出与GDP比值较上年增长率居全国第20位。根据《中国区域创新能力评价报告2017》，湖北研究开发投入综合指标仅居全国第15位。三是在科技促进经济社会发展方式转变方面，《中国区域科技创新评价报告2016—2017》显示，湖北资本生产率居全国第15位，环境质量指数居全国第26位，综合能耗产出率居全国第15位，万人国际互联网上网人数居全国第20位。湖北排名靠后的科技创

新能力指标如表2所示。

表2　　　　　　　　湖北排名靠后的科技创新能力指标

指标名称	湖北排名
企业技术获取和技术改造经费支出占企业主营业务收入比重	24
企业设计能力综合指标	14
企业技术提升能力综合指标	15
R&D经费支出与GDP比值较上年增长率	20
研究开发投入综合指标	15
资本生产率	15
环境质量指数	26
综合能耗产出率	15
万人国际互联网上网人数	20

三、湖北推进创新型省份建设的主要问题

（一）企业技术创新主体地位不够突出

一是高新技术企业数量与发达省市的差距不断拉大。2014年之后，湖北省新增高新技术企业持续发力，培育力度持续增强，2014年增至2700家、2015年3300家、2016年4300家，连续三年稳居中部第一、全国第七。但横向对比，湖北省高新技术企业数量总体仍然偏少，2014年湖北省高新技术企业数量（2700家）约占排名第一江苏省（9109家）的1/4，但2016年湖北省高新技术企业数量（4300家）占排名第一广东省（19857家）的比例下降为约1/5，与第一名的差距呈拉大之势。2016年部分省份高新技术企业数如图1所示。

二是高新技术企业的发展质量效益有待提升。根据中国火炬高技术产业开发中心统计，2015年湖北省高新技术企业工业总产值占湖北省

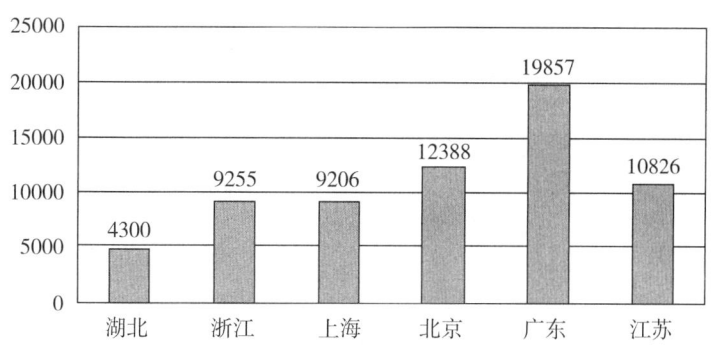

图 1　2016 年部分省份高新技术企业数

工业总产值的比重远低于上海的 36.8%、广东的 22.3%，且企业的发展质量效益与发达省份差距明显。湖北省高新技术企业的平均净利润为 1894 万元，低于广东（2449 万元）、上海（2811 万元）、山东（2037 万元）、浙江（2537 万元）。湖北省高新技术企业的国际竞争力不强，出口创汇仅位于全国第十二位，低于中部的湖南、安徽。

三是高新技术企业发展规模偏小，研发不足。湖北省的高新技术企业大多为初创的科技型企业，缺乏像华为、中兴、阿里、腾讯、小米这样的"巨人"企业，建有研发机构的企业数仅为江苏的 1/20、浙江的 1/10、山东和广东的 1/3。

（二）科技成果转化渠道仍需加速畅通

一是科技成果转化不足。湖北虽是传统的科技大省，但科技成果转化不足问题突出。"丽珠得乐"花开湖北，结果珠海；"如意纺"专利源自湖北，却花落山东，"墙内开花墙外香"的事例不胜枚举。

二是产学研合作水平不高。湖北省高校院所科技资源丰富，创新实力较强，在论文产出方面高于江苏一倍、高于广东 30%，但是湖北省高校院所服务省内企业的产学研合作水平不高。2015 年，湖北省企业支付给 100 多所高校科研院所的研发资金约 1 亿元，仅相当于江苏、浙江2~3所大型高校的横向收入水平。2016年，湖北首次开展高校院所产学研合作后补助工作，对承担有省内企业委托研发项目的高校，按照项目实际到位资金的10%给予奖励支持，仅发放补贴经费1200多万元。

（三）创新治理体系有待进一步完善

首先，随着从"科技发展小局"到"创新发展大局"转变，湖北省创新治理体系渐显不足。科技管理部门职能有限，抓手有限，"越位"与"缺位"并列现象同时存在。湖北省科技与发改、经信、纪检、审计、财政等多部门在创新方面的协同机制严重不畅，相关部门都是被动地参与创新治理，缺乏主动的协同服务意识。

其次，政策落实不够，流于形式。在全国大力推进创新治理的大背景下，湖北省在创新治理方面没有进行系统研究部署，已出台的一些相关文件虽对创新有所涉及，但在政策设计过程中各部门的参与沟通不够、对创新治理的认识不统一、部门间的职能设计不明确，使得政策流于形式，执行效果受限。

再次，市场机制作用在创新治理体系中受到制约和限制。市场在创新资源配置中的主导地位尚未确立，科技成果研发、推广应用、产业化等存在着不同程度的市场失灵，导致普遍出现了科技与经济脱节的现象。

（四）创新资源配置不均衡现象凸显

从湖北省高等院校分布来看，武汉市本科以上高等院校49所，占湖北省高校总数的69%，其中湖北省7所"985、211工程大学"都集中在武汉，其他市州高等院校很少，有6个市州没有高等院校，教育资源配置不均衡。

从科技创新平台分布情况来看，湖北省平台配置"区域鸿沟"明显，主要集中在大中城市，尤其是武汉市，而其他市州科技创新平台匮乏。从产业技术研究院的分布来看，武汉市6家，占湖北省总数的40%，宜昌2家，随州2家，襄阳、荆门、黄冈、恩施、潜江分别有

1家。

(五) 创新发展后劲不足

一是研发投入强度有待提高。2015年湖北科学研究与实验发展（R&D）经费支出为565亿元，占湖北省生产总值（GDP）的1.90%，全国排名第十，低于中部的安徽（1.96）和西部的陕西（2.18%）。从地方财政科技支出来看，2015年湖北地方财政科技支出157.36亿元，占地方财政支出比重为2.57%，全国排名第八，低于安徽（2.77%）。

二是大科学装置布局不够。目前，全国有170多个国家级大型科学设施，而湖北不到4个，在数量上落后于北京、上海，在布局上落后于中部安徽，且在综合性国家科学中心建设方面已落后于安徽，难以满足高端原创性、引领性创新的需要。

三是创新成果投入产出比不高。2016年湖北省万人有效发明专利拥有量约为5.39件，在全国排13位。湖北省平均研发经费投入的创新成果产出较低，每亿元研发经费内部支出产生的发明专利申请量、授权量均长期处于全国20名以外，中部的安徽、河南、湖南、山西等省的研发经费投入产出比均高于湖北。2016年部分省份每亿元研发经费内部支出产生的发明专利申请量、授权量如图2所示。

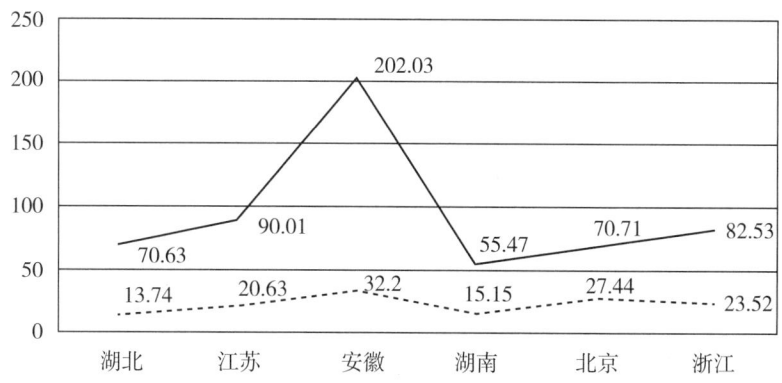

图2 2016年部分省份每亿元研发经费内部支出产生的发明专利申请量、授权量

四、深入推进湖北创新型省份建设的对策

深入推进湖北创新型省份建设，提升区域竞争力，要突出问题，针对症结，精准发力。为此，必须补齐要素短板，突出市场主导，营造良好环境，加强全面创新与协同创新，推进创新链、产业链、资本链、人才链、政策链五链协同，形成创新合力。

（一）加快企业培育，强化企业创新主体地位

实施高新技术企业倍增计划。发布《湖北省高新技术企业培育专项工作方案》、《加快湖北省高新技术企业培育的若干意见》及其配套实施细则。加快实施创新型企业培育工程、科技型中小企业成长路线图计划和中小企业成长工程，培育一批拥有自主创新能力和自主知识产权的企业。

深入推进产学研合作。构建一批企业主导、科研院所和高校共同参与的产学研合作创新平台、成果转化示范基地、产业技术创新基地、产业技术创新战略联盟和协同创新中心。

着力打造科技企业创业与培育工程"升级版"。依托武汉、襄阳、宜昌、荆门、孝感、黄石、黄冈等重点地市建设一批引领示范的标杆型科技企业孵化器和众创空间，打造引领湖北省的创业孵化生态圈。

（二）转变观念，放活人才，协力推进科技成果转化

放活人才，激励创新。更多为高校、科技人员松绑减负、清障搭台，充分激发"人"的积极性创造性，牢牢抓住"人"这一创新根本，出台创新容错机制，未禁止事项可大胆尝试，给高校院所科技人员创新创业送上"定心丸"，鼓励多出成果，出好成果。

转变思想观念，强化市场意识。增加科技成果转化在职称评定中的权重。通过政策的调整，引导高校院所调整指挥棒，让高校院所进一步转变职务科技成果管理理念，敢于放手，不再把论文、职称、奖励、专

利等作为绩效评价的唯一指标，而是坚持创新是根本，创业是目的，创富是动力。加强技术经纪人队伍建设，提高技术经纪人地位与待遇，为技术经纪人构建有效工作平台，推动科技成果转化。

充分发挥市场在高校院所科技成果转化过程中的基础性作用，进一步推进科技成果大转化工程。采取定向、间接、有偿投入和市场评价方式，大力推进科技成果首次商业应用转化、已应用成果向更多企业扩散。

（三）加大投入与政策支持，增强创新增长后劲

保证政府引导性投入稳步增长，提高财政科技投入水平。设立创新型省份建设专项资金，确保省级财政公共预算支出中科技经费支出所占比例达到国家创新型省份平均水平。

加大政策支持力度，引导企业增加研发投入，强化对科技型中小企业技术创新的资金扶持力度。出台《湖北省激励企业开展研究开发活动暂行办法》（鄂政办发〔2017〕6号）的相应实施细则，鼓励和支持企业加大研发投入。

加大对大科学装置、国家实验室和综合性国家科学中心等平台建设的投入力度。由省、市、区三级按比例给予稳定经费支持。进一步完善湖北省创新平台布局，发挥创新平台在科技创新中的支撑作用，面向地市特色优势产业和优势学科领域，新增一批省级重点实验室、工程技术研究中心及产业技术研究院等，着力解决优势产业领域的共性技术难题，引领当地创新发展。

（四）加强协同创新，营造良好创新环境

加强创新组织协同。建立"党委领导、政府主管、科技部门协调、相关部门协同、全社会参与"的工作机制，形成创新治理联席会议制度。在横向协同方面，由湖北省科技厅作为联席会议的办事机构，将重点任务逐一落实到省直重点部门，做到精准推进落实。在纵向联动方面，在武汉、宜昌、襄阳、黄石、荆门五市开展试点，逐步实现省市县

三级的"平台联动、产业联动、条件联动、成果联动、人才联动、载体联动、政策联动、管理联动"。

打造创新基地。系统推进武汉市全面创新改革试验区建设，继续推进东湖国家自主创新示范区建设。以襄阳、宜昌为创新先行区，形成区域创新发展增长极。支持黄石、十堰、荆州、荆门、孝感、黄冈等建设成为区域性增长极。引导武汉高校创新资源向其他市州扩散，支持县域柔性汇聚创新资源，加快县域产业转型升级，实施农业产业竞争力提升科技行动，培育壮大创新型企业，加快建设一批优势特色产业园区。

加强宣传，营造良好创新环境。加强对创新创业典型人物和典型企业的宣传，讲好湖北创新故事。完善创新政策法规体系，营造更好政策环境。梳理国家和湖北省近年出台的科技法规与创新政策，以"科技十条"、"新九条"、《湖北省自主创新促进条例》等为重点，组织开展实施情况监测与考评，完善实施细则。

加强拓展交流，积极推进全方位协同创新合作。加强开放创新合作，推动与"一带一路"战略互动，加强长江经济带区域创新合作，加快促进以企业为主体的国际科技合作，拓宽湖北高校、科研院所参与国际大科学计划、大科学工程的渠道和范围。

课题负责人： 盛建新　湖北省科技信息研究院战略管理研究所所长、研究员

报告执笔人： 盛建新　范欲晓　云昭洁　林　洪　牛婧红

湖北省大健康产业发展现状及对策建议

张欲晓　毛宗福　殷　潇

随着我国社会经济发展，人口结构老龄化、生态环境变化、医疗成本线性上升等现象的凸显，我国居民疾病谱发生重大变化，医学本源已经回归到预防为主、保障健康上。随之而来的是新兴医疗健康服务模式不断涌现，服务内容和服务边界也在不断扩展和延伸。中共十八届五中全会首次提出推进"健康中国"建设的新目标和"大健康"发展战略。2016年全国卫生与健康大会上，习近平总书记强调：要以普及健康生活、优化健康服务、完善健康保障、建设健康环境、发展健康产业作为重点来加快推进健康中国建设。《"健康中国2030"规划纲要》将发展健康产业作为五大重点任务之一，做出全面部署，提出到2030年，我国健康产业规模显著扩大，健康服务业规模达到16万亿元，这对有效提升社会医疗健康服务的供给数量、质量和效率提出了新的要求。站在新的历史方位，以人民对美好生活向往为着力点，倡导健康文化、普及健康生活，加大健康投资、发展大健康产业、优化健康服务、提升健康消费，既是经济转型发展的重大实践，更是补齐短板、化解发展不平衡不充分社会主要矛盾的重要举措。

湖北省作为我国中部重要省份，地理位置承东启西，是南北交通的枢纽，同时也是国家"丝绸之路经济带"和"长江经济带"的重要交汇点，更是中部医疗之都、重要医药经营企业的摇篮及医疗保障人口大省。湖北省健康产业的发展将对我国健康产业发展的整体布局起到"承上启下"的连接作用，其成果将对健康中国战略若干"政策红利"的释放产生连贯东西的辐射效应。加快发展大健康产业也是湖北省转变经济发展方式和推进供给侧结构性改革的重要举措，是提高省域全民健康水平、增强健康获得感、率先全面建成小康社会的必然要求。中共湖北省委、省政府高度重视全省人民健康，先后出台了《关于促进健康服务业发展的实施意见》《"健康湖北2030"行动纲要》等文件，大力推进大健康产业发展。湖北省加快大健康产业发展，既有得天独厚的基础，也具备明显的比较优势；既面临难得的机遇，也面临严峻的挑战。

一、湖北省大健康产业发展的基础

湖北省"十二五"卫生体制改革所取得成果，以及"十三五"的良好开局，保证了省内"三医"——医药、医保、医疗等方面的稳定发展，为湖北省大健康产业的迅速发展奠定了良好的基础。

（一）医疗服务能力

2017年，湖北省床位数、执业（助理）医师数、注册护士数分别排全国第八、第九、第七位，全省医院总数增长6.3%，基层医疗卫生机构达到34703家，基本建立了由医院、基层医疗卫生机构、专业公共卫生机构等组成的覆盖城乡的医疗卫生服务体系。全省医疗机构诊疗3.8亿人次，出院病人1029万人，均排全国第八位，全省人均期望寿命76.5岁，婴儿死亡率7.97‰，孕产妇死亡率12.9/10万，5岁以下儿童死亡率10.75‰，主要健康指标优于全国平均水平，位于中西部地区前列。同时，湖北省政府及相关部门始终将医疗服务的公平可及性放在各项卫生政策目标的核心位置，针对薄弱地区基层医疗机构的特殊情况，全省自2016年起开展系列提升基层医疗卫生服务能力专项行动。湖北省医疗服务能力的提升、公平可及的保障，是大健康产业最重要的技术基础和需求驱动力。

（二）医疗保险运行

2017年，湖北省参加城镇职工基本医疗保险人数961万人，其中参保退休人员300.5万人；全省参加城镇居民基本医疗保险人数1020.8万人，其中中小学生儿童428万人；全省参加新型农村合作医疗人数3820.9万人。2017年，湖北省全年共征收城镇职工基本医疗保险费290.4亿元，共支付城镇职工医疗保险待遇259.1亿元；全年城镇居民医疗保险费收入54.6亿元，共支付城镇居民医疗保险待遇38.6亿元；全省新农合筹资总额达219.2亿元，全省新农合基金支出200.2亿元，实现了积极作为、稳中求进的医疗保险运行目标。与此同时，湖北省自2017年起将城镇居民医保和新农合合二为一，实施统一的城乡居民医保制，整合后的城乡居民医保实际人均筹资不得低于现有水平，在提高政府补助标准的同时，适当提高个人缴费比重。湖北省通过整合，住院报销比例统一在75%左右，在实现医疗保险公平性保障的目标上又迈进了一大步。湖北省医保的稳定运行，是大健康产业发展重要的经济基础和产业需求扩展的保障。

（三）医药产业整体发展

2016年底，湖北省医药产业实现主营业务收入1195.9亿元，同比增长12.3%，排全国第9位、中部第3位；实现利润94.2亿元，同比增长13.6%；实现税金13.6亿元，同比增长7.9%。医药工业各子行业实现主营业务收入稳定增长，其中制药专用设备制造同比增长32.95%，中药饮片同比增长20.9%，化学原料药同比增长18.8%，化学药品制剂同比增长17.6%，生物制药同比增长17.2%。出口交货值121.55亿元，同比增长28.4%，排全国第5位。全省有15家医药企业进入全国医学行业500强，其中人福医药集团股份公司、宜昌东阳光药业股份有限公司分别位列28名和91名。全省医药产业培育了一批知名大品种，制剂单产品销售收入过1亿元增至26个，过2亿元增至9个，过3亿元增至8个，过5亿元增至3个，其中宜昌东阳光药业抗流感"可威"单品种销售超过8亿元。武汉中旗生物医疗电子公司的数字心电图机年度装机量突破15000台，国内占有率第一，基本实现了部分重点企业迅速发展的目标。

二、湖北省大健康产业发展的现状

(一) 湖北省大健康产业范畴

为了解健康产业现状、推进健康产业发展，湖北省于 2017 年进行全省大健康产业专项统计调查，根据《关于印发大健康产业专项统计报表制度的通知》（下称"专项调查"）中界定，大健康产业是指与维持健康、修复健康、促进健康相关的一系列健康产品生产经营、服务提供和信息传播等产业的统称。湖北省大健康产业专项统计，目前主要涵盖医疗卫生服务、医药制造与销售、健康养老和健康体育、健康保险等五大方面，具体包括以医疗服务机构为主体的医疗卫生服务产业，以药品、医疗器械、医疗耗材产销为主体的医药制造与销售产业，以养老院、福利院为主体的健康养老产业和以体育健康服务为主体的健康体育产业等，是前文所述医药、医疗、医保的"三医"内容中更具有创新理念模式、创新技术的新事物、新领域。

(二) 湖北省大健康产业基本状况

根据湖北省大健康产业的范畴界定和专项调查统计，截至 2017 年上半年，全省大健康产业规模超过 1700 亿元，从业人员超过 67 万人。其中，全省医药制造产业总产值 714.14 亿元，增长了 16.7%，医药批零产业总销售额 1059.88 亿元，增长了 15.2%。全省共有 1368 家养老服务机构，养老床位总数达到 32.9 万张，各类健身场所 7797 个，社会体育组织达到 1652 家。目前，湖北省大健康产业快速发展，产业规模持续扩大，产业结构不断优化，健康服务功能日益完善，辐射医疗卫生服务、医药制造与销售、健康养老和体育等产业的大健康产业体系基本形成。

1. 健康产业卫生服务

通过探索和创新，湖北省在健康管理试点地区基本建立起较为规范的健康管理服务体系，为全面推进健康管理工作奠定了基础，包括疾病预防控制中心设置健康管理中心、医疗卫生机构统筹设置针对"三高"、心理危机等健康危险因素专项干预技术服务机构，医疗卫生机构健康管理知识全员培训率达95%，机关、企事业单位为职工提供健康管理服务的覆盖率、中小学校为学生提供健康管理服务的覆盖率达95%以上；0~6岁儿童和孕产妇的健康管理率达到80%以上；有关企业将十三五战略转型升级与健康服务市场开拓相结合，湖北省交通投资集团有限公司依靠良好的品牌形象、强大的融资能力、丰富的社会资源等优势，在鄂东南西北中、武汉周边区域打造集现代医疗服务和教育基地、养生养老基地、文化旅游、生态农业等多功能"连锁式健康城"，同时与华中科技大学同济医学院附属协和医院签署战略合作框架协议，省属资产规模最大的国有企业与顶级医疗机构实现强强联合，开创了大健康领域产学研协同发展新模式。

2. 健康保险

在促进大健康产业发展的法规建设方面，湖北省人民政府办公厅发布《关于加快发展商业健康保险的实施意见》，提出加快发展全省商业健康保险，明确2020年人均商业健康保险保费达到200元左右、商业健康保险赔付支出占全省卫生总费用的比重达到5%左右等具体目标，并探索落实国家有关财政税收优惠政策、鼓励人才引进政策等配套政策支持；在健康保险产业自身发展上，省保险业行业实力增强，2016年初原保险保费收入从2010年的500.3亿元，增长到2015年的843.63亿元，年均增长11.0%，规模保费在全国保持在第十位，湖北省市共有11家保险公司已具有个人税优健康保险产品的承保资格，为商业健康保险个人所得税前扣除的管理，促进健康保险更有效惠及民众奠定了基础。

3. 高新生物医药和现代医药物流

除上文所述药品产业整体水平提升，湖北省高新技术生物医药、现代医药物流产业近年迅猛发展。在科技部全国108家生物医药产业园区调研中，光谷生物城综合排名超过了北京中关村，列全国第二，在宜昌、十堰、荆门、鄂州、天门、黄石、黄冈、仙桃等省内8地设立了生物医药的分园区；在医药经营企业发展上，湖北省依托历史发展的传统优势，具有"中部药仓"美誉，2016年主营业务收入超40亿的批发企业有3家（国药控股湖北有限公司、新龙药业集团、九州通医药集团有限公司），主营业务收入5亿元以上的有10家。在2015年全国批发企业主营业务收入前100位排序中，湖北省有3家企业榜上有名，为我国药物供应保障机制完善发挥了重要作用。

4. 养老及体育产业

在养老产业方面，湖北省通过推进政策创新、优化资源配置，培育市场主体等措施，有力推进了健康养老产业的发展。托老所、日间照料中心、老年康复中心、养老院等养老服务机构在全省范围普遍设立，服务内容也由一般性的配餐送餐、居室保洁、医疗陪护逐步向康复治疗、心理慰藉、文体娱乐等方面延展。截至2017年6月底，全省共建有1368个不同层次的养老服务机构，其中城市263个、农村1105个，每千名老年人拥有养老床位数31张，高于全国平均水平。目前，全省共有老年活动中心1.06万个，老年医院115个，老年群众组织1.85万个，参加人数206.6万人，老年大学982个，在校人数21.4万人。

在体育产业方面，湖北省近年积极培育了一批专业性强、理念先进、管理规范的体育场馆运营企业和体育健身俱乐部，2016年，全省建有各类健身场所7797个，场地面积285.2万平方米，投资总额5.3亿元，其中社会资金投资1.7亿元，占比32.1%，新增体育场馆45座，新增场地面积15.5万平方米。同时，通过加大全民健身活动组织力度，打造了一批富有湖北特色的群众体育品牌活动赛事和社会体育组织，满足了广大群众日益多元的健康体育需求。2016年，全省共有社会体育组织1652个，其中体育基金会33个，体育类民办非企业单位311个。

5. 健康产业相关研究支撑

2017年，湖北省健康管理师专家委员会成立大会暨第一届专家委员会全体会议顺利召开。我国中部地区首家健康管理师委员会正式成立，在武汉大学、华中科技大学、武汉科技大学、湖北中医药大学等

20余家单位的共同倡议下,"湖北省健康管理师专家委员会成立大会暨第一届专家委员会全体会议"于6月26日在武汉大学顺利召开。湖北省健康管理专家委员会是湖北省卫生行业职业技能鉴定中心授权武汉大学全球健康中心而成立的公益性行业学术咨询组织,其宗旨是推动健康管理服务业发展,助力"健康湖北"战略实施,从专家委员资质、研讨议题广度上,都达到了全国健康产业相关委员会较高水平。

三、湖北省大健康产业发展面临的主要问题

(一)健康产业发展定位尚不明确,整体发展水平亟待提升

1. 健康高端需求未拓展

湖北省虽依托医疗之都的先天基础,部分大型企业在部分健康产业领域率先迈出步伐,但整体仍以传统医疗为发展核心,新兴产业、尤其是健康高端需求市场尚未形成气候,且优势特色并不明显。与此同时,我国沿海省份借助依托优势,结合健康需求发展,已具备特色市场初步规模。2017年8月,国家卫生计生委员会联合国家发展和改革委员会、国家旅游局等五部门印发了《关于促进我国健康医疗旅游发展的指导意见》,明确了健康旅游发展重点,即重点发展高端医疗服务、中医药特色服务、康复疗养服务、休闲养生服务四大产品,从供给侧、需求侧两端发力培育健康旅游市场。天津健康产业园、河北秦皇岛北戴河区、上海新虹桥国际医疗中心、海南博鳌乐成城国际医疗旅游先行区以及浙江、江苏等13个地区凭借区域优势基础被纳入首批健康旅游示范基地。试点示范将促进以上地区健康旅游产业朝着规范有序方向持续发展,湖北省急需加快发展,缩小差距。

2. 健康产业整体水平有待增强

在健康相关支撑产业发展方面,湖北省生物医药发展迅速,但整体创新研发水平不强。医药流通企业虽具备传统优势,但面临国家医药物流发展专业化、流通效率大幅提高等医药物流服务延伸出的更高层次发

展的挑战；在健康保险产业发展方面，虽然湖北省近几年商业健康保险保费收入提升，但与北京、上海等发达地区相比，湖北省商业健康保险仍处于起步阶段，同时广大民众的健康保险意识仍十分薄弱，对社会医疗保险的保障补充效应未显现，未形成健康保险的规模市场。

（二）新兴健康产业发展路径整体缺乏规范，运行机制不成熟

1. 行业规范建制有待完善

新兴健康产业尤其是健康管理产业在我国整体起步较晚，湖北省至今尚未建立起与省情相适应的健康服务模式规范，同时尚属于初步探索阶段的社会办健康服务行业，还没有形成较为成熟的国内参照市场，因此湖北省对这些健康产业的行业资质准入、行业价格和服务流程的监管都缺乏有效有力的指导与约束。

2. 专业人才储备不足

虽然湖北省是人才大省和教育大省，但健康产业人才储备、用人机制还未普遍建立，尤其在健康咨询服务业，人员教育背景是短板，专业知识缺乏，"由商转教"居多，"临时上岗"现象普遍存在，在健康知识传递、健康文化形成、健康需求提升上，未能起到核心作用。

（三）健康产业发展成果较为分散，合力未形成

由于缺少系统的战略布局，无论是相关政策设计和现有一些领域探索，或基于应对"三医联动"卫生体制改革的具体任务，或基于自身阶段性发展需要，大健康产业发展并未真正上升到湖北省全局性改革战略部署层面，各产业主体的探索未形成产业发展的整体合力。一是相关产业主体集中于少数国有大型企业，部分领域产业发展扎堆投入，面向的需求层次较为单一；二是部分中小企业虽在吸收国际国内经验上有所创新，但激励机制不足，缺乏统一的政策支持和有效的制度保障，面向需求层次分散，发展未形成规模效应。因此，现阶段湖北省大健康产业发展成果重点不突出、效果不明显，并且易产生资源重复投入，潜在重点领域被忽视的风险。

(四) 健康产业发展反馈不够及时准确，评估手段缺乏科学性

湖北省大健康产业发展反馈不够及时准确，一是因为尚属起步阶段，反馈信息有限；二是与民众健康需求对接不紧密，将健康高端需求等同于"高价需求"，健康产业发展在需求人群关注度上的"两极分化"造成了市场反馈信息进一步的不准确性和片面性；三是健康产业发展效果评估方法与政策分析工具较滞后，健康大数据的整合工作有待继续推进，利用手段技术性有待加强，高效运用大数据解析发展趋势、研判政策走势的实践不足；四是评价体系尚不健全，缺少政策指导与政策实效并重的考评机制，在决策贡献力、领域公信力、社会影响力等维度上欠缺合理的指标权重划分。

四、加快湖北省大健康产业发展的对策建议

湖北省具有人才科技、现代信息技术与智能制造等综合优势，基于优质医疗资源，引导现代信息技术、健康产业与智能制造深度融合，努力实现弯道超越，不仅能培育新兴大健康产业集群潜能，打造万亿元大健康产业，助力"建成支点、走在前列"；还可通过互联网医疗健康大数据，促进医疗卫生资源共享和服务模式变革，提高服务质量、效率和能力。为加快湖北省大健康产业发展，笔者特提出以下具体对策建议：

(一) 建设全省医疗健康互联网，实现医疗健康万物互联

湖北省医疗健康互联网覆盖地域和机构范围可以两步走。在医疗健康互联网覆盖地域方面，首先要以武汉市为基础，实现武汉城市圈信息互通；其次是将该模式覆盖全省，辐射中部及其他省市。在医疗健康互联网覆盖机构方面，首先要实现各类医疗、卫生、保健、康复等医疗健康服务机构资源共享，推进医疗健康服务行为数字化电子化，如电子处方、电子病历、电子健康档案等；其次是将互联互通单元拓展至健康产业等相关领域，如药品企业、医保环保机构等，实现疾病健康相关因素

数字化电子化，建成湖北大健康互联网。结合湖北省枝江市、贵州遵义市较为成熟的实践经验，整合全方位全生命周期健康信息，将其纳入公共战略资源管理范畴。

通过"互联网+医疗健康"，以优化区域医疗卫生资源，重构医疗卫生体系，改变"大医院战时状态"、"基层机构门可罗雀"现象，节约医疗费用，以现代信息网络技术与传统医疗服务深度融合，解放优质医疗资源，不仅有利于深化医改具体任务落实，更有助于"健康湖北"目标的整体实现。

（二）建立全省医疗健康大数据中心，夯实健康产业创新平台

从全国情况看，医疗健康大数据作为新型战略资源，仍然沉睡在各自医疗机构。湖北省医疗健康大数据具有质量高（医疗水准高）、数据信息量大（人口与患者规模大）特点，极具开发利用价值，因此建立"湖北省医疗健康大数据中心"，该中心总部设在武汉，在宜昌、襄阳设立分中心，作为公共资源统一采集、统一存贮、统一管理；建立基于产学研融合的"湖北省医疗健康大数据研究院"，该研究院举全省之力，由省政府主导，引入企业、风投、创新团队和在校大学生个人积极参与，建成开放型大健康创新创业共享平台，在生命健康产业、健康管理服务业、智慧医疗等方面，为湖北省已有的传统健康产业增加生命力；培育一批由微型、小型、中型和大型企业共同组成的新兴大健康产业集群，通过激活实际存在并沉睡的医疗健康大数据，进一步激发湖北省健康金融、健康投资、健康产业、健康消费的活力。

（三）加快行业规范建设，推动行业自律机制形成

湖北省政府有关部门应加快健康产业行业规范建设，尽快开启行业标准的制订和修订工作，尤其是拟优先发展产业，鼓励推动其加快构建产业内标准体系，探索人才培养体系；通过构建政策信息服务平台、产业金融服务平台、健康大数据公共服务平台、产业链和供应链互动交流服务平台、国际国内科研合作和技术交流、交易平台、产业人力资源服

务平台、产业公共营销服务平台等面向产业公共需求的服务平台,引导各产业形成联盟,鼓励发挥行业"自净力",推动行业自律机制的形成。

(四)增强产业发展趋势研判能力,完善评价体系

一是在湖北省健康产业发展中,坚持"顶天立地"的发展定位,坚持服务国家战略,同时树立全球思维,客观分析国际经验,把握国内省份地区发展动态,提高大健康产业发展的政策建议的针对性、操作性;二是综合运用多学科研究方法,探索运用大数据、云计算等新技术,提升研判依据的科学性和准确性;三是推进湖北省大健康产业发展的决策咨询工作,调动各方面的积极性、主动性和创造性,为大健康产业发展出谋划策,丰富评价指标,完善评价体系,提升研判走势的全面性。

报告撰稿人:张欲晓　武汉大学健康学院博士后、博士
　　　　　　毛宗福　武汉大学健康学院教授、博士生导师
　　　　　　殷　潇　武汉大学健康学院博士生

湖北省政府职能从研发管理向创新服务转变的现状及趋势研究

林 洪 涂 瑜 云昭洁

一、创新驱动对政府科技职能转变的新需求

改革开放40年来,我国经济和社会迅猛发展,取得了举世瞩目的伟大成就,但我国在发展过程中面临的人口、资源、环境压力越来越大,以要素驱动、投资驱动为主的粗放型发展模式已难以为继,转变经济发展方式刻不容缓。党的十八大报告提出"实施创新驱动发展战略",牢牢把握住新一轮世界科技革命的历史机遇,打通创新链与产业链的通道,使科技与经济更加紧密地结合在一起,更好地满足国家重大需求,支撑经济社会发展。

实施创新驱动发展战略,就是要实现发展动力由要素驱动向创新驱动的转换,充分发挥科技创新在经济社会发展中的核心引领作用,推动以科技创新为核心的全面创新,发挥好科技创新与各方面创新的乘数效应,形成以创新为引领和支撑的发展方式。创新驱动战略的实施要求实现六大转变:发展方式从以规模扩张为主导的粗放式增长向以质量效益为主导的可持续发展转变;发展要素从传统要素主导发展向创新要素主导发展转变;产业分工从价值链中低端向价值链中高端转变;创新能力从"跟踪、并行、领跑"并存、"跟踪"为主向"并行"、"领跑"为主转变;资源配置从以研发环节为主向产业链、创新链、资金链统筹配置转变;创新群体从以科技人员的"小众"为主向小众与大众创新创业互动转变。

——创新驱动要求建立更加开放的制度,让创新的主体更加多元化、包容化。以全球视野谋划和推动创新,最大限度用好全球创新资源,全面提升我国在全球创新格局中的位势,力争成为若干重要领域的引领者和重要规则制定的参与者。

——创新驱动要求科技与经济社会同步发力,打破部门分割。科技体制改革和经济社会领域改革同步发力,强化科技与经济对接,遵循社会主义市场经济规律和科技创新规律,破除一切制约创新的思想障碍和制度藩篱,构建支撑创新驱动发展的良好环境。

——创新驱动要求打破行政主导。进一步打通科技和经济社会发展之间的通道,处理好政府和市场的关系,让市场真正成为配置创新资源的力量,让企业真正成为技术创新的主体。建立国家高层次创新决策咨询机制,提高科技创新决策的科学化和民主化水平。

——创新驱动要求围绕产业发展需求部署创新链。加强支持和协调作用,确定总体技术方向和路线,以国家科技重大专项和重大工程等为抓手,集中力量抢占制高点,强化科技同经济对接、创新成果同产业对接、创新项目同现实生产力对接。

——创新驱动要求用好用活各类人才,发展壮大创新人才队伍。坚持创新驱动实质是人才驱动,落实以人为本,尊重创新创造的价值,激发各类人才的积极性和创造性,加快汇聚一支规模宏大、结构合理、素质优良的创新型人才队伍。

——创新驱动要求面向公共领域积极作为。在体现国家意志的战略领域和市场失灵的公共领域要积极作为,切实加大对基础研究和战略前沿、共性关键技术研究的稳定支持力度。综合运用各类政策,形成一系列激励创新创业的政策工具箱,积极营造有利于知识产权创造和保护的法治环境、公平竞争的市场环境和崇尚创新创业的文化环境。

二、政府职能从研发管理向创新服务转变的基本内涵

目前,中共中央提出的"政府职能从研发管理向创新服务转变",

是为了能用科技进步促经济发展,让技术实现社会价值,在科技层面上转变政府职能。要彻底贯彻落实中央精神,必须要领会好政府职能从研发管理向创新服务转变的基本内涵。

(一) 研发管理的内涵

"研发管理"更多面向的是科研单位,更多运用的是管理手段,更多聚焦的是研发环节,更多着力的是组织科研活动。

(1) 以围绕研发链条开展科研管理为基本职责。政府部门是主要管理者,分配科技资源,制定科技政策,围绕研发链条展开科技管理工作,重点集中在高校、科研院所等科技研发部门内部,更多关注于科学发明和技术发现。

(2) 以组织科研活动为核心任务。通过组织科研活动,计划安排科技资源,加强科学技术在本地区产业结构中的应用,实现技术创新扩散,从而推动科技进步,迅速提升科技竞争力。

(3) 以计划管理和政策管理为主要手段。由具有科技资源配置权的行政部门通过竞争性或自由性项目计划配置科技资源,强调控制职能。

(4) 以促进科技进步为最终目标。以形成科技成果作为主要评价考核依据,鼓励、支持企业开展自主创新,保障企业创新收益的最大化,促进创新成果产出,弥补市场功能性缺陷。

(二) 创新服务的内涵

"创新服务"面向的是产学研用、大中小微等各类创新主体,围绕从研发到产业化应用的创新全链条,提供公共服务及专业化服务。

(1) 以引导宏观创新、提供创新公共服务为基本职责。加强中长期技术预测,制定和实施科技创新战略规划,健全普惠的创新政策体系,进一步发挥政策的引导作用。同时,加快建设创新基础设施和公共平台,完善专业化技术转移服务体系,加快资源开放共享。

(2) 以加强创新源头供给为核心任务。围绕产业链、创新链建设创新体系,从封闭式管理走向开放,形成纵横联合、公私合作、覆盖创新链上中下游的网络化科技治理结构。

(3) 以优化配置创新资源要素为根本手段。进一步发挥财政投入、创新人才、社会资本、国际创新资源等创新要素的推动作用,创新财政投入方式,提高资金使用效益,加快科技金融创新发展,完善创新人才制度,增强创新资源配置能力。

(4) 以推动科技创新与经济社会协同发展为最终目标。切实发挥市场在配置创新资源、推动科技创新中的作用,加强知识产权创造、运用、管理和保护,营造保护创新的法治环境和崇尚创新的文化环境。

(三) 研发管理与创新服务的比较

从研发管理转向创新服务,实质上是营造良好创新环境,对接经济社会发展重大需求和创新活动的部署、引导,发挥企业在技术创新中的主体地位,这是政府履行创新职能方式方法和体制机制的深刻变革。

本研究从管理理念、管理主体、管理对象、管理内容、管理方式等方面对两者进行比较(见表1)。

表1　　　　　　　　研发管理与创新服务的比较列表

类别	研发管理	创新服务
管理(服务)理念	科技行政管制,科技创新资源配置权由政府部门垄断和拥有,执行国家意志,核心是管理	"简政放权",保障市场决定性作用及各创新主体积极性和创造性的发挥,核心是服务
管理(服务)主体	科技职能部门	科技、金融、产业、文化、民生事业等对创新有影响的各个相关政府部门
管理(服务)对象	R&D活动、科学技术	创新链涉及的所有创新活动
管理(服务)内容	以研发项目、科技资源管理为主	以创新能力、创新体系和创新环境管理为主

续表

类别	研发管理	创新服务
管理（服务）方式	"自上而下"政府主导管理模式	由公共和私人部门、个人与机构共同管理公共事务，多主体、多层次、网络化的公共治理模式

三、国外政府科技管理的现状与趋势

（一）国外主要发达国家的典型经验做法

目前，世界上公认的创新型国家有20个左右，包括美国、日本、德国、英国、韩国等。本文依据各国政府决策制定管理的模式，将创新型国家分成发展主义网络化国家和发展主义官僚化国家两大类，并以五个创新实力领先的国家为例，分别对这两大类国家的政府职能进行分析。

发展主义网络化的国家具有市场经济发达、管理高度分权的特征，政府对科技管理的介入较少，大多采用分散型的科技管理体制，代表国家是美国、英国、德国，通常并不设立专门统筹与规划全国科学技术活动的管理机构，而是以多个平行管理单位进行共同管理。与发展主义网络化不同，发展主义官僚化国家更倾向于政府集中管理，特点是集权，倾向于消除功能重叠。由一个统一的政府机构集中进行统一的预算，国家政策集中，企业更依赖政府所提供的激励政策。典型代表国家有日本、韩国。

1. 美国科技管理现状

美国政府不设立全面管理国家科技发展的部门，不制定全国统一执行的科技发展政策与措施，而是采取"经济手段+法令"的科技管理模式。美国政府在科技创新发展中着力于宏观管理，以间接干预为主，通过制定科技政策和科技法律推动科技创新。美国政府的科技管理职能具有国际化、多元化的特点，在国家利益、国家目标的指引下，构建"科技规划-计划"体系。

一是科技规划实行"分散分权式"管理。科技战略规划由美国白宫科技咨询与管理机构及国会负责制订，科技计划的制订和组织实施则按照领域进行权责划分，各联邦部门专门机构根据承担的使命进行科技计划管理。

二是针对科技管理体制改革及重大科技计划，出台相应的法律法规以保障其贯彻落实。通过科技立法确立了科技研发法律制度、科技成果法律制度以及科技创新激励机制，形成了一套完善的科技创新法律制度体系。

三是由国会委员会负责科技资助拨款，科研管理机构通过合同与资助等方式拨付给各层级研究机构，形成了独特、分权、易于变革的科技财政投入体系。R&D经费一般分期支付或在合同执行完毕后支付，以保证R&D经费的使用效益。

四是引入风险机制，通过税收优惠、政府补助、信息服务、信用担保等手段对中小企业予以引导和支持；设立一批创业服务机构，形成了以小企业管理局为主体，其他社会中介机构为分支的科技服务网络。

五是通过采购合同、研究合同和其他政策鼓励科研机构创新，使全国科技工作形成一个整体；通过制定面向企业和高校的税收优惠政策和财政补贴政策，引导企业和高校加大在科技创新方面的投入。

2. 英国科技管理现状

作为传统的科技强国，英国政府历来重视科技在经济社会发展中的重要作用，认为科学以及由此产生的创新在超过一个世纪里都是现代生活的驱动力。目前，英国是G8国家中科研产出率最高的国家，以世界1%的人口，资助了全球4.5%的科学研究，产出了8%的高质量科学论文，国际科技论文被引次数位居世界第三，科研实力始终居于世界前沿。英国政府科技管理体制具有系统化和完备化的特征，科技管理组织结构较为简单，管理职能也呈现"大块"划分的特点。

一是明确将科学和创新列为英国长期经济计划的核心，加大投入、锐意改革，紧锣密鼓地集中和整合科技资源。由政府出面组织优先发展科研领域，启动技术前瞻计划，组织专家进行技术预测，然后，将技术预测的结果分发给政府各部门、科研机构、大学和企业界，作为其确定技术发展的依据。

二是将分散在部门法规中发展科学技术的有关政策措施进行重新整合，制定促进应用研究和技术开发的新法律。引入"一进一出"系统及"日落条款"，确保法规数量不再增加，并及时取缔已无存在必要的法规和管理者，使创新法规负担最小化。

三是通过支持公共部门、非营利科研机构与企业之间的产学研合作项目来实现财政对企业技术创新活动的资助，主要以商业、创新和技能部（简称BIS）为投入主体，其他部门为辅，政府科技办公室负责咨询和协调。

四是通过为企业提供技术咨询服务，引导企业合理进行研究与发展投资。大力扶持科技中介机构，从世界各地的大学、研究机构和企业挑选有市场前景的技术，通过最有效的手段将技术推向市场，并为创新企业提供包括技术、资金、管理、市场营销、人才、法律在内的多种科技服务。

五是重视公共采购对于企业创新的促进作用，通过与企业签订合同来对企业研发提供全额支持。鼓励政府部门和公共机构通过分阶段的开发计划，采购具有可控风险的新技术。

3. 德国科技管理现状

德国在技术创新及创新驱动经济发展方面卓有成效，关键在于国家创新体系中政府与市场各归其位，市场机制在激励创新、配置创新资源方面发挥决定性作用，政府致力于为创新驱动发展提供完善的市场制度体系、营造公平竞争的市场环境。近年来影响较大的改革包括：

一是把研究和创新活动与国家创新战略结合在一起，创造有利于融资创新的基础条件，改善以创新为导向的企业的商业环境与创新环境，以提高德国的创新力量。

二是为科技创新创造制度框架条件，包括严格的知识产权保护制度、公平竞争的市场环境与制度。另外，德国政府将维护市场秩序视作其主要责任，先后制定并完善了《反对限制竞争法》等法律，维护中小企业的发展权益和平等竞争的市场地位。

三是在不干预市场的基本原则下，大力支持基础研究、提供科技公共服务、培养科技人才等，在国家创新体系中为创新提供公平竞争的市场环境与完善的市场制度体系。根据不同创新主体特点，采取不同经费分配与管理方式。对所有投资者实施全过程的补助支持，包括对直接投资的现金补偿、员工和研发补贴等。

四是采取了政策引导、集中与分散结合的模式发展科技服务业，联邦和州各自履行其科技服务管理的职能。大力推动跨学科、跨地域科研合作网络的建立，参与或扶持组建了一系列创新联盟，定期举行由政府首脑、有关部门、科学界和经济界代表参加的创新对话，形成共同行动计划。

五是构建了一套较为成熟的"企业主体、国家支持、员工努力"的知识产权战略管理和法律保护体系。国家在知识产权立法、司法和行政等方面予以强有力支持：知识产权法律体系完备、知识产权诉讼案处理相对高效、在科技创新方面投资巨大。

4. 日本科技管理现状

日本政府主要通过制订经济、科技计划和政策导向进行科技宏观调控，形成了独特的日本"科技政策导向"型、政府主导型科技管理模式。日本的科技发展以市场机制作用和自由企业制度为基础，以政府的宏观调节和产业政策诱导为显著特征。

一是根据本国经济国情以及世界科学技术发展走势，不断调整其科技发展战略，利用政府的优势，为研发指出不同时期的技术创新方向，以减少技术研发的不确定性，从而降低风险。

二是通过制定大量的科技政策调动科技界、企业界和教育界的积极性和主动性，使他们沿着政府选定的科技发展目标进行科学研究和技术开发，从而实现国家的宏观科技决策，实现技术对经济的贡献作用。

三是利用综合科学技术会议引导并鼓励开展颠覆性高风险的创新研

究活动，在竞争性经费的分配上予以优先支持。利用税收优惠手段激励企业技术创新活动，引导企业研发投入方向。允许以知识产权作为担保获得长期资本供给，主导设立风险共担的信用担保体系，实现对科技型中小企业的金融扶持。

四是采取多种措施为创新主体提供科技服务：设立事务局形式的研究支持部门，减轻科学家及其团队的事务性工作；提高研究预算执行的自由度和灵活度，最大限度地提高资金运用效率；成立"科学技术创新战略本部"，强化政府对政策从规划、立案到推进的职能。

5. 韩国科技管理现状

韩国政府的整个创新系统具有高度集权特征，但决策制定过程却具有参与式特征。韩国在经济不发达时期，建立以技术创新为主的政府机关，并吸引国内外的科学工作者和研究机构。在经济发展初期，政府直接投资建立国有的研究机构，并制订科技发展的长期规划，对民间的技术创新进行了直接干预。在私营部门获取足够能力在私营企业层面开展研发活动之后，韩国政府就从直接干预转向了间接干预。政府自身开展的创新活动由早期建立的研究机构承担，而创新投资则由推动私营企业研发活动的科技管理部门逐步转移到私人机构承担。

一是注重从宏观层次上把握和调控科技的系统化发展，充分保证韩国科技发展的效率和稳定，政府不是直接进入市场，而是沟通产学研之间信息及协调科技创新体系的各个环节，采取措施支持基础科学研究，通过政策倾斜和资源配置，推动和促进高新技术产业快速成长。

二是积极消化、吸收和扩散引进的先进技术，以自主创新为重点，修订了《科学技术振兴法》、《技术开发促进法》，颁布了《科学技术革新特别法》等一系列的科技法规，使韩国的科技法规体系更加趋于完善。

三是通过政策金融、技术开发基金等形式对技术开发进行资金支援，种类涉及产业、技术等各个方面，并根据国家经济和科技发展的需要进行项目的增设或撤销。另外，政府通过税收体制改革对私人企业创新进行补贴，且税率减免政策扩大至外国人，以吸引更多的国外资本投向本国高新技术产业。

四是采取集中、分散和竞争的方式进行政府采购，各部门可以在高出国外同类产品价格的情况下，优先采购本国产品，且产业新技术产品实行政府首购制。建立了一套严密的知识产权保护法律制度体系，并大力推进知识产权管理服务的自动化、网络化、便捷化和优质化，为中小企业的相关技术知识产权状况进行判断审定，帮助企业确定研发方向，避免重复投资造成浪费。

（二）我国推动政府职能向创新服务转变的初步探索

2014—2015年，国家先后发布了《深化科技体制改革实施方案》、《关于改进加强中央财政科研项目和资金管理的若干意见》、《关于深化中央财政科技计划（专项、基金等）管理改革的方案》等系列涉及国家科技管理政府职能转变的政策文件，提出构建统筹协调的创新治理机制，加快政府职能转变，重点包括加强科技、经济、社会等方面政策的统筹协调和有效衔接，改革中央财政科技计划管理，完善科技管理基础制度，建立创新驱动导向的政绩考核机制等方面，以推进科技治理体系和治理能力现代化。职能转变探索的主要举措如下：

1. 宏观战略引导

2016年，中共中央、国务院发布《国家创新驱动发展战略纲要》，提出要形成创新驱动发展的系统部署，确定"三步走"战略目标和"一个体系、双轮驱动、六大转变"战略布局；健全普惠的创新政策体系，为创新活动营造公平、开放、透明的市场环境和制度保障；健全创新导向的宏观经济统计指标体系和政绩考核机制，改进和完善国内生产总值核算方法，体现科技创新的经济价值。

上海：2015年，上海市第十四届人代会提出要贯彻依法治国基本方略，按照"两高、两少、两尊重"的要求，建设职能科学、权责法定、执法严明、公开公正、廉洁高效、守法诚信的法治政府，全面提高政府治理现代化水平。在转变管理理念、逐步消除部门利益、明确政府角色定位的基础上，处理好三个方面的关系：即政府与市场、政府与社会、政府层级间的关系。

广东：2013年，广东省科技厅启动实施"省级科技业务管理阳光再造行动"，2016年，全力打造"阳光再造行动"2.0版，进一步推动构建研发管理向创新管理转变的新模式，并根据产业链和创新链规律，调整各处室业务职责范围。2017年，广东第十二次党代会提出，要以体制机制改革创新、转变政府职能为突破口和抓手，深化供给侧结构性改革，加快形成创新新动能、构建开放型经济新体制。

浙江：2014年，浙江第十二届人代会上提出，要加快转变政府职能，优化政府机构设置，进一步简政放权，强化政府公共服务、市场监管、社会管理、环境保护等职责，处理好政府与市场、政府与社会的关系。

2. 制定法律法规

国务院先后发布《中国制造2025》、《关于积极推进"互联网+"行动的指导意见》、《新一代人工智能发展规划》等一系列重要文件，在事关国家战略需求和长远发展的战略高科技领域超前部署；整合科研基地和科技人才专项，深化科研院所分类改革，推行章程管理、绩效评价和绩效拨款等制度；通过修订法律、出台实施方案、实施成果转化行动"三部曲"，对高等学校、科研院所、国有企业事业单位，完善科技成果使用、处置和收益管理制度，加大对科研人员转化科研成果的激励力度。

上海：2016年，上海印发《〈上海市法治政府建设"十三五"规划〉主要任务职责分工》，率先提出了政府职能转变的具体举措，包括：深化行政审批制度改革、推行政府履职的清单管理制度、优化政府组织结构、形成放管结合监管机制、实现"政企、政资、政事、政社"四分开、强化政府保障城市安全运行和提供公共服务的职能等。

广东：2016年，广东出台《深化广东省级财政科技计划管理改革实施方案》，提出要转变政府科技管理职能，政府部门逐步简政放权，减少对具体项目的事务性管理工作，主要负责科技发展战略、规划、政策、布局、评估、监管等，充分发挥专家和专业机构在科技计划具体项目管理中的作用。

浙江：2015年，浙江印发《关于推进政府职能向社会组织转移的意见》，要求围绕推动政府职能转变，改革政府包揽社会治理的传统方式，逐步把社会能自主解决、行业组织能自律管理的政府职能转移给社会组织承担，充分发挥社会组织在社会管理和公共服务中的作用。

3. 优化资源配置

国务院大力推进中央财政科技计划管理改革，各类计划项目在立项时要经过国家科技计划管理部际联席会议、战略咨询和综合评审委员会的论证，通过后委托专业机构管理，政府各部门不再直接管理具体项目；加快科技金融创新发展，扩大引导基金规模，开展知识产权证券化试点；先后制定《关于实行以增加知识价值为导向分配政策的若干意见》、《关于进一步完善中央财政科研项目资金管理等政策的若干意见》、《关于深化人才发展体制机制改革的意见》等一系列政策文件，为创新人才"松绑"。

上海：2013年，为了推进科技体制机制改革，整合各区域的创新资源，上海市在全国科技系统首创设立创新服务处，集聚和整合原先游离于各职能处室及各县区的"碎片化"数据，打通产业链上不同的环节，科技管理从"研发链"逐渐拓展到整个"创新链"，从"争取增量"向"整合集聚"转变。

广东：2015年，成立广东省推进职能转变协调小组，主要负责推进各级政府、部门简政放权、放管结合、职能转变工作，统筹研究重要领域和关键环节的重大改革措施。逐步建立投资项目审批、公共资源交易的一门式服务入口，探索建成规则统一的公共资源交易平台体系，整合建立统一的公共资源交易平台。

浙江：2015年，成立浙江省政府深化"四张清单一张网"改革推进职能转变协调小组，建立统一部署、分工负责、相互配合、上下联动的工作机制。充分发挥市场机制在资源配置中的基础性作用，深化财税体制改革，完善公共财政体系。

4. 保障公共服务

我国开始逐步建立和完善技术转移服务体系，提出建设统一开放的技术市场，构建互联互通的全国技术交易网络；发展技术转移机构，加强高校、科研院所和社会化技术转移机构建设；发展专业化众创空间，强化种子期、初创期创业服务；全面推进科技管理基础制度建设，推动科技资源开放共享。

上海：通过设立创新服务处，加快转变创新管理导向，按照"五位一体"创新体系建设思路，使科技金融、研发与转化、优先区域、法规政策和协同创新等功能更好地为各类创新主体服务，打造为企业技术创新提供一揽子解决方案的一站式信息服务互联网运营平台，构建起由载体、政策、资金、服务"四轮驱动"的创新创业服务体系。

广东：进一步取消和下放行政审批事项，加强对行政审批事项的监督管理，建立一口受理、同步审批的"一站式"高效服务模式，实现多部门信息共享和协同管理。推进公共文化服务标准化，探索公共文化服务的社会化路径，利用数字化资源、智能化技术、网络化传播建设全域共享、互联互通的"广东公共文化云"。

浙江：在全面深化"四张清单一张网"改革的基础上，推动科技领域简政放权、转变职能、增加公共产品和公共服务供给，切实减轻企业税费负担。制定一系列创新人才的培养、引进、使用、评价、激励政策，加大人才开发投入力度，健全人才公共服务体系，充分激发各类人才的创造活力。

5. 营造生态环境

2014年，全国人大提出建立知识产权专门法院，加大对知识产权的司法保护力度和对侵权行为的惩治力度，着力塑造有利于创新创造和价值实现的知识产权制度体系；培育开放公平的市场环境，运用规制性手段如制定标准、评估监管、反不正当竞争等引导创新活动的方向、设定创新行为的准则、营造公平竞争的环境，在实施"负面清单"管理制度的基础上赋予创新主体探索实践的最大自由，充分发挥其积极性和创造性。

上海：通过建立负面清单制度、开展"证照分离"改革试点、搭建产学研合作平台等措施，不断激发创新活力。成立了上海产业技术研究院，鼓励教授带着课题离开学校，以"兼职"方式进入平台，与其他需求方协同创新。

广东：完善现代市场体系，实行市场准入负面清单和公平竞争审查制度，建立健全公平开放透明的市场规则。强化事中事后监管，加强政府部门监管职能，推进综合行政执法改革，健全社会信用守信激励和失信惩戒机制。优化政府服务，完善"一门式、一网式"政务服务模式，破除行政审批中介服务垄断，规范行政审批的中介服务行为。

浙江：加强政策支持，大力支持新型孵化器建设，推动科技人员和团队、民间资本、创业资本和科技成果相结合，促进科技资源开放共享，营造良好的创新生态环境。按照形成统一开放、竞争有序的现代市场体系要求，积极营造平等准入、公平诚信、秩序规范的市场环境。

四、湖北省政府职能从研发管理向创新服务转变的路径建议

政府科技创新职能的转变涉及核心层的价值导向、中间层的制度安排和外围层的政策工具。随着湖北省投入能力和研发能力的显著增强，对创新治理体系和治理能力的要求也显著提高，构建基于创新驱动的政府科技管理新模式迫在眉睫。

(一) 在管理理念方面要向服务宏观"创新发展大局"转变

十八大以来，国家将创新驱动发展战略摆在了更突出的位置，强调推动以科技创新为核心的全面创新，从科技体制改革和经济社会领域改革两个方面同步发力，以推动科技和经济社会发展深度融合，实现从"科技发展小局"到"创新发展大局"的转变。因此，需要重新认识新常态下科技创新在湖北省发展战略全局中的地位和定位，深刻认识治理现状、发展阶段和未来需求，推动政府职能在战略规划、政策标准制

定、评价评估、体制改革、法治保障等方面的改革创新。

在下一步工作中，湖北省要针对不同领域、不同类型的创新活动细化目标导向，动态选择更具发展前景和竞争优势的发展方向，将新增研发资源更多地配置到跨部门的研发计划上。进一步深化与其他省份、地区及国家之间的科技创新合作，提升"开放、学习、包容"能力，广泛获取并有效利用新的创新要素，开发新的创新潜力，提升湖北在全国乃至世界创新竞争格局中的生态位。推进科学精神和创新价值的传播塑造，克服浮躁心态和急功近利倾向，形成鼓励探索、敢冒风险、宽容失败的社会风尚和尊重人才、尊重创造、追求卓越的文化氛围。

（二）在管理主体方面要向"多主体"深度融合转变

湖北省提高创新治理的整体有效性既要借鉴国外创新治理方式、总结国内科技管理实践经验，又要在整体改革政策安排、系统政策链条和顶层设计中保持创新治理的开放性、透明性和协同性，逐步形成以政府为主导、企业为主体，公众、社会组织、科学共同体等创新主体协同参与的创新治理体系。从供给和需求两方面出发制定相关政策，畅通创新成果转移转化渠道，强化创新链、产业链和市场需求的衔接。

一是加快科技与金融的融合。围绕创新链完善资金链，通过联合设立引导基金、投资基金等方式，吸引社会资金、金融资本参与和支持创新，提高财政科技资金的放大效应。建立和完善风险投资机制，为企业的科技研发、产学研联合等提供资金支持和信贷担保，加速科技板块的设立。二是加快科技与产业的融合。按照产业和技术发展的客观规律，通过并购重组、加大投入、外引内联等方式，整合地区技术资源和产业资源，形成产业集聚，对已建立的科技产业园区给予扶持奖励。三是加快科技与民生的融合。利用法律、政策等手段引导科技活动朝着改善民生的方向发展，开展民生科技成果的应用推广和产业化示范，推进民生科技队伍建设和市场化服务体系建设，加快培育和发展民生科技产业。实施医疗健康、公共安全、生态环境建设等一批重大民生科技工程，着力解决重大民生难点热点问题。

(三) 在管理对象方面要向覆盖全创新链转变

科技管理的对象,既包括各类创新主体,也包括各类投入主体、应用主体、创新体系和创新网络。政府履行创新职能,管理对象需要从科研单位转变为包括科研单位在内的各类创新主体,在继续鼓励高校、科研机构等强化科技创新的同时,更好激发产学研用、大中小微企业等各类创新主体的积极性和内生动力。

湖北省在科技管理过程中,要充分发挥高校院所在基础研究上的骨干作用,加强基础研究系统部署,优化科技计划基础研究支持体系,加快基础研究创新基地建设和能力提升,促进科技资源开放共享。强化企业的技术创新主体地位,运用财税、金融资助、奖励和政府采购等手段,以观念创新和管理创新推动企业技术创新,进一步完善引导企业加大技术创新投入的机制,大力培育创新型企业,充分发挥其对技术创新的示范引领作用。大力加强技术中介机构建设,健全服务要素,完善服务机制,最大限度地开发利用好现有科技资源。

(四) 在管理内容方面要向注重"服务"转变

湖北省经济社会发展面临的一个重要问题是公共需求的快速增长与服务供应不足之间的矛盾。作为行政权力的主体,政府必然要对公众承担相应的责任,为社会提供公共物品和公共服务。加快政府职能转变,最重要的就是加强公共服务体系建设,特别是推进基本公共服务均等化。

湖北省下一步要建立健全高效率、高质量的服务体系,充分发挥政府与各类社会主体的服务能效。政府各级管理部门要更好地遵循科技创新和社会主义市场经济两个规律,市场能做的放手让市场"说话",健全市场配置创新资源、决定创新报酬等体制机制。以提升自主创新能力为主线,加快发展适应大科学时代创新活动特点,建设高水平高质量的公共创新平台体系。以需求为导向,鼓励各类机构通过技术转移平台等渠道发布科技成果供需信息,并为技术转移主体提供技术创新服务、经营管理服务和融资服务等。加强建设湖北创新大数据共享服务平台,与国家平台、其他区域共享平台建立联盟长效合作机制,充分利用其资源,不断积累平台大数据源,提高平台服务能力。

(五) 在管理方式方面要向简政放权转变

建设法治型、服务型政府,要使管理方式从以研发项目、科技资源管理为主转变到以创新能力、创新体系和创新环境管理为主,增强政策公信力和执行力,实现政府引导、市场机制、科学共同体自治,更好地推进"简政放权",保障市场决定性作用及各创新主体积极性和创造性的发挥。

下一步湖北省要积极推进简政放权、放管结合、优化服务改革。一是加强"互联网+"科技管理的顶层设计,推进跨部门业务协同和资源共享,保障政府内部工作的顺畅运行和公共服务的无缝供给。二是简化科技计划项目管理的程序和环节,减轻企业、大学、科研机构等创新主体和组织负担,充分调动全社会科技创新积极性,形成充满活力的科技管理和运行机制。三是加强湖北省市县区全方位科技管理,促进各级部门共同协作,形成上下联动、信息交换共享的工作机制。四是进一步加强对科技活动的统计监测,建立并完善全省科技进步监测和成果转化统计指标体系,聚焦创新资源的配置、创新政策的推行、创新资金的保障和创新成果的转化四个方面,制定统计口径标准。五是发挥决策咨询、民主协商和公众参与机制的作用,大力支持成立建制化的科学技术创新咨询委员会,对创新驱动发展战略顶层设计、战略布局、治理体系等提出优化调整的科学咨询意见和政策建议。以价值创造为导向,改革科技奖励和评价体系,分类激励不同类型的创新活动。

课题负责人: 林　洪　湖北省科技信息研究院副研究员
报告执笔人: 林　洪　涂　瑜　云昭洁

大力提升湖北省民营经济高质量发展的综合竞争力
——赴深圳参加中国民营经济研究会理事会感受及建议

李 光

2018年新年伊始，中国民营经济研究会四届四次理事会议在深圳召开。为纪念我国改革开放40年，此次会议专门选在深圳迎宾馆举行，邓小平同志1992年曾在这里下榻，并在此发表著名的"南方谈话"，掀起我国改革开放的新一轮浪潮。全国工商联原专职副主席、中国民营经济研究会会长庄聪生特别指出："我们通过这样的方式，一方面对改革先驱表示敬意，不忘初心，继往开来；另一方面，我们来到改革起源的地方，也是一种宣誓，表明受益于中国改革开放的民营经济将再度出发，为新时代中国经济持续健康发展做出新贡献。"这次会议除了理事与会，还有90多位嘉宾出席，大部分嘉宾是来自全国的民营企业家。我作为中国民营经济研究会常务理事出席会议，但遗憾的是湖北省政产学研界仅我一人到会，尤其是竟没有一位来自民营企业的代表参加，与其他省市代表踊跃参会的情形形成反差，令人不无感慨。

按照会议日程，中国民营经济研究会会长作工作报告，中共中央统战部领导讲话，知名专家及企业家演讲，还组织与会代表参观考察了深圳土生土长的非公有制企业华为、腾讯、研祥和比亚迪。华为1987开始创业，2017年销售收入6036亿元，研发投入879亿元，净利润475亿元，累计获得专利授权74307件（其中90%以上是发明专利），服务全世界1/3以上的人口。腾讯创始于1998年，2017年总收入2377亿元，是目前中国市值最大的上市公司，其微信产品用户已超过10亿元。研祥创建于1993年，是我国特种计算机行业拥有国际定价权的领军企业，也是军民深度融合创新的先行者，其技术创新令世人瞩目。比亚迪1995年初创，2017年总收入1059亿元，新能源汽车销售量已连续3年全球第一，其投资50亿元研发的"云轨"具有完全自主知识产权。这四家跻身"2017年中国企业500强"的佼佼者，2017年总收入之和近10000亿元，它们之所以能取得如此巨大的发展成就，离不开深圳优越的民营经济发展环境。正如中国民营经济研究会副会长、深圳市工商联主席、研祥董事长陈志列在演讲中坦言：如果1993年自己不是选择深圳而是在其他城市创业，研祥不可能做到今天的规模；如果当年在中国其他任何一个城市创业，研祥今天大概1/5的规模都做不到。他认为深圳的魅力在于其创新创业环境，"企业找政府时，政府马上给你回馈；企业不找政府时，政府绝对不到企业来说三道四"。这些民营企业的发展历程以及民营企业家的演讲令人印象深刻，深圳之行给我的最大感悟是：一个地方民营经济的蓬勃发展，取决于"两种竞争力"，一种是民营企业竞争力，一种是营商环境竞争力，这"两种竞争力"形成一个地方民营经济发展的综合竞争力。正是深圳长期创造和保持优越的营商环境，不断强化营商环境竞争力，才能孵化和培育出华为、腾讯、研祥、比亚迪这些具有国际竞争力的行业领军企业。令人感叹的是，华为新一届董事会主要决策者与湖北省有不解之缘，董事长毕业于武汉理工大学，3位轮值董事长有2位毕业于华中科技大学，4位副董事长有3位毕业于华中科技大学。华为18万多员工中有许多人毕业于武汉理工大学、华中科技大学和武汉大学……他们都有或多或少的母校情怀和湖北记忆。

2017年，深圳GDP同比增长8.8%，GDP总量分别超过香港和广州，仅次于上海和北京。2017年，深圳新登记商事主体55.2万户，累计登记商事主体达到309.4万户，总量位居全国大中城市首位；深圳每千人拥有商事主体257户，拥有企业149户，创业密度位居全国第一。深圳经济高质量发展的经验在于：通过长期坚持不懈地打造营商环境竞争力，激发各类市场主体活力，不断提升民营经济整体竞争力，使民营经济成为深圳经济增长的主体，成为深圳经济中最有活力、最有创造力、最有竞争力的重要组成部分，成为深圳创新型城市建设的重要基础。新年伊始，深圳市政府明确提出：2018年最重要的工作之一是"深化营商环境改革，坚定不移营造更加市场化、国际化、法制化的营商环境"。2018年2月26日，《深圳市关于加大营商环境改革力度的若干措施》（深府〔2018〕1号）正式发布。这份重要的升级版文件，对标世界发达国家和地区，以世界银行营商环境评价体系为参照，从贸易投资环境、产业发展环境、人才发展环境、政务环境、绿色发展环境和法治环境等方面，提出20大改革措施、126个政策点，着力在服务效率、管理规范、市场活力、综合成本方面率先营造国际一流营商环境。值得重点关注的是，这份文件着力于营商环境的制度完善和制度设计，突出营商环境改革而不是突出优惠政策。

民营经济兴则湖北兴，民营经济强则湖北强。截至2017年底，湖北省私营企业个体工商户达427.68万户，占市场主体总数的95.1%。预计2017年全省民营经济增加值20060亿元，增速8.6%，占GDP比重约55%，民营经济已占据湖北经济总量的半壁江山。2017年，湖北省民间投资完成19645.15亿元，同比增长7.1%，占全省固定资产投资61.6%。2017年，湖北省有19家民营企业入围"中国民营企业500强"，创历史新高，且稳居中部地区第一。尽管如此，民营经济发展不够、发展不快仍是湖北省的短板。经过改革开放的洗礼，我国民营企业已有2600多万家，注册资本超过1650000亿元。目前，我国民营企业用近40%的资源，缴纳了50%以上的国家税收，创造了60%以上的GDP，贡献了70%以上的技术创新和新产品，提供了80%以上的城镇就业岗位，对新增就业的贡献率超过90%。在"2017年中国企业500强"中，民营企业所占比重已超过45%。按照世界银行《2018年营商环境报告》，我国的营商环境在全球190个经济体中排名78位，在10项具体指标中，开办企业指标排名93位，跨境贸易指标排名97位，保护少数投资者指标排名119位，缴纳税费指标排名130位，办理建设许可指标排名172位……我国正在努力改善与经济大国地位不相称的营商环境。由此可见，湖北省民营经济还有很大的发展空间，建设"民营经济强省"任重道远。

中共湖北省委、省政府对民营经济重视程度前所未有，2017年出台了《关于大力促进民营经济发展的若干意见》（鄂发〔2017〕9号），旨在补民营经济发展短板、强民营经济发展弱项。与此前《中共湖北省委、湖北省人民政府加快发展民营经济的决定》（鄂发〔1998〕10号）、《湖北省人民政府关于推动民营经济跨越式发展的意见》（鄂政发〔2012〕82号）等文件相比，这份文件与时俱进，在许多方面实现了突破和超越，尤其是明确提出政府对民营企业"无事不扰，有求必应"的服务理念，旨在优化政务环境、法治环境和市场环境，以更大力度在优化营商环境上形成合力，为民营经济发展创造更好的生态系统。湖北省必须进一步整合营商环境资源，形成优化营商环境合力，不断提升营商环境竞争力。

为加快实现湖北省民营企业突破式发展，笔者借鉴深圳民营经济高质量发展经验，特提出以下建议：

一要高度重视加快民营企业和民营经济发展的战略意义。按照党中央两个"毫不动摇"发展理念和我国民营经济发展趋势，必须进一步解放思想、转变观念，"坚决冲破不符合时代进步要求的思想观念束缚"（习近平语）。湖北省要尽快突破"两分天下有其一"等认识上的局限性，加强改革开放创新互促互动，努力促进国有企业和民营企业的优势互补，不断完善公有制经济和民营经济协调发展的合理结构，真正实现所有制结构调整和优化的精确治理，加快现代化经济体系建设进程。

二要打造民营经济发展的"两个竞争力"。不仅要强化湖北省民营企业竞争力，而且更要强化湖北省营商环境竞争力，真正形成湖北省民营经济高质量发展的综合竞争力。对政府而言，必须高度重视营商环境的制度建设，使"无事不扰，有求必应"真正体现在对民营企业无微不至的普惠性服务，体现在民营企业对社会营商环境的真实获得感，体现在湖北省民营经济的大发展。湖北省应该旗帜鲜明地强化营商环境竞争力，并以此作为民营经济突破式发展、高质量发展和可持续发展的制度保障。

三要不断强化民营中小企业的技术创新。党的十九大报告明确提出:"要加强对中小企业创新的支持"。目前,我国民营企业95%以上是中小企业,但正是这些中小企业提供了大约65%的发明专利、70%的技术创新和80%的新产品。民营中小企业技术创新是国家创新体系的重要组成部分,事关"创新湖北"建设全局,更关系到民营经济的发展质量。湖北省要积极引导其不断提高创新能力,不断提高其新技术、新产品、新服务供给质量,切实以加强知识产权保护激励民营中小企业技术创新。

四要大力推进大中小民营企业集群发展。湖北省可借鉴韩国《大企业与小企业同伴成长促进法》等法规及行动方案,研究、制订和实施《湖北省促进大中小民营企业协调发展行动计划》,按照产业链、创新链、价值链发展规律,对不同规模的民营企业施行梯度扶持和重点培育。通过完善民营企业公共服务平台建设,不断提高综合服务功能和服务质量,密切湖北省大中小民营企业之间的联系,加强相通、互助、配套和共享,在全省形成众多互动互惠互利、协调发展的民营企业集群。

五要努力使民营企业成为军民融合深度发展的生力军。目前,我国获得军品配套资格的民营企业大约有3000家,已作为生产配套企业进入我国军工一线采购,甚至有一部分民营企业担当军工项目的分集成、总集成重任。湖北省要充分利用国家三线基地长期建设的基础,发挥高校、科研院所、大型企业(尤其是军事院校、国防科研院所、大型军工企业)的科技创新比较优势,大力促进军民融合深度发展主体的相向而行,加强民营企业与我国十二大军工集团配套合作,努力打造具有国际竞争力的军工民营企业。

六要切实加强与华为、腾讯、研祥、比亚迪等优秀民营企业合作。湖北省具有与这些优秀民营企业合作的良好基础,如华为在武汉·中国光谷建设研发基地已近18年。国家赋予湖北省的战略使命为民营企业发展提供了千载难逢的机遇,大力打造"校友经济"更彰显省会武汉的比较优势。湖北省必须在更大范围间、更多领域聚集发展资源,更有效地整合"大楚商"资源、尤其是校友资源，共谋创新发展长远利益，将战略合作协议落实在具体项目的不断拓展，真正与这些优秀民营企业形成同甘苦共患难、合作共赢的利益共同体。

七要进一步加强党对民营企业和民营经济发展的引领。湖北省应深入贯彻落实中共中央关于加强民营经济党建工作部署，紧密联系地方发展实际，积极探索新时代民营企业党建工作，切实发挥党对民营企业和民营经济发展的政治引领作用。应借鉴深圳等地民营企业、民营经济党建改革创新经验（如中共深圳市非公有制经济组织委员会编《非公有制企业党建深圳实践》等），完善顶层设计，夯实基层基础，强化组织力度，提高活动效率，发挥党建效能，不断促进湖北省民营企业、民营经济高质量发展。

八要充分发挥民间商会、行业协会、技术战略联盟等社会组织作用。湖北省应进一步贯彻落实《中共中央关于深化党和国家机构改革的决定》以及《关于改革社会组织管理制度促进社会组织健康有序发展的意见》等文件，充分发挥社会组织服务国家、服务社会、服务群众、服务行业的作用，积极促进党政机构与社会组织功能的有机衔接，支持和鼓励民间商会等社会组织承接适合其承担的公共服务职能，尤其是密切民间商会与民营企业联系，为民营经济发展提供更多、更好、更便利的服务。

中共湖北省委书记蒋超良同志在湖北省第十一次党代会报告中明确提出："在支持民营经济发展上思想更解放一些、力度更大一些、办法更多一些、实效更明显一些……"，要"构建法治化、国际化、便利化的营商环境"，"让湖北成为民营经济发展的沃土"。我们完全有理由相信，通过不断提升湖北省营商环境竞争力，荆楚沃土一定能孵化、培育出众多优秀民营企业，进而实现民营经济高质量的跨越式发展。

撰稿人：李　光　武汉大学"珞珈杰出学者"、教授、博士生导师
　　　　　　　　　中国科学学与科技政策研究会副理事长
　　　　　　　　　湖北省人民政府咨询委员会委员

湖北省农村一、二、三产业融合发展研究

王薇薇　涂　峰

一、前言

推进农村一、二、三产业融合发展，有利于促进二、三产业的管理、技术、资本、人才等现代要素更多地融入农业，提升农业发展及资源利用水平，扩大农村产业规模和就业容量，实现传统农业提升、培育农村新的经济增长点、带动农民增收致富。

在我国农业发展面临资源环境刚性约束、农产品有效供给不足和结构性过剩并存、农业产业链脆弱与利益分配不合理、新型农业经营主体薄弱与规模不经济、农产品价格倒挂与扭曲带来库存高、企业生产经营成本上升与效益下降带来增产不增收等问题的背景下，2015年中央一号文件明确提出要实现稳粮增收、优化结构、转变方式、建设新农村等目标，必须推进农村一、二、三产业融合发展。

湖北省在农业大省向农业强省转变过程中，探索多种农村产业融合模式，是转变农业发展方式、推动农业供给侧结构性改革的必然选择，是让农民更多参与产业链、促进农民持续增收的客观要求，是拓展城市要素进入农村通道、促进城乡一体化发展的迫切需要，更是催生农村新业态、形成区域经济增长点的有效途径。

二、湖北省农村产业融合发展现状

（一）融合主体量质齐升

湖北省大力推进新型职业农民和农村实用人才队伍建设，开展现代

青年农场主、农业 CEO、新型农业经营主体带头人的培训。专业大户、家庭农场、农民专业合作社、农业产业化龙头企业四类新型农业经营主体数量和质量同步增长，成为推动农村一、二、三产业融合发展的重要力量。截至 2017 年 6 月，湖北省专业大户达到 83659 户，在工商部门注册的家庭农场达到 26648 个、农民专业合作社达到 76465 家。深入实施农产品加工"四个一批"工程，全省农业产业化龙头企业达到 6489 家，重点建设的 37 个省级农业产业化示范园区集聚了 2347 家龙头企业。

融合主体之间的联系日益紧密，龙头企业根据加工和销售需求，强化与产业链各主体合作，通过直接投资、参股经营、签订长期合同等方式，建设原料生产基地，并引入技术、资金等先进要素，带动专业大户、家庭农场和农民专业合作社发展壮大，促进了适度规模经营。湖北省农民承包地经营权流转比例达到 40.6%，土地流转型规模经营面积达到 1038.2 万亩，服务带动型规模经营面积达到 1648.4 万亩。农业规模化、专业化、标准化、品牌化发展势头强劲，湖北省农产品地理标志总数达到 120 个，"三品一标"农产品生产经营规模和市场占有率不断提高，有机品牌和地标登记品牌数量保持全国第 3 位。

（二）融合模式多种多样

一是以农牧结合、农林结合、循环发展为导向，按照"稳粮、优经、扩饲"的思路，大力推进湖北省农业结构调整，"猪-沼-果"、"牛-菇-稻"等一批高效种养模式示范效应良好。大力推广"稻虾共作"、"稻虾连作"等稻渔综合种养模式，形成了农业内部紧密协作、循环发展的生产经营模式。

二是以一产为基础、二产为纽带、三产为引领的全产业链发展融合不断加深，依托龙头企业、农民专业合作社等经济组织，围绕农产品的种养和加工，向产业链的上下游延伸。前向融合实现与农资供应、育种、涉农服务等的一体化，后向融合实现与精深加工、物流运销等的一体化，从而达到提高资源利用效率、延伸产业价值链的目的。

三是湖北省各地积极推进农业与旅游、教育、文化、健康养生等产业深度融合，围绕本地产业特色、自然原色、文化本色，实现农业从单纯的生产向生态、生活功能拓展，休闲农业与乡村旅游发展迅猛。

四是强化物联网、云计算、大数据等现代信息技术应用，以电子商务进农村综合示范为契机，不断完善电商生态链，促进农产品线上线下交易及农业信息共享，积极发展农村电子商务、农商直供、产地直销、社区配送、个性化定制等新型经营模式。

五是将推进农村产业融合发展与新型城镇化、重点镇特色镇建设、美丽乡村建设、返乡创业等结合起来，随着"一乡（县）一业、一村一品"的发展，产业发展呈现集聚态势，产业、产品品牌和价值不断壮大。

（三）利益联结日益紧密

农村土地"三权分置"有序落实，47个县颁发权证比例达到100%，湖北省农村土地承包经营权信息应用平台即将上线，农村土地经营权进一步放活。京山等8个县（市、区）稳步开展农村集体产权制度改革试点，推动集体经营性资产折股量化到集体经济组织成员，探索从"共同共有"向"按份共有"的产权制度转变。全省统一联网的农村产权流转交易市场初步建立，武汉在全省率先探索农村集体股权交易。

湖北省各地探索流转聘用、土地托管、反租倒包、股份合作等经营方式，以及"公司+合作社+农户"、"公司+基地+农民"等产业组织方式，形成了最低收购价、"订单+股份合作"、"农民入股+保底分红"、利润二次返还等多种紧密型的利益联结形式，促使农民收租金、挣薪金、分股金，有力拓宽了农民增收渠道。如天门华丰合作社通过"农业+稻谷秸秆深加工+农业生产全程社会化服务"，不仅解决了农村"有人无田种"、"有田无人种"的难题，还带动农民增收100余万元。罗田燕儿谷公司与村委会构建了"公司+集体+农户"的产业扶贫模式，村集体以荒废的橘子园、废弃小学的经营权作价入股，村民通过各种形式入股，为强村富民打下了坚实的基础。潜江"华山模式"通过反租倒包，农户年纯收入达10万元以上，村集体参股合作社，每年集体创收100万元以上，华山公司获得稳定的稻谷、小龙虾资源，实现"农民增收、集体增利、企业增效"三方共赢。

（四）投融资机制不断完善

一是建立了财政资金引导、市场化投入的机制。近年来，湖北省认真贯彻党中央、国务院关于推进农村一、二、三产业融合发展的重大部署，积极争取中央资金，引导各类经营主体以农业为本，实现产业间相互渗透、交叉重组、前后联动、跨界配置。财政资金的市场引导作用逐渐增强，通过贴息、奖励、风险补偿、税费减免、委托代建等措施，鼓励民间资本、工商资本等社会力量通过直接投资、参股经营、签订长期合同、PPP等多种方式，带动金融和社会资本更多投入农村产业融合发展。

二是不断加大农村金融创新力度，探索多样化的融资模式。钟祥等10个县（市、区）的农村承包土地经营权抵押贷款试点、宜城和江夏两地的农民住房财产权抵押贷款试点、枝江等10个县（市、区）的农村合作金融创新试点稳步推进，通过盘活农村资产、建立涉农贷款风险补偿基金，有效缓解了新型农业经营主体贷款难、贷款贵等问题。各地产业融合金融创新产品逐渐丰富，如武汉的"惠农贷"、"涉农保证保险贷款"，潜江的"虾农贷"、"龙虾宝"等，支持农村产业融合发展的互联网金融、产业链金融等正在积极探索中。

三、农村一、二、三产业融合发展中存在的主要问题

农村一、二、三产业融合是农业供给侧结构性改革的重要内容，赋予了农业产业化、农业现代化更丰富的内涵，其"立足第一产业、拓宽农民增收渠道、加快农村繁荣"的思路可从根本上破解"三农"难题。自国办发〔2015〕93号文件发布以来，农村一、二、三产业融合

迅速成为各界关注的焦点、热度不减，农村三产深度融合在广袤田野上异军突起，正引导农业农村发展环境发生着深刻变化。与此同时，农村一、二、三产业融合蓬勃发展的背后，却存在基层认识不足、融合主体带动力不强、资源要素供给紧张、政策支持不到位等一系列不容忽视的困局，这些问题不解决好，势必造成财政资金的新一轮浪费，削弱农业供给侧结构性改革效率。

（一）对农村一、二、三产业融合发展的内涵认识不足

农村一、二、三产业融合在我国是一个较新的概念，其内涵丰富、模式多样，相关文件中已有阐述，政策解读层出不穷，但要真正掌握并将其与基层的实际情况相结合，形成因地制宜的思路并非易事。从调研情况来看，相当数量的干部对农村一、二、三产业融合的实质理解不够透彻，知其重要性，而不知农村一、二、三产业融合"是什么、做什么、怎么做"，甚至出现了一些误读。

（1）忽视农村一、二、三产业融合"姓农"的本质，将农村一、二、三产业错误理解为常规的三次产业。农村一、二、三产业融合的"二"特指农产品加工，"三"指与农产品销售、农业功能拓展相关的行业，如农产品物流电商、休闲农业、乡村旅游、涉农康养等，目标是构建起"农业与二、三产业交叉融合的现代产业体系"。不少地方将农村一、二、三产业与大的三次产业混同，出现了将制造业、自然景观旅游作为主要环节设计进农村一、二、三产业融合发展方案中的现象。

（2）抛开一产谈农村一、二、三产业融合。一种是过分偏重农产品加工，弱化农产品生产基地建设，而"两头在外"的农产品加工业不是农村一、二、三产业融合支持的重点；另一种是过分偏重休闲农业、乡村旅游，将农业作为一个景点、点缀，虚化农业的生产功能。这两种情况多出现在农产品加工业较为发达或是休闲农业需求旺盛的城郊型农村。

（3）缺少融合，二、三产业对农业生产贡献小、带动力弱，脱离了农村一、二、三产业融合"为农"的出发点。一些地方农村三次产

业发展基础较好，但是三次产业之间没有形成正向的产品流、双向的信息流和价值流，或是本土农产品不是加工企业的原材料，或是市场信息不能进入、指导农业生产，没有构建起合理的产业关联，二、三产业对农业生产的带动力十分有限。

(4) 片面理解农村一、二、三产业融合模式。农村一、二、三产业融合的模式多种多样，农业内部融合、一、二融合、一、三融合、一、二、三融合都是可取的，具体采用哪一种主要取决于区域内的农业资源和二三产业发展基础，个别地方抛开实际谈融合，片面地认为只有一、二、三全面融合才是符合政策导向的。

(二) 对农业多功能性理解不透彻，项目同质化问题显现

长期以来，各界过分强调农业的生产功能和要素供给功能，对农业的文化、教育、休闲旅游、康养等外围功能缺乏深入思考。同时，国家层面推进农业与旅游、教育、文化等产业深度融合的补贴较少或基本没有，一定程度上弱化了农业从生产功能向生活生态功能拓展的冲动。

当前，面临农村一、二、三产业融合发展的重大机遇，各项政策利好纷至沓来，三产融合基础较为薄弱的地区，尤其经济发展相对落后的地区，被动地推进农村一、二、三产业融合，极易陷入两大误区：(1) "家中有宝自不识"，一部分极具区域特色、民族特色的村落民居由于缺乏保护已经拆除或是正在消失，为抓住国家支持农村一、二、三产业融合发展的优惠政策，很多地方非常积极地实施古村落、民居修复甚至重建工程，一则耗费大量的人力、物力和财力，二则出现因为设计不合理，古村民居失去其原有韵味的案例；(2) 缺乏对地域资源的深入挖掘和科学论证，大干快上式的农业功能拓展，反而导致了农村一、二、三产业融合项目的低端化、同质化竞争。

(三) 融合主体发育滞后，整体带动力不强

多元化的农村产业融合主体是价值链、产品链的构建主体，是畅通信息在市场与农业生产中双向传递的主要载体。因此，融合主体的市场

表现决定着产业融合的深度和效度。受本土化、经营管理水平、资金实力、科技创新能力等因素的影响，湖北省农村一、二、三产业融合主体数量多而实力不强、积极性高而市场活力不够，带动力总体偏弱，尤其在构建三次产业融合价值链、消费链上表现一般。

1. 龙头企业实力偏弱，引领示范作用有限

课题组走访、参观近六十家涉农企业，业务范围涵盖农业基地、农产品加工、农产品电商物流、乡村旅游、康养等多个领域，整体上来看，其发展理念与农村一、二、三产业融合的思路十分契合，但是也暗含了许多问题：（1）企业规模普遍偏小，中小企业居多，部分企业由种养殖业慢慢积累发展而来，部分企业原始资金来源于房地产等其他行业，企业的经营管理、发展思路系于单个的企业家，受资金、理念、渠道等综合因素的影响，本土化企业无法完全担负起推进农村一、二、三产业融合发展的重任，个别地方甚至已经出现了"烂尾"休闲农业项目，这在乡镇一级较为明显；（2）大型特色农产品加工企业数量较少，湖北省农产品加工能力整体不足，尤其是精深加工能力，绝大部分农产品仍以鲜食品、初级加工品的形式进入市场，产品附加值不高，企业对区域农业的辐射作用十分有限；（3）企业自身的科技创新能力偏弱，本次考察的多数农业企业有自己的加工产品、特色产品，但是这个"特"过分依赖产品原料，而较少来自于产品本身的科技含量，且绝大多数产品处于市场开拓初期，短期内无法形成专业化、标准化和规模化的生产，品牌效益有限。（4）个别企业忽视自身的经营管理能力、资金实力，一味地盲目迎合国家政策、贪大求洋，追求国家项目和政府资金支持，而淡化对企业的经营管理，使原本的好企业、好项目走向破产。

2. 合作社、家庭农场发育不充分，参与产业融合的能力不足

近年来，在相关部门的大力支持下，湖北省农民专业合作社、家庭农场等新型经营主体快速发展，数量、质量均有了显著提高，在农业产业化经营中的作用日益显著，但是其主动对接市场、引领市场的能力仍显不足，与农村产业融合发展的高要求不相适应。农民专业合作社存在

组织结构不合理、管理制度不规范、经营管理能力有限等问题，缺乏做大做强的组织前提，参与产业融合的能力不足。调研中了解到，湖北省西部山区因其独特的资源优势，在农村产业融合尤其是乡村休闲旅游方面具有较好的基础，一些乡镇、村庄及时组建合作社，推动资源挖掘、开发，但是因为经营管理水平跟不上，项目设计、运营均出现了不少问题。

3. 土地、劳动力成本高企，农业经营盈利空间不断被挤压

对从事规模化种养殖的农业经营主体，土地流转价格和劳动力成本正逐步成为其经营的主要成本。以武汉市江夏区为例，土地流转价格从2010年的300元/（亩·年）上升到2016年的800元/（亩·年）（近郊已经达到1200元/（亩·年）），劳动力价格则由5年前的60元/天攀升至现在的100~150元/天。由于农户土地租金要价过高，导致部分想进一步扩大规模的种养大户或合作社，尤其是从事传统种养业的经营主体，最终只能退出经营。新型经营主体的盈利空间不断被比较高的流转租金和劳动力成本挤压，加上农业规模种植低效、基础设施配套不完善等问题，让新型经营主体增收更加困难。

（四）利益联结松散，农民收入增长空间受限

探索构建紧密而稳定的农企、农社利益联结机制是农村产业融合发展的核心任务，是使农民获得合理的产业链增值收益的保障，有利于构建农民收入增长长效机制、形成良性互动的农企共生关系、创造稳定的农业市场环境。但经过多年的探索，"风险共担、利益共享"的农企、农社利益联合体还远没有形成，各地仍处于探索、试验阶段。农企、农社利益联结松散，缺乏长期合作、互信的经济基础，不利于企业发展环境优化，长远来看，也不利于农民财产权益的保护。

（1）订单农业对农民增收贡献较小，农民难以更多分享二、三产业利润。从调研掌握的情况来看，湖北省内农企合作主要以订单农业的形式存在。近年来，随着农产品价格回暖和土地流转价格的逐年攀升，订单农业的优越性再次得到凸显，合作方式逐步从单一的收购农产品向

农资供给、技术指导、农产品购销全产业扩展，合同的稳定性有了极大的提高，企业获得了稳定的基地、充足的商品和可靠的质量保证，但是，企业与农户之间仍是单纯的购销关系，农户的经济收益只是相较之前有所提高，仍无法分享农产品进入二三产业带来的附加产值、增值收益，增收空间十分有限。

（2）土地流转关系不稳定，农企利益联结松散。农户将承包的土地流转出去，大多只能获得租金收入，追逐水涨船高的租金，是农民作为理性"经济人"的必然选择，但对土地流入方的新型经营主体而言，租金上涨有其承受的极限，如若经营主体受灾或面临市场下行风险，还可能减租甚至付不起租金。在单纯的出租流转模式下，农地交易双方博弈，不续签流转合同甚至中途违约都难以避免。

（3）股份制、股份合作制在湖北省农区并不多见，已有案例的股份合作也多流于形式。股份制、股份合作制在湖北等中西部省份推进相对较慢，纯农区并不多见，主要集中在"三村"地区。近两年，在"三权分置"改革大背景下，部分村将农户组织起来，成立土地股份合作社，让农户在收取土地流转租金的同时，能够享受合作社的年底分红，实现"农民+合作社"模式下的"租金+分红"收益。但当前多数农民土地股份合作社股份改造并不彻底，股份合作流于形式，要么是代表合作社的集体并无实际的经营，所谓的收益分配只是发放流转租金；要么是集体经营能力还比较弱，经营盈余只能维持基本运行和提供一定的公共产品和公共服务，没有达到利润分红的能力。在这种情况下，土地承包者的利益也难以长久稳定。

（五）要素市场建设滞后，土地、资金、人才缺口大

农村一、二、三产业融合的关键是将二、三产业中的管理、技术、人才、资本等现代生产要素集成、整合到农业中，提高农村一、二、三产业的生产经营效率，带动农业农村的土地、文化、生态等资源的高效利用，提高相关产品的品位和服务水平，增加经济效益。但是从湖北省乃至全国农村一、二、三产业融合发展的实践来看，农业农村要素市场

建设明显滞后于产业融合发展的需要，其中，土地、资金和人才三大要素的瓶颈作用尤为突出，也是调研中新型经营主体反映最为集中的三个问题。

（1）土地资源瓶颈破局难。①土地流转不畅，短期流转行为突出。截至2017年9月30日，湖北省农村土地流转率为40.6%，这其中又有近一半是"村内流转、户间流转"，合同签订率极低，流转手续规范化程度不高，这一类可以归结为短期行为的土地流转，难以承载高质量的、可持续的农村一、二、三产业融合项目。湖北的整村流转、整组流转率不是很高，整村流转主要集中在村级组织能力较强、农民对村集体组织信赖度较高的地方，另有极个别地方通过新型农业经营主体托管服务方式带动的整组流转。②特色农业经营缺乏配套用地，阻碍农村三产融合发展。许多休闲农业经营者反映产业发展所需的配套建设用地指标紧张、申请手续复杂、获批难，而目前湖北省在休闲农业建设用地供给上尚未出台相对应的文件或指导意见。

（2）融资难、融资贵普遍存在，新型经营主体面临巨大的资金要素约束。①合作社、家庭农场和专业大户等非企业法人普遍面临融资难问题。目前，湖北省信贷抵押担保、农村信用体系建设相对滞后，而合作社、家庭农场和专业大户为非企业法人，缺乏金融机构认可的一般抵押物，信用等级低，财务管理不够规范，因此，贷款难度较大。虽然，现在已有推广农地经营权抵押贷款融资，但受一系列限制条件的影响，土地产权融资能力依然有限，尤以大额贷款和中长期贷款问题最为突出。②农业企业面临融资贵问题。相较于合作社、家庭农场和专业大户，农业企业的法人地位明确、有金融机构认可的抵押物，其面临的问题不是融资难，而是融资贵问题。申请贷款的门槛高、手续繁杂、批贷时间长，批贷时间与农业的季节性特点不相适应，不少农业企业经营者明确表示更倾向于民间借贷，虽然经济成本更高，却能有效节约时间成本。

（3）产业融合人才缺口大，人才"引不进、留不住"问题凸显。农村一、二、三产业融合不断催生新业态、新功能、新产业，对人才的需求量、需求层次迅速提升，但当前农村一、二、三产业融合尚处于起步阶段，农业农村可提供的软硬件条件对专业型、复合型高端人才的吸引力十分有限，极大制约了农村一、二、三产业融合发展的步伐。①融合发展人才呈现全产业短缺状态。企业、合作社普遍反映缺人才，尤其是缺少掌握先进技术的高端人才和懂经营、懂管理、熟悉网络运营的复合型人才。因此，农村的现有人才储备不论是从数量上还是质量上，都满足不了农村一、二、三产业融合发展的需要。②人才"引不进、留不住"现象十分普遍。湖北省农业企业资金实力有限、经济效益不突出，农村经济社会发展水平总体落后于发达地区农村，可提供的薪资、工作生活环境等均落后于沿海等发达地区农村，人才"引不进、留不住"现象十分突出。

(六) 政策支持体系不完善，亟待调整方式、提高效率

从目前来看，国家支持融合发展的政策支持体系尚未形成，而多年来形成的农业支持政策，其自身也存在诸多问题，若不及时进行调整，必将制约农村一、二、三产业融合步伐。

(1) 在"怎么支持"的问题上，农业政策支持和干预手段的机制化建设滞后。一种是采用普惠式的方式使用支农财政资金。如为了保护农民尤其是种粮农民的积极性而实施的各项补贴政策，对增加粮食产量、保护国家粮食安全、确保社会稳定等作用显著。但是，随着大市场环境的变化，这种普惠式、撒胡椒面的支农方式已经成为一种低效的财政资金使用方式，甚至扰乱了农产品市场价格形成机制，如粮食最低收购价政策。另一种是财政资金被以项目的形式直接拨付给市场主体，资金的使用效率难以评估，财政资金的杠杆作用不明显。

(2) 财政资金过度集中在生产环节，对产前、产后的支持相对不足，与当前农村二、三产业大发展的要求不相适应。在保障国家粮食安全的政治导向下，我国农业政策长期以来主要集中在农业生产环节，尤其是粮食生产环节，极大挤占了农业社会化服务体系、农产品加工物流、农村特色产业的政策扶持空间，一定程度上影响了农业科技成果转

化和农产品加工业、农产品物流电商、休闲农业等产业的发展，不利于产业链延伸和农业信息链、价值链的构建。

四、深入推进湖北农村一、二、三产业融合发展的政策建议

（一）做好政策宣传和顶层设计，避免改革进入误区

统一认识、厘清思路是全面深入推进农村一、二、三产业融合的首要任务。当前，湖北省普遍存在对农村一、二、三产业融合认识不足、理解不透彻、思路不清晰的问题，不利于工作的开展。第一，切实做好政策宣讲和学习，让各级干部尤其是基层干部对农村一、二、三产业融合有全面清晰的认识，知道农村一、二、三产业融合"究竟是什么、需要做什么"。第二，加强规划引导。强化新理念、新思路对农村一、二、三产业融合发展的指导作用，要求各试点区在深入学习的基础上，进一步修改、完善农村一、二、三产业融合发展实施方案，确保"因地制宜，体现特色，能落地、能实施"，明确农村一、二、三产业融合"怎么做"的问题。第三，提高布局效益。从省级层面总体把握融合发展布局，多种融合模式分散分布，避免区域内的过度同质化；明确县城、重点镇、特色村作为引导农村一、二、三产业融合发展的主要载体；规避农产品精深加工向农村的过度扩散，或在农村重新布局。

（二）引导土地高效流转，破局设施用地紧张难题

第一，发挥集体经济组织的统筹协调作用，引导土地规范化、规模化、效率化流转。实施"确权不确地、土地入股、整村流转"试点，分片区、分步骤实施土地整村连片流转试点，逐步控制、减少细碎化、不规范的土地流转行为。鼓励有条件的村庄设立土地股份合作社，实行村级股份合作制改革，发展多种形式的合作经营，为保底分配、二次分红奠定基础。发挥村集体经济组织在处理地块调整、抛荒地代管等问题

上的优势,提升土地流转效率。支持村集体经济组织预留少量优质机动地,用于地块调整,为可能出现的流转违约、个别农户不愿流转土地提供缓冲空间。

第二,灵活运用各项政策,破解农村一、二、三产业融合中的设施用地紧张难题。合理确定设施用地面积占流转土地面积的比例,探索分段超额累退制设施用地审批模式①。对社会资本投资建设连片面积达到一定规模的高标准农田,允许在符合相关规定的前提下,利用一定比例的土地发展休闲农业、农产品加工等经营活动。修缮、改造、再利用村落中的农房,利用闲置宅基地整理结余的建设用地,挖掘农村的存量建设用地,支持农村一、二、三产业融合发展。支持试点乡镇将城乡建设用地增减挂钩项目获得的建设用地指标,向就业增收带动能力强、发展前景好的农村一、二、三产业融合项目倾斜。在地方年度新增建设用地计划中,安排相关的项目用地指标,对农村一、二、三产业融合项目设施用地指标安排予以倾斜。

(三) 转变思路,快速构建产业融合人才体系

企业实力弱、农业农村可提供的软硬件条件较差,是农村一、二、三产业融合发展人才,尤其是高端技术人才、复合型人才,"引不进、留不住"的根本原因。第一,转变思路,搭建人才交流的信息平台,用"互联网+"的思维破解农村一、二、三产业融合高端、复合型人才短缺问题,降低人才使用综合成本,提供人才双向选择效率。第二,试行人才引进、使用补贴政策。在农村一、二、三产业融合专项资金中单列一项人才专项资金,在农村产业融合发展试点示范县、乡(镇)、示

---

① 分段超额累退制设施用地审批模式:从鼓励规模经营、集约节约用地的双重目标出发,将配套建用地面积分为不同的等级,随着土地流转面积的增大,经营主体获得的配套建设用地面积增加,但其占土地流转面积的比例逐级降低(如流转1000亩地,给予不超过10亩的配套建设用地;流转5000亩地,给予不超过40亩的配套建设用地;流转10000亩,给予不超过60亩配套建设用地)。同时,划定配套建设用地面积上限,并根据各区的实际情况,合理确定配套建设用地投资强度,引导集约节约利用建设用地。

范园进行试点,给予引入的特殊人才、高端人才工资性补贴,间接降低用人企业、合作社的人才成本。第三,发挥湖北省农业科技资源优势,鼓励高校、科研院所将实验室、试验基地、实习基地建到农村,同时,完善知识产权入股、参与分红等激励机制,激励科研人员到合作社、农业企业兼职任职,进而提高农业科技成果转化、应用率。第四,及时跟进产业融合人才培训体系,将技术技能人才、管理人才、网络营销人才等纳入农村职业教育的范畴。

(四)引入优质农业企业和社会资本,提高产业融合效率

第一,坚持农业龙头企业引入和培育并重的发展思路。受资金、理念、科技创新能力、渠道等综合因素的影响,湖北省农业龙头企业的带动力相较于发达地区的企业更弱,本土化的企业无法完全担负起推进农村一、二、三产业融合发展的重任。因此,迫切需要创造良好的产业发展环境,吸引资金雄厚、科技创新能力强、理念新的国家级农业龙头企业入驻,快速提升农村一、二、三产业融合层次。同时,对本土化农业龙头企业的培育也不能放松,扶持的重点主要集中在品牌培育、精深加工能力和经营管理水平提升三个方面。

第二,完善风险防范体系,合理引导社会资本进入农村一、二、三产业融合,快速提高行业效率和融合度。社会资本拥有极强的融资能力,有利于产品、信息、技术等要素的快速流动、集成,形成新的创新能力和技术优势;同时,社会资本拥有先进的管理理念,站位更高的顶层设计更容易打破产业界限、挖掘多种农业功能,形成新的产业,提升农业农村优势资源的附加值,且不易被模仿。首先,建立健全风险防范机制。通过严格审核、风险保证金制度、限制股份比例等方式,控制"老板跑路"、"环境破坏"、"损害农民权益"等负面现象的发生。其次,合理利用社会资本,引导其进入农产品加工流通、休闲农业、乡村旅游、农产品电商等资金密集型、技术密集型产业,重点发挥其引导要素流动、引入先进经验理念、品牌运营的优势,与合作社、农业企业等新型经营主体分工协作。

（五）以农村合作金融为抓手，创新农村金融服务

第一，结合湖北的实际情况和多年的探索，重点推动农村合作金融创新，助力农村一、二、三产业融合发展。首先，引导组建农民合作社联合会，建设新型经营主体征信平台，对新型经营主体的信用等级进行实时评估更新，为金融机构发放信用贷款提供客观、真实的数据支撑。其次，创新涉农信贷服务产品，引导金融机构结合农业生产周期和经营特点，灵活确定授信方式，合理确定贷款额度、放款进度和回收期限。再次，整合中央担保资金、农村一、二、三产业融合专项资金和地方配套资金，研发"惠农贷"、"涉农风险担保基金"等符合三农特点的金融产品，扩大抵（质）押物范围。最后，扩大农民合作社内部资金互助试点，引导其向"生产经营合作+信用合作"延伸，制定指导意见和监管办法，重点解决资金来源、放贷对象和规范运营问题。

第二，搭建金融服务平台，加快农村金融创新改革。建立政府支持的三农融资担保体系，推动农业资产运营公司开展经营服务，探索涉农不良抵押资产处置方式。试点推广以蔬菜大棚所有权、大中型农机具、农产品订单、农业知识产权等为标的物的新型抵（质）押担保方式，推进农村产权抵押融资创新。引导有条件的农业龙头企业进行股改，以资源换资本，以股权换资金。由政府牵头对符合条件的农业企业上市后备申报对象融资，开展对接协调。充分利用新四板，连通农业企业与资本市场。

（六）转变财政资金支持方式，提高资金使用效率

转变普惠式、项目资金直接支持的支农方式，根据农村一、二、三产业发展面临的新问题，调整财政资金支农方式，明确"支持谁""怎么支持"的问题。第一，新型农业经营主体依然是产业融合项目支持的重点对象，其中又以带动力强、融合能力突出的农业企业、合作社为主。第二，财政资金使用的重点环节由生产环节向产前、产中、产后全产业并重转变，农产品精深加工能力提升、农产品物流体系建设、农村

电商体系建设、品牌农业打造将成为重点支持环节，重点加大对农业社会化服务体系中的农产品收储、电商体系中的电子商务终端等成本高、效益大的设备的补贴力度。第三，广泛推行以奖代补的方式，支持、鼓励新业态、新模式创新发展。第四，引导产业融合财政资金由直接支持为主向间接支持为主转变，充分发挥财政资金的杠杆效应，如农业技术研发与引入、技术转化和推广，新型农业经营主体融资担保平台建设，人才体系建设，农村公共服务体系建设等。第五，研究增加政策性特色农业保险品种。提供政府支持下的农业保险政策服务，开展小龙虾、香菇、高山蔬菜等区域特色突出、产业带动力强的农产品农业保险，开展设施农业保险、农产品价格指数保险、气象损失保险以及补充保险试点，为农村一、二、三产业融合提供重要支撑。

报告执笔人： 王薇薇　湖北省社会科学院农村经济研究副研究员、博士

徐　峰　湖北省社会科学院财贸研究所副研究员

武汉国家中心城市建设进程及对策建议

秦尊文　张　宁

将武汉建设成为国家中心城市，不仅仅可以促进武汉市、湖北全省经济的发展，还能有效地促进我国华中地区经济、教育、科技的进步，对促进全国区域经济协调发展也有着重要的意义。

一、武汉创建国家中心城市历程

（一）"国家中心城市"的提出及其社会影响

"国家中心城市"是建设部2005年提出的概念，根据相关学者的研究，指的是处于全国城镇体系顶端并在全国具备政治、经济、文化诸方面的引领、辐射、集散功能的城市[1]。

"国家中心城市"概念提出后，除城市规划界等学术领域外，并未在社会上引起广泛关注。直到2009年1月正式公布的《珠江三角洲地区改革发展规划纲要》将广州市明确为"国家中心城市"，使"国家中心城市"受到广泛关注并产生较大影响。湖北省社会科学院专家迅速向有关方面呼吁，武汉也要创建国家中心城市。2010年2月，住房和城乡建设部发布的《全国城镇体系规划纲要（2010—2020年）》明确提出建设五大（北京、天津、上海、广州、重庆）国家中心城市的规划。2016年5月，经国务院同意，国家发改委和住建部联合印发《成

---

[1] 邢铭，丁伟.沈阳：补齐短板　做优国家中心城市[J].北京规划建设，2017（1）：31-34.

渝城市群发展规划》指导文件，规划中指出将成都定位成为国家中心城市，至此，成都成为第 6 个国家中心城市。2016 年 12 月，国家发改委印发《促进中部地区崛起"十三五"规划》，明确支持武汉和郑州建设国家中心城市。2018 年 2 月 7 日，国家发改委住建部发布《关于印发关中平原城市群发展规划》的通知，并同时发布了《关中平原城市群发展规划》，明确提出了"建设西安国家中心城市"，至此第 9 个国家中心城市产生。

（二）武汉市"三步走"战略设想及其进展

2009 年 4 月，湖北省社会科学院专家向武汉市以书面报告形式明确提出武汉建设"中部中心城市——国家中心城市——国际化大都市"的"三步走"战略。这是学术界最先提出武汉建设国家中心城市的设想和建议。

2010 年 3 月 8 日，国务院批准《武汉市城市总体规划》。武汉由此获批"中部地区中心城市"，标志"第一步"目标已经实现。

2010 年 12 月 3 日，中共武汉市委十一届十次全会审议通过的《全市国民经济和社会发展"十二五"规划的建议》，提出"十二五"时期武汉要巩固中部中心城市地位，努力建设国家中心城市，为把武汉建成现代化国际性城市奠定基础。这是武汉市官方首次提出建设国家中心城市，也标志着武汉正式启动实施"第二步"战略。2011 年 12 月 20 日，武汉市召开第十二次党代会，会议报告的题目就是《敢为人先追求卓越，为建设国家中心城市复兴大武汉而努力奋斗》，对武汉市建设国家中心城市进行了全面部署，明确了新的战略定位和功能框架。2012 年 6 月 9 日，湖北省召开第十次党代会，提出"大力支持武汉建设成为立足中部、面向全国、走向世界的国家中心城市和国际化大都市"。6 月 19 日，武汉市委、市政府召开武汉市建设国家中心城市动员大会，吹响了全面创建国家中心城市的号角。2013 年 3 月，《武汉建设国家中心城市规划纲要》正式出台，进一步明确了武汉建设国家中心城市的重大意义、总体思路、目标定位和重点任务。

2016年12月20日,国家发展改革委经国务院同意印发《促进中部地区崛起"十三五"规划》,明确支持武汉建设国家中心城市。至此,市委提出"十二五"时期建设国家中心城市的目标终于在"十三五"开局之年得以实现。

2018年1月16日,武汉市政府常务会审议了《武汉建设国家中心城市实施方案》(送审稿),方案提出,武汉将分三步建设国家中心城市,2021年基本形成框架,2035年初步建成,2049年建成具有国际影响力、全球竞争力和可持续发展能力的世界亮点城市。

二、武汉建设国家中心城市进展状况

武汉市根据创建国家创新中心、国家先进制造业中心以及商贸物流中心这一目标,深层次地实行了五大计划,即工业倍增、服务业升级、自主创业能力提高、城市建设攻坚等,逐步强化中心城市的职责及作用,努力提高城市综合竞争力,在建设国家中心城市上,获得了较好的效果。

(一)积极推进国家创新中心建设,创新引领功能逐步提升

近年来,武汉市将提高自主创新能力当作关键,重点凸显创新驱动、跨越发展及机制创新,较好地体现出科技创新在武汉市的经济社会发展过程中的支持及指引功能,全面推进国家创新中心建设。科技创新在促进产业结构升级和促进经济增长方面的作用更加明显,2017年,武汉市高新技术产业总产值约为9500亿元,与2010年相比,增长了3.59倍,约占规模以上工业总产值的68%。在三种战略性新兴产业之中,与上年相比,智能制造工业总产值上升了22%,而生命健康、信息技术营业收入依次上升了18.7%和18.2%。自主创新成果不断涌现,

科技创新产出水平、科技创新人才资源、科技成果数量和科技平台建设等方面位居全国同类城市前列。武汉市现有159家国家级重点实验室，2000多家高新技术企业，2016年技术合同交易额达603亿元，发明专利授权量8444件。自主创新环境不断完善，建立了一系列的工业技术研究院，如武汉智能装备工业技术研究院、武汉新能源汽车工业技术研究院、武汉化工新材料工业技术研究院等。通过孵化器建设、组建产业技术创新战略联盟和整合省市资源等多种方式，加速推进科技成果转化和产业化，截至2016年底，武汉市创建了350多家孵化器及众创空间，有29家、35家国家级孵化器、众创空间，有2家国家级专业化众创空间，孵化服务场地的总面积逾1000万平方米。2016年，东湖高新区企业的总收入为11000多亿元，光电子信息、生物医药、高端装备制造等五大战略性支柱产业都达到了千亿规模。2010—2017年武汉市高新技术产业总产值及增加值分别见图1和图2。

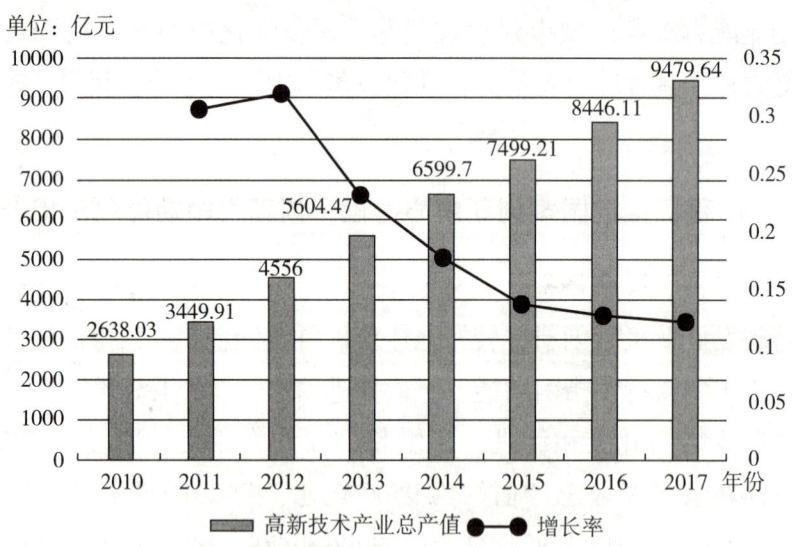

图1　2010—2017年武汉市高新技术产业总产值

资料来源：《武汉市统计年鉴2017》和《2017年武汉市国民经济和社会发展统计公报》。

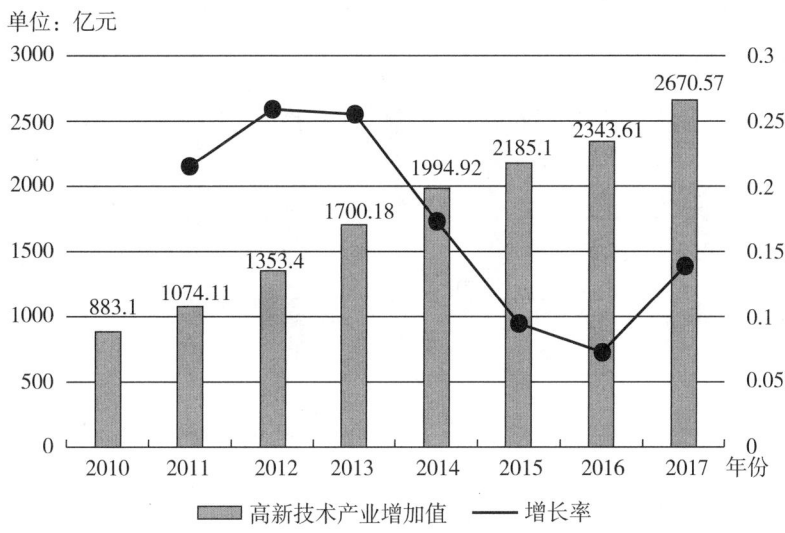

图 2 2010—2017 年武汉市高新技术产业增加值

资料来源：《武汉市统计年鉴 2017》和《2017 年武汉市国民经济和社会发展统计公报》。

（二）积极推进国家先进制造业中心建设，产业带动功能逐步提升

2017 年，武汉市工业投资逾 2500 亿元，实现工业增加值为 4700 多亿元。武汉主动地打造出空间及功能更好的工业发展平台，充分发挥开发区引擎作用，做强东湖新技术开发区和武汉经济技术开发区，创建出"大光谷"、"大车都"等四大工业板块。2017 年，武汉开发区及东湖新技术开发区都分别完成规模以上工业总产值逾 3000 亿元，规模以上工业增加值占武汉市的比重为 45%。同时，加快新城区全面推进示范园区建设。新城区工业经济快速发展，规模以上工业增加值上升了 9.5%。2010—2016 年武汉市规模以上工业总产值及增加值见图 3。

图3 2010—2016年武汉市规模以上工业总产值及增加值
资料来源：根据《武汉市统计年鉴2017》整理所得。

（三）积极推进国家商贸物流中心建设，综合服务功能逐步提升

近年来，武汉市在加快构建交易平台、完善交易市场、提升物流枢纽地位等方面积极推进，重点创造出国家商贸物流中心，力求其具有较强的流通交易功能、集合高端商贸主体、健全的配套服务系统。商贸流通体系日益完善，初步形成了布局合理、层次分明、特色鲜明、配套齐全的商业网点体系。2017年，全市社会消费品零售总金额约为6200亿元，上升了10.4%。对外贸易成倍上升，外贸进出口总额超过1900亿元，进口额约为780亿元，出口额超过1150亿元，在中部地区省会城市中稳居首位。全国物流枢纽功能进一步提升，中百、武商等大型商贸连锁企业统一配送体系不断完善，华中电子商务物流配送基地粗具规模，基本形成了华中最大、全国最主要的电子商务分拨中心和快件分拨基地；东湖综合保税区通过国家验收，是目前中国内地开放层次最高、优惠政策最多、功能最齐全的综合功能区；阳逻港被海关总署列为内陆首个"离港退税"试点港。2012年，在第8届中国国际物流节上，武汉获得了"中国城市商贸物流之都"大奖，商务部指出其为全国流通

领域现代物流示范城市。2010—2017年武汉市社会消费品零售总额见表1。

表1　　　　　2010—2017年武汉市社会消费品零售总额　　　　单位：亿元

指标＼年份	2010	2011	2012	2013	2014	2015	2016	2017
社会消费品零售总额	2570.40	2959.04	3432.43	3916.60	4573.53	5102.24	5610.59	6196.30
限额以上企业零售额	1223.65	1721.27	2252.27	2524.40	2962.45	3279.14	3524.54	—
其中批发零售业	2265.59	2664.05	3095.22	3514.72	4151.47	4626.71	5077.23	5605.27
住宿餐饮业	257.61	294.99	337.21	363.88	422.07	475.53	533.36	591.03

资料来源：历年《武汉市统计年鉴》和《2017年武汉市国民经济和社会发展统计公报》。

（四）积极推进国家综合交通枢纽建设，辐射集聚功能逐步提升

近年来，国家将武汉市确立为我国关键的综合交通枢纽、长江中游航运中心，武汉尽全力争夺该机遇，以加快推进天河机场三期工程、阳逻港区集装箱三作业区一期工程、四环线、城际铁路等重大项目为重点，全面提升武汉综合交通枢纽功能。截至目前，京广、京九、武康、武九4条国铁线与在建的京汉广、沪汉蓉2条高速铁路在武汉形成两纵两横"十"字交汇点，武汉成为拥有3个一级火车站、亚洲最大编组站、集装箱中心站的重要枢纽。航空方面拥有四大基地公司、146条航线，通达国内外70多个大中城市。铁路方面，汉宜及京武高铁正式运行，武汉市的城际铁路网渐渐建立，其变成中国首个四个方向都开通高铁或者高速客运专线的城市。水运方面，全方位地开始建立武汉新港，形成了16个港区、213个生产性泊位的长江中游第一大港。公路方面，承载能力和通达深度继续提升，建成7条高速出口路，市域高速公路里

程达550公里,市内"半小时"、城市之间"一小时交通圈"正式建立。近5年武汉市交通运输情况见表2。

表2　　　　　　　　近5年武汉市交通运输情况

	货运量				客运量		
	铁路（万吨）	水运（万吨）	航空（万吨）	公路（万吨）	铁路（万人）	航空（万人）	公路（万人）
2013年	9010.4	10485.6	9.8	25023.0	12105.4	995.29	16521.0
2014年	7686.4	12751.2	10.23	28083.0	14299.9	1097.6	12748.0
2015年	6579.0	13099.7	10.9	28495.6	15083.9	1163.6	11381.3
2016年	6744.2	14331.9	13.83	28891.9	15855.3	1300.1	11484.0
2017年	6980.9	15292.3	16.0	34982.0	18074.3	1466.0	10410.0

资料来源：历年《武汉市统计年鉴》和《2017年武汉市国民经济和社会发展统计公报》。

（五）积极推进生态宜居武汉、文明武汉、幸福武汉建设，城乡居民生活质量逐步提升

生态宜居武汉建设方面，以加快建设两型社会和美丽武汉为着力点，全面启动了"城建攻坚"五年行动计划，主动地促进绿色、循环及低碳的发展，使城市的空间格局愈加得科学，提高基础设备的档次，城市生态环境品质、城市园林绿化品质等方面成效显著。2017年，武汉市化学需氧量、二氧化硫、氨氮、氮氧化物四项主要污染物排放总量分别减至12.90万吨、6.98万吨、1.56万吨、10.7万吨。文明武汉建设方面，围绕"文化五城"建设，着重促进了十大文化及科技融合示范工程，武汉市被认为是第一批国家级文化及科技融合的示范基地。幸福武汉建设方面，围绕全面建成小康社会，以"坚持民生优先、增进人民福祉"为核心，民生工作力度进一步加大，政府主导、覆盖城乡、可持续的基本公共服务体系加速构建,人民生活质量稳定上升,每一项社会事业全方位地前进,市民幸福感及经济发展共同提高。2017年,武汉市城镇居民人均可支配收入超过4.3万元,农村居民人均纯收入超过2万元,公共财政用于教育、医疗卫生、就业社保、保障性住房和文化体育的支出达348.6亿元,增长22.1%。2010—2017年武汉市城镇及农村居民人均可支配收入见图4。

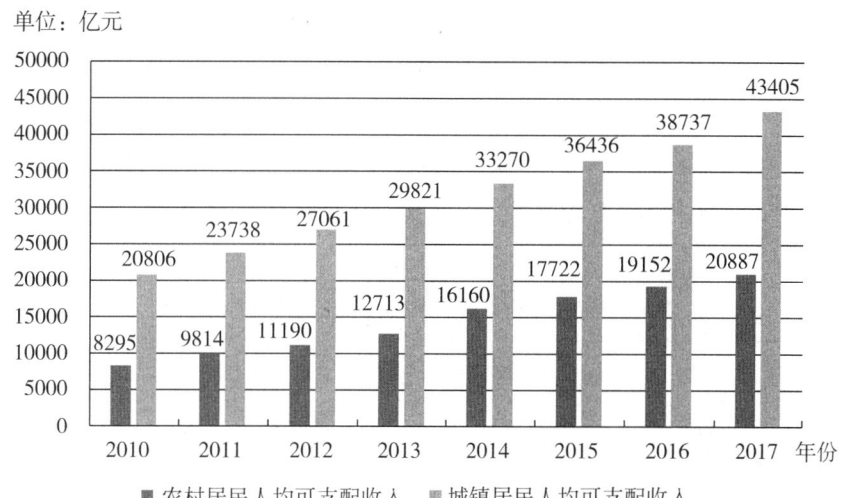

图4　2010—2017年武汉市城镇及农村居民人均可支配收入

资料来源:历年《武汉市统计年鉴》和《2017年武汉市国民经济和社会发展统计公报》。

三、武汉国家中心城市建设存在的问题与思考

武汉建设国家中心城市具有综合实力、区位交通、科技教育、历史文化、水资源等诸多优势。但是,从对策研究的角度来看,分析弱势与把握优势同样重要,更有利于突破关键领域的制约,变弱势为优势,推动武汉建成国家中心城市的进程。

（一）综合实力不够强大，经济规模相对较小

经济规模是综合实力的重要支撑。现如今，与其他的8个国家中心城市相比较，武汉在经济规模上并未有明显优势，甚至与有些城市有着不小的差距。2017年，武汉市地区生产总值超过了13000亿元，仅为上海的44.5%、北京的47.89%、天津的72.12%、广州的62.36%、重庆的68.78%。就工业发展而言，该年武汉的所有工业增加值超过了4700亿元，只相当于上海的56.90%、天津的68.83%、广州的86.54%、重庆的71.73%。从事关发展后劲的投资规模来看，同年，武汉市整个社会固定资产投资超过了7800亿元，与重庆、天津差距较大，仅为重庆的45.13%、天津的69.82%。2017年武汉市与其余国家中心城市经济指标比较见表3。

表3　　**2017年武汉市与其余国家中心城市经济指标比较**　　单位：亿元

城市	GDP	全部工业增加值	固定资产投资
北京	28000.40	4274.00	8948.10
上海	30133.86	8303.54	7246.60
天津	18595.38	6863.98	11274.69
广州	21503.15	5459.69	5919.83
重庆	19500.27	6587.08	17440.57
成都	13889.39	5217.20	9404.20
武汉	13410.34	4724.87	7871.66
郑州	9130.20	3191.3（规模以上）	7573.40
西安	7469.85	1677.48	7556.47

资料来源：各市2017年国民经济和社会发展统计公报整理所得。

（二）产业结构层次不高，科技优势没有充分发挥

国家中心城市必须有更高的产业结构层次，如较高的第三产业占GDP比重、制造业增加值率等等。纽约、伦敦、东京等国际中心城市服务业的比重都在70%以上，甚至90%左右。2017年，武汉市第三产业占GDP的比例只有53.3%，与北京、上海等别的中心城市相比较，该数值显著较低，低于同期北京27.3个百分点、上海15.7个百分点、广州4.7个百分点。改变经济发展方法，促进产业升级，关键在于实现创新资源的价值产业化。武汉市尽管拥有丰富的科教资源，但科技成果转化效率不高，2017年专利授权量远低于北京、上海、广州等国家中心城市，2016年R&D经费支出占GDP的3.10%，低于北京、上海和西安。武汉在建设国家中心城市中，最大的比较优势就是综合科教实力。2017年，武汉市的普通高校数量84所；在校大学生、研究生数量逾100万人，居我国第一。此外，武汉在两院院士国家重点实验室、国家工程实验室、国家级工程技术研究中心等方面都具有很大的优势，还拥有东湖自主创新示范区。但遗憾的是，这些优势在产业结构调整中并没有完全体现出来，科技成果的转化效率过低。比如，深圳把科技研发的主战场前移到企业生产一线，特别是大中型企业生产一线，建立了"4个90%"，即"90%的投入来自企业、90%的科技人员来自企业、90%的研发机构设在企业、90%的专利来自企业的研发和转化模式"就值得武汉学习和借鉴。只有通过高转化，才能实现武汉制造向武汉创造的提升，进而完成产业结构的优化。最近几年内，高新技术产业增加值持续降低，直到2017年有所回升，2015、2016和2017年高新技术产业增加值增长率分别为9.53%、7.25%和13.95%。武汉市与其余国家中心城市产业结构和R&D经费支出比较见表4。2013—2017年武汉市高新技术产业产值及其增加值见图5。

（三）市民收入水平明显偏低，排位长期停滞不前

努力让人民过上更好生活是武汉建设国家中心城市的出发点和落脚

表4 武汉与其余国家中心城市产业结构（2017）和 R&D 经费支出比较（2016）

城市	三产业增加值占GDP比重（2017年）	R&D经费支出（亿元）（2016年）	R&D经费支出占GDP的比重（%）（2016年）	专利授权量（件）（2017年）
北京	0.4∶19.0∶80.6	1479.8	5.94%	107000
上海	0.3∶30.7∶69.0	1030	3.80%	70464
天津	1.2∶40.8∶58.0	537	3.00%	41700
广州	1.1∶28.0∶70.9	451	2.30%	60201
重庆	6.9∶44.1∶49.0	300	1.70%	35000
成都	3.6∶43.2∶53.2	258	2.12%	41088
武汉	3.0∶43.7∶53.3	370	3.10%	25528
郑州	1.7∶46.5∶51.8	142	1.78%	21249
西安	3.8∶34.7∶61.5	325.56	5.20%	25042

资料来源：根据各市 2016 年和 2017 年国民经济和社会发展统计公报整理所得。

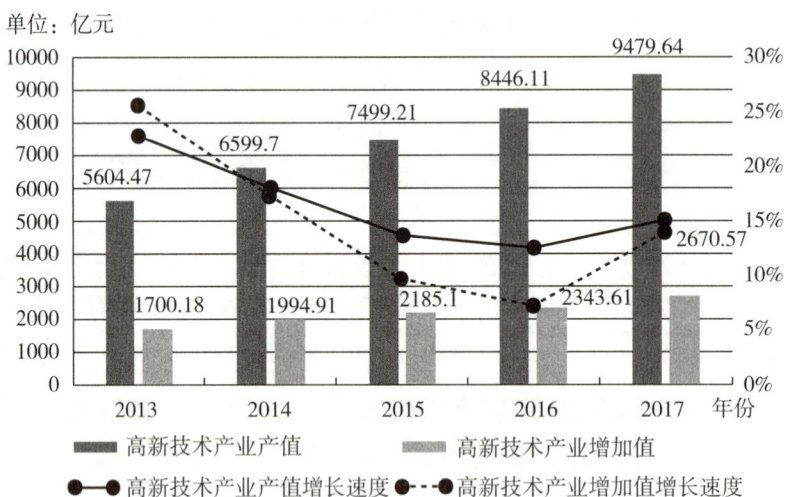

图5 2013—2017 年武汉市高新技术产业产值及其增加值

资料来源：《武汉市统计年鉴 2017》和《2017 年武汉市国民经济和社会发展统计公报》。

点，人民生活质量的改善程度，直接反映着国家中心城市建设的水平。近年来，武汉市人民的生活水平得到了全面的改善和提高，但是与国家中心城市的要求相比较，两者间的差距还很显著。现如今，一共有5个国家中心城市，除了重庆的状况较特别外，其他四个城市在城镇居民人均可支配收入、农村居民人均纯收入、在岗职工平均工资、城镇居民家庭恩格尔系数和城镇居民人均消费支出等方面都超过武汉居民的水平。其中，武汉与上海、广州、北京的差距尤为突出。近年来，武汉的经济总量持续占据领先位置，但居民收入水平长期在19个副省级及以上城市之中仍然靠后，居民收入水平提高和生活质量改善的问题将成为武汉建设国家中心城市的重点和难点。2017年武汉与其余国家中心城市居民收入生活水平比较见表5。

表5　　2017年武汉与其余国家中心城市居民收入生活水平比较　　单位：元

城市	城镇居民人均可支配收入	农村居民人均可支配收入	全体居民人均消费支出
北京	62406	24240	37425
上海	62596	27825	39792
天津	37022（全市居民人均可支配收入）		27841
广州	55400	23484	40637
重庆	32193	12638	17898
成都	38918	20298	22039
武汉	43405	20887	25852
郑州	36050	19974	21167
西安	38536	16522	21482

资料来源：根据各市2017年国民经济和社会发展统计公报整理所得。

(四) 改革创新成效还不显著，示范引领效应不明显

国家中心城市的重要功能是要成为改革创新的试验田和先行区，要在关键领域成为全国其他城市的表率。北京中关村在科技体制机制上首先试行，进行了企业产权制度、企业信用、知识产权、行政管理等多个方面的改革试点工作，为我国高技术企业发展探索出多个"第一"。上海自由贸易试验区肩负着加快政府职能转变、积极探索管理模式创新、促进贸易和投资便利化，为全面深化改革和扩大开放探索新途径、积累新经验的重要使命。天津滨海新区大力推动金融改革创新，建立了我国首支渤海产业投资基金，颁布了私募股权投资基金管理及税收等多个方面的相关政策，变成中国私募股权投资基金及创业风险基金最关键的汇集地。近年来，武汉市在自主创新示范区建设和两型社会建设方面取得了一定的成果，但总体来看，改革力度还不大，创新突破还不够，特别是成效还不显著，能够被其他城市借鉴复制的经验和成果还不多，在中部地区乃至全国的引领示范效应还没有充分彰显。

(五) 区域中心地位不够突出，引领带动能力比较有限

在当今的国家中心城市之中，北京是全国政治、经济、交通和文化中心，天津是北方最大的沿海开放城市、海运与工业中心，上海属于我国的经济、金融、贸易等集于一体的大城市，广州是华南政治、经济、文化、科教中心和交通枢纽。与这些国家中心城市相比，武汉市在中部地区的中心位置还不凸显，对"中三角"地区的辐射带动作用也比较有限，即使在交通、市场、科技等优势领域，武汉对长江中游地区的辐射带动也不足，对河南、山西等黄河流域地区的影响力度则更弱。由于缺乏公认的中心城市，中部地区联合发展态势还不明显，各省市之间对区域内资源、市场以及国家重大项目、功能布局、资金政策等争夺激烈，竞争远大于合作，分工协作机制尚不成熟，离最终形成如同长三角、珠三角、环渤海一样的经济整体，还有很大的差距。

(六)区域经济发展水平不高,整体实力明显偏弱

国家中心城市与区域经济发达程度密切相关,武汉所处的长江中游城市群与发达城市群相比,综合实力及竞争力较差。2017年,长江中游城市群GDP占全国比重9.2%,与长三角城市群和珠三角城市群相比,武汉建成国家中心城市的支持作用存在缺陷。比经济总量更关键的是整个经济腹地的发展水平,"中三角"所处的湖北、湖南、江西三省的人均GDP明显低于"京津冀"、"珠三角"和"长三角"所处的区域,这说明武汉的战略腹地的弱势依然存在。加快自身发展并带动周边地区乃至整个区域共同发展,仍是武汉建成国家中心城市将面对的最关键的问题。2017年长江中游城市群与三大区域经济总量比较见表6。各相关省(直辖市)2017人均GDP比较见图6。

表6 2017年长江中游城市群与三大区域经济总量比较

城市群	范　　围	GDP总量(亿元)	占全国比重
长三角城市群	《长江三角洲城市群发展规划》规划中包含26个城市(上海1个、江苏9个、浙江8个、安徽8个)	157468.42	19.03%
珠三角城市群	包括广东省9市以及香港和澳门	101400.32	12.41%
京津冀城市群	包括北京、天津两大直辖市以及河北省的保定、廊坊、唐山、秦皇岛、石家庄、张家口、承德、沧州共8个地级市	73608.29	8.9%
长江中游城市群	规划的区域范围包括:湖北省武汉、黄石、鄂州等13个城市;湖南省长沙、株洲、湘潭等8个城市;江西省南昌、九江、景德镇等9个城市及吉安市的部分县(区)	76106.22	9.2%

资料来源:根据各市2017年国民经济和社会发展统计公报整理所得。

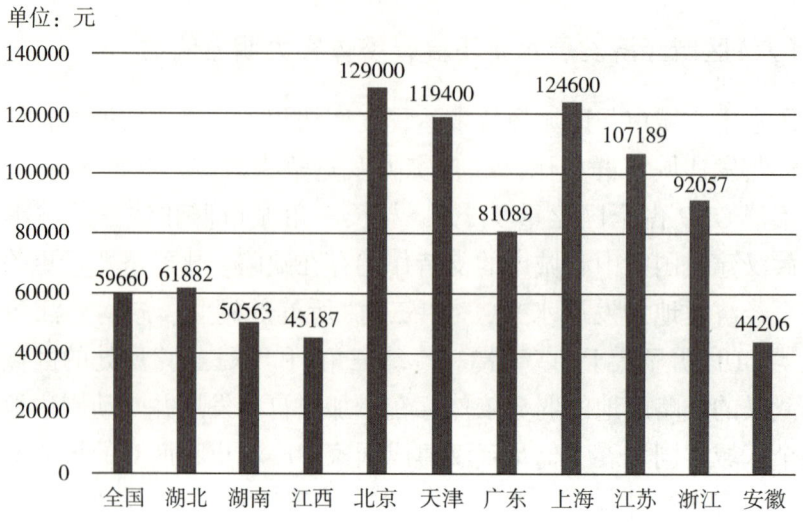

图 6　各相关省(直辖市)2017 年人均 GDP 比较

资料来源：根据各省(直辖市)2017 年国民经济和社会发展统计公报整理所得。

四、武汉建设国家中心城市具体对策建议

武汉建成国家中心城市，需要重点凸显出创新引领、交通要道、产业带领、综合服务四项功能，建设国家综合交通枢纽，强化基础支撑；建成国家创新中心、先进制造业中心、商贸物流中心，牢固打造硬实力；建成生态宜居、和谐及幸福武汉，提升软实力；以武汉的率先崛起，引领区域一体化发展，打造我国新的经济增长极。

(一) 建设具有国际竞争力的创新创业平台，打造武汉创新创业新引擎

全面建成国家创新中心，必须真正形成创新成果的高效转化、创新产品的高利润以及创新人员人生价值的高度提升的创新产业平台与机制，真正实现创新永葆活力与可持续发展。然而，从目前的现实状况看，习惯于依靠有形生产要素投入，强调量的集聚而忽视质的提升，习

惯于重技术导向而轻市场需求,以及不利于创新的社会人文环境等等都成了国家创新中心建设的阻碍。为此,我们除了要有足够重视创新、支持创新的态度,还要有勇于反思之前创新实践的胸怀,更要有一种成熟的足够支撑创新发展的新理念,重点在建设企业主体、加大创新投入、培育创新文化、改善创新环境等方面下大工夫。

(二)建设抢占国际产业链高端的先进制造业中心,打造武汉产业转型升级新支撑

武汉长期是全国重要的综合性工业基地。在新一轮制造业转型升级的全程中,武汉需要积极地肩负起"先进制造业中心"的重要作用,把握全球先进制造业发展趋势,按照做大做强—转型+转移—总部+研发+营销的发展路径,统筹生态、社会效益和经济效益,实现新兴产业与传统产业融合发展,实现产业发展及城市创建的良性循环,构建面向长江中游城市群的一体化主导优势产业链,把长江中游城市群建设成为世界规模级的先进制造业带。

全力培养出有国际竞争力的先进制造企业,从"龙头企业"转变成"企业集团"、从"产业集聚"转变成"产业集群",提高该市先进制造业的全部竞争力,赖于活跃的市场氛围和强大的市场主体。因此,要协调好龙头及配套企业的发展,既要大力扶持一批市场前景好、竞争力强、产业链长、支撑带动作用大的龙头企业,鼓舞整个行业之中的优势及龙头企业合并及重组落伍、艰难的企业;另外,还需要全力地培养出大量的生产专业化、技术高新化及产品特色化的中小企业,鼓舞关联及上下游企业合并重组,最终组成有国际竞争力的大集团,大幅提高武汉制造业的配套能力。在操作上,要以各类工业园区为载体,壮大先进制造业主导产业集群,提升重点产业链整体竞争力,统筹国有经济与民营经济协调发展。

(三)建设交换功能更加强大的国家商贸物流中心,重塑商贸重镇的领先优势

商贸物流中心的核心功能是城市的交换功能。作为具有悠久历史的商

贸重镇，武汉的城市交换功能在区域范围内已经具有了比较突出的优势，但是与建成国家商贸物流中心的规定相比，武汉还需要进一步构建全国内需市场中心功能平台，加快形成功能完善的、具有国际国内资源配置功能的现代市场体系，积极推进现代服务业领域的体制机制创新和商业模式创新，使商贸物流等传统优势产业焕发出崭新的活力，同时加速培育金融、旅游、信息服务、数据处理等有助于增强城市交换功能的现代服务业，全面提升武汉的综合服务功能，努力建设服务中部、辐射全国、面向国际的国家商贸中心、国际知名的商贸文化名城和全国一流的商贸集群创新发展示范区，重塑并强化武汉在商贸物流等领域的领先优势。

要成为国家商贸物流中心，武汉必须在国家商贸物流功能版图上占据关键位置并努力实现功能影响力的进位提升。这就要求武汉必须尽快实现在国家级以上重大功能平台建设方面零的突破，积极争取国家级商贸物流基础性功能平台设施布局武汉。要结合当前商贸物流等产业发展的新趋势、新变化，主动承接全球现代服务业的转移，加快整合到国际商贸物流系统之中，争取在商贸物流中心功能载体、资源配置交易平台建立上获得了全新的成果。在突破口的选择上，以下两类主攻方向可以作为功能平台建设的重点。一是武汉具有一定产业和功能基础，已经发挥区域性平台功能的，可以进一步走高端路线，提档升级，突出特色，提高吸引力和影响力，强化区域平台功能并争取升级为国家级功能平台，如依托武汉地区已有的省、市重要交易中心机构，升级发展成为集聚交易量、辐射力广、实行会员制运作模式的期货、产权交易所，建成我国关键的产品、要素交易和定价中心，形成武汉价格指数。二是就全国的商贸物流等功能布局而言，长江中游和中西部地区相应的国家级功能平台还存在缺位的，可以在武汉高起点、高水平地策划打造，如争取设立内河自贸区、电子商务中心、大数据中心等。

（四）建设面向全球的国家综合交通门户，打造武汉综合交通枢纽升级版

武汉建设国家中心城市要全面提升交通枢纽功能，按照适度超前的原则,协调推进铁路、公路、机场建设,扎实抓好武汉新港等主要港口建设,推动形成全国性铁路网中心、高速公路网核心枢纽、核心门户机场、长江中游航运中心。面对国家的战略要求,武汉市必须把加快推进综合交通枢纽建设的升级放在更加重要的位置,着力构建面向全球的国家综合交通门户,使武汉成为国际国内先进要素的集散中心,为充分发挥武汉的集聚辐射能力奠定重要基础。

在战略定位方面,必须加快实现由全国性向全球性升级。一直以来,武汉在国家大的交通战略格局中都占据着重要的核心位置,是全国铁路六大客运、四大货运中心之一以及六大区域性枢纽机场之一,是长江中游的航运中心。为了建成国家中心城市,武汉市必须进一步发挥区位与交通优势,立足高端定位,立足服务全球,尽力推动综合交通运输系统的建立,从铁、水、公、空等方面打通通往国际的大通道,使武汉能够成为面向全球、通达全球的综合交通门户。航空方面,继续积极拓展国际航线,加快开通中东的航线,加密欧洲、东南亚、日本、韩国、中国港澳台等国际和地区航线,适当地开通非洲及澳洲航线,将该市建立成面向全国及全球的枢纽门户机场及航空物流中心。航运方面,全力建成"江海直达"品牌,运用长江水路,把武汉新港建成现代化、国际化的港口,使武汉成为中部地区乃至整个内陆地区货物进出的最佳通道。铁路方面,快速促进汉新欧国际货运通道的正常化运作,做大汉新欧品牌,提高该铁路的服务功能,力争进一步开辟西南向货运专列,全力提高武汉对外经贸国际化水平。

(五)建设生态宜居武汉、文明武汉、幸福武汉,打造宜居宜业宜游宜商的国际化大都市

国家中心城市的建设,归根结底是要通过城市环境的优化、城市功能的完善、城市地位的提升,实现发展成果共享,建成人民满意的幸福城市。如果无城乡居民生活水平的不断上升,建设国家中心城市就难以得到人民群众的真心拥护和大力支持,因此,一定要将建成幸福武汉当作着力点。同时,要把建设生态宜居武汉作为营造国际化发展环境的重

要载体,把建设文明武汉作为塑造城市国际形象的关键支撑,打造宜居宜业宜游宜商的国际化大都市。

武汉应彰显滨江滨湖特色,完善市政基础设施网络。建设生态宜居武汉,要围绕节约及保护优先、自然恢复这一主旨,将推动建成美丽江城和两型社会为切入点,将建立生态文明置于明显位置。要彰显滨江滨湖特色,强化对山、水及林自然生态环境的建立及维护,提升城市生态自我修复能力,切实解决危害人民群众健康安全的环境污染问题,尽全力建立国家环保模范城市及国家生态园林城市。在建设规划城乡基础设备时,要力求更高的标准及起点,提升基础设备服务水准,贯彻健全市政设施网络,提高城市的运行效率和居民的工作生活条件。要建立低碳环保的绿色发展模式,加强生态文明制度建设,健全两型社会管理系统及政策法规系统,建成生态文明建设的长效机制,要在生态文明制度建设上位于我国领先水平。

报告撰稿人: 秦尊文 中国城市经济学会副会长、湖北省区域经济学会会长、
湖北省社会科学院副院长、研究员、博士生导师

张　宁　湖北省社会科学院长江流域经济研究所助理研究员

湖北省推进乡村振兴战略的人才队伍建设研究

肖艳丽　邹进泰

伴随城市化进程的不断加快和城乡发展不平衡的长期存在，村庄空心化、青年离农化、农户兼业化、家庭离散化等问题凸显。农村人才外流多、培养难，优秀人才招引难、留下难，"三农"工作队伍年龄老化、素质偏低、后备不足，基层公务员流动性大，乡村振兴缺少人气、生机和活力。据统计，我国目前农村各类实用人才只有1690多万人，仅占农村劳动力的3.3%。尽管工商资本加大力度进入农村，但人的问题尚未得到显著改善。

早在20世纪80年代，习近平总书记在正定工作期间，就制定了家喻户晓的"人才九条"。2018年中央一号文件明确指出"实施乡村振兴战略，必须破解人才瓶颈制约"，提出要"聚天下人才而用之"。习近平总书记在参加十三届全国人大一次会议山东代表团审议时指出，"要推动乡村人才振兴，把人力资本开发放在首要位置，强化乡村振兴人才支撑，加快培育新型农业经营主体，让愿意留在乡村、建设家乡的人留得安心，让愿意上山下乡、回报乡村的人更有信心，激励各类人才在农村广阔天地大施所能、大展才华、大显身手"。

乡村振兴战略用现代文明观念解决"三农"问题的方案，将为全球解决乡村问题贡献中国智慧和中国方案。现代农业的发展、美丽乡村的建设、共同富裕的实现，要求人才高度集聚。功以才成，业由才广。现代农业发展、富美乡村建设、乡村文化繁荣、乡村治理体系构建都离不开人才支撑，从一些乡村发展农村电商、特色旅游等实践来看，吸引更多的创新创业者，是乡村振兴的关键。湖北省乡村振兴人才队伍建设，是一项需要系统谋划的重大工程，应不断创新举措，让本土农民愿意留在家乡发展，让在外有成者争相返乡创业，让社会各领域贤才集聚到广阔农村创业创新。应树立乡村人才整体发展观，打破城乡人才流动的区隔和壁垒，汇聚全社会力量，夯实乡村振兴的人才基础，最大限度激发和释放各类人才的创业、创新、创造活力。

一、乡村振兴战略人才队伍建设面临的困境

（一）缺少一支稳定的村干部队伍

头雁展翅、群雁奋飞。全国各地已经涌现出一批敢闯能干、甘于奉献的乡村振兴带头人，如带领群众建设"天下第一村"、打造"农村都市"的华西村党委书记吴协恩，荣获浙江乡村振兴带头人"金牛奖"的朱仁斌等4位村党支部书记，以及黄陂杜堂村党支部书记葛国兴等，都立足当地实际，带动一方走上乡村振兴快车道。

然而，村干部队伍建设也存在较多问题。据统计，湖北省大部分地区村干部平均年龄在50岁以上，以咸宁市崇阳县为例，村两委主职干部平均年龄51.6岁，宜昌市长阳土家族自治县村主职干部中，50岁以上占到了52.8%。村两委班子成员结构僵化、青黄不接，很多农村干部有经验、有威望，但思想、精力跟不上。村干部除了村主职干部待遇达到副乡镇长工资水平38760元以外，其他村副职干部待遇虽然从9000元提高到24000元左右，但待遇水平与农村繁重的工作量不相匹配。绝大部分村干部购买的是灵活就业人员养老保险，村两委副职及委员工资、社保均未纳入财政预算，影响了农村基层干部的工作热情。基层党组织战斗力不够强、决心力不够大、农村党员队伍活动力不够好，集体经济薄弱，基层保障力不够足。乡村振兴战略的系统性决定了农村基层工作的繁杂性，对村干部的工作能力、文化水平、综合素质提出了更高的要求。

(二)缺少一支过硬的"三农"工作队伍

治国经邦,人才为要。我国农业农村发展进入新的历史阶段,主要矛盾发生深刻变革,需要一支懂农业有担当、爱农村守初心、爱农民付真情的"三农"工作队伍,推进农业农村现代化,实现"农业强、农村美、农民富"。我国人多地少的国情决定了小农户的大量存在,2.6亿小农户仍将是我国农业生产经营的主要组织形式,小农户与现代农业衔接、分享现代化成果,是必须解决的课题。

近年来,湖北省"三农"工作队伍建设取得明显成效,政策观念和发展意识不断强化,带领农民致富的本领不断增强,党群、干群关系进一步改善。但与实施乡村振兴战略的要求相比,"三农"工作干部队伍较为薄弱,人员紧缺、队伍不稳、知识匮乏、能力不足等问题突出,农业科技人员能力参差不齐,具有市场开拓、创业创新等能力的复合型人才稀缺。发达国家和地区在解决农村问题时,都采取了向农村派驻工作人员的做法,如美国赠地大学系统的农业推广体系、中国台湾地区的乡村社区营造运动等。改革开放以来,我国通过各种渠道向农村派驻了多种类型的人才,如科技特派员、大学生村官等,但由于组织的松散、经费的不足,未能形成有效服务于"三农"的长效机制。

(三)缺少一批带动力强的新型农业经营主体

截至2017年底,湖北省新型农业经营主体总量达到23万个,发展专业大户82897个,在工商部门注册的家庭农场29769家,农民专业合作社83942家,农业产业化龙头企业6489家,各类生产服务组织达到27146家。近年来,湖北省培育树立了家庭农场集约发展的"武汉经验"、农民专业合作社带动的天门"华丰模式"、龙头企业带动的监利"福娃模式"、社会化服务带动的襄阳"双丰收模式"等一批典型。

由于自身发展不规范、盲目扩张,以及基础设施薄弱、保险体系不健全、政策支持不强,新型农业经营主体陷入用地难、用钱难、用人难的"三难"境地,普遍面临"小、散、弱"等问题。湖北省种养大户和家庭农场集约化、专业化、组织化、社会化水平不高，导致经营效益低、抵御市场风险能力弱。据统计，湖北省能够达到国家和省级示范社标准和条件的农民专业合作社不足10%。以荆门市为例，在实际经营运转的合作社中，入社农户仅占全市总农户数的1%不到，30%的合作社形同虚设，组织化程度不高。湖北省规模以上农产品加工企业数量和主营业务收入只有山东省的41.6%和38.5%，农业龙头企业自主创新能力较弱，普遍面临负债高、融资难的问题，以及激烈的市场竞争和资源环境约束。大宗农产品价格下行与农资、地租、人工等成本刚性上涨并存，导致相当部分经营主体难以为继，甚至"毁约弃耕"。

（四）缺少一批高层次的新型职业农民

乡村振兴，农民是主体，培养和建设一支新型职业农民队伍是实施乡村振兴战略的关键。新型职业农民为发达国家现代农业发展做出了巨大贡献，在新型职业农民的培养上，具备健全的培育法制、系统的培育体系、多样的培育形式、充足的培育资金。2012年，我国启动实施新型职业农民培育工程以来，新型职业农民正在成为现代农业建设的主导力量。截至2017年底，湖北省系统培育新型职业农民10万余人。

受传统观念影响，新型职业农民相对于传统农民，从"身份"到"职业"的转变较为困难，留守农村劳动力对自身"培育主体"地位的认识不足。此外，农民培训的外源供给和内在需求存在错位，导致新型职业农民队伍建设存在内生动力不足、基础条件薄弱、培训效果不佳等问题，农民要成为体面的职业任重道远。农业具有投入大、时间长、见效慢、风险大等特点，在自有资金不足时贷款融资困难，许多职业农民经营成功而不敢扩大规模经营。具备较强市场意识，具有营销、品牌，借用现代信息手段经营等新理念的职业农民不足，远远满足不了湖北建省设农业强省的需要，培育一支爱农业、懂技术、善经营的新型职业农民队伍尤为迫切。

(五)缺少一批新时代产业工人

党的十九大报告指出,要建设"知识型、技能型、创新型劳动者大军"。实践证明,持续推进新型城镇化、促进农业转移人口市民化,是解决"三农"问题的途径之一。中国现有农民工2.87亿,已成为产业工人的主体,促进农民工向新时代产业工人转变,是适应产业转型升级亟待解决的问题。进一步推动农民向非农产业和城镇转移是城乡融合发展的渐进过程。结合湖北省和地方经济社会发展实际,在乡村振兴战略中,需要造就一支有理想守信念、懂技术会创新、敢担当讲奉献的产业工人队伍。同时,积极引导和支持城镇市民下乡和农民工返乡创业,打通进城与下乡的通道,促进自然资源、人文资源、人力资源、科技资源等的流动与组合,形成城市中有农业、农村中有工业、服务业的六次产业化格局。

乡村振兴需要立足农业,又要跳出农业。产业兴旺不仅是农业的现代化,更是充分利用乡村的自然、生态、人文等多维价值,促进乡村经济多元化发展。湖北省尤其是传统农区的多数乡村经济,基本上只有第一产业,曾经辉煌一时的乡镇企业,由于缺乏竞争优势和国家产业政策调整等因素而逐渐衰落。即使是近年来呈现"井喷式"发展的休闲农业和乡村旅游,也只存在于极少数(约5%)乡村,并且,在休闲农业和乡村旅游发展过程中,普遍面临技术型人才、管理型人才、服务型人才以及复合型人才缺乏等问题。

二、培育五类人才,夯实乡村振兴人才基础

(一)加强村干部队伍建设,大力培育乡村振兴带头人

一要整体建强村党支部战斗堡垒。习近平总书记在视察湖北时强调,村党支部要成为帮助农民致富、维护农村稳定、推进乡村振兴的坚强战斗堡垒。大力实施"红色头雁"工程,五级书记抓乡村振兴,提升党的组织力、战斗力。选优配强基层党组织书记,全面向建档立卡贫困村、党组织软弱

涣散村和集体经济薄弱村党组织派出第一书记。开展党建引领乡村振兴示范区建设，每年选树一批先进支部，推广新进村辐射周边村、强村带弱村、村企联建、合村并组等做法。按照省级示范培训、市级重点培训、县级全员培训的要求，每年对村党组织书记轮训一遍。

二要加强村干部后备队伍建设。大力实施湖北省村级后备干部培养工程，将农村致富带头人、返乡知识青年、复员退伍军人、优秀农民工、村镇企业管理人员、机关和企事业单位干部等作为村干部重点选拔对象，为乡村振兴蓄积力量。全面落实村主职干部专职化管理，加大从优秀村主职干部中选拔乡镇领导干部、考录乡镇公务员、招聘事业编制人员的力度，打通村干部上升通道。结合农业高质量发展、农村产业融合、富美乡村建设、精准扶贫等工作，开展省、市各级业务部门的培训，全面提高村干部开展农村基层工作的能力和本领。

（二）加速人才流动，重视乡土人才，大力培育"一懂两爱"农村工作队伍

一要"洋为农用"，注入"一懂两爱"新鲜血液。坚持实施湖北省"产业特职人才"、博士服务团等计划，树立"不为所有、但为所用"的人才开发理念，畅通智力、技术、管理下乡通道。建立教育、卫生、农业、文化旅游等涉农部门专业人才县域统筹使用制度，全面提高农村公务员、科技人员、教师、医生等的能力和水平。推动编制、职称、经济待遇等资源优先向农村倾斜，把到农村一线锻炼作为培养干部的重要途径，形成人才向农村流动的用人导向。全面建立高等院校、科研院所等事业单位专业技术人员到乡村挂职、兼职和离岗创业创新制度，研究出台引导和支持退休干部、知识分子、工商界人士等新乡贤返乡的扶持政策，打造一支数量多、留得住、能战斗的乡村人才队伍。

二要"土为实用"，培养"一懂两爱"乡土人才。整合湖北省新型职业农民培训、农广校、党校、职业学校等各类资源，组建乡村振兴发展学校，构建差别化、个性化、全方位终身培训机制，在基层发现、磨炼和重用人才。定期遴选优秀乡土人才到知名高校、企业提升能力素质，

培养一批专门从事农业金融、保险、电商、物流的人才。充分开发利用老党员、老干部、老教师、老军人、老模范等本土闲置人才，变"乡闲"为"乡贤"，直接参与和带动农民参与乡村建设。以培养当地农民人才为主，加快实现由简单"办班"向系统"育人"转变，定向培训一批能适应现代农业、有志于扎根农村的农民大学生，造就一批在农村留得住、用得上、能带动的"土专家、田博士、农创客"。

(三) 鼓励横向联合、联农带农，大力培育新型农业经营主体

一要加强规范运作与横向联合，提高自身发展能力和水平。引导湖北省各类新型农业经营主体完善内部运行机制，建立健全规范运作、财务会计、年度考核、监督管理等各项制度，充分发挥国税、财政、金融等部门力量，指导并监督新型农业经营主体规范财务核算。建立新型农业经营主体准入和退出机制，引导经营主体实现主体资质化、生产专业化、管理标准化方向发展。推动"户转场、场入社、社联合"，引导新型农业经营主体开展土地合作、资本合作、资金互助、品牌共享、风险共担，形成农业产业化联合体。

二要加大政策支持力度，开展"新型农业经营主体壮大行动"。完善土地流转服务平台，尽快出台支持湖北省乡村振兴的土地利用政策。设立新型农业经营主体专项扶持资金，深入实施新型农业经营主体主办行制度，支持新型农业经营主体建设粮食烘干仓储设施、果蔬冷链、培育品牌、创建"省级标杆家庭农场"。结合"三乡工程"，大力培育农业领军人才、职业经理人。力争一个县市重点扶大扶强1~2家农业产业化龙头企业，一个乡镇重点扶大扶强1~2家农业社会化服务组织，一个村重点扶大扶强1~2家农民专业合作社，一个村民小组重点扶大扶强1~2个家庭农场。

三要发挥引领带动作用，开展"小农户服务行动"。充分发挥湖北省新型经营主体在质量兴农、绿色兴农、品牌强农等方面的引领作用，引导新型农业经营主体采取订单生产、要素入股、服务带动、聘用就业等方式，将小农户纳入现代农业产业体系。深入实施以支持农业生产托

管为主的社会化服务财政专项，推进农业生产性服务业标准建设，提升生产性服务业对小农户的服务覆盖率。支持发展专业化、社会化服务组织通过政府购买服务、核定服务成本予以补贴等方式，从全产业链入手，满足各类经营主体保鲜、储藏、信息、技术、营销、物流、金融保险等服务需求。

（四）"学""用"并举，大力培育爱农业、懂技术、善经营的新型职业农民

一要全面建立职业农民制度。实施新型职业农民培育工程，综合利用湖北省优质教育资源，建立健全培训认定、政策扶持、跟踪服务"三位一体"的新型职业农民培育体系。深入开展新型职业农民制度试点，健全职业农民培训、使用、评价、激励、保障机制，引导符合条件的新型职业农民参加城镇职工养老、医疗等社会保障制度，形成农民职业化发展的社会环境。鼓励和引导农民参加农业职业技能鉴定，鼓励企业和用工单位按照技能等级评聘岗位人员并建立配套的薪酬制度。

二要注重学用结合、学以致用，实现培训"精准化"。将湖北省农民、市场、产业发展的需求作为培训的导向，各县市每年对农村实用人才、农业领军人才和农业从业人员开展摸底调查，围绕现代农业发展急需的关键技术、经营管理知识及市场信息等，有针对性地制订培训计划，并以项目化管理推进培训实施，同时开展思想道德和文化素质培养，全面提高农民综合素质。加强涉农培训资源整合力度，依托"青年农场主培养计划"、"农业职业经理人CEO计划"、"农业产业化龙头企业人才支撑计划"、"新型职业农民创业培训计划"，开设田间学校、组织田间课堂，将教学班办到乡村、农业企业、农民合作社、家庭农场，开展以实训实习、现场互动、模拟操作为主的培训教育。

（五）加快劳动力转移，发展农村非农产业，大力培育推动产业兴旺的产业工人

一要提升农村转移劳动力本领，输出适应产业转型升级的产业工人。在"一带一路"、长江经济带、"中国制造2025"、"互联网+"等国家重大战略机遇下,湖北省以工业核心竞争力提升、服务业跨越发展、农业转型发展作为产业转型升级的三大重点工程,对农村劳动力转移提出了更高要求。推进农村劳动力转移就业示范县、示范乡镇建设,积极挖掘一批与国家产业工人认证对接的劳务品牌,提高农民在非农领域就业技能,提升转移劳动力就业质量和创业能力。

二要高起点发展农村非农产业,吸纳适应乡村新型产业格局的产业工人。浙江农民收入连续33年领跑全国各省区,重要的原因在于民营经济发达、乡镇企业强大。一方面,湖北省应结合各地农村资源禀赋,鼓励农民广泛参与创业创新活动,大力发展乡村旅游、创意农业、农村电商、养老产业、体育产业、健康产业、教育培训等新产业新业态,培育一批家庭工场、手工作坊、乡村车间。另一方面,湖北省应结合"三乡"工程的实施,鼓励和扶持农村有一定经济实力的能人兴办各种类型的个体私营企业和组织,因地制宜推动非农产业布局由城镇向农村延伸,鼓励在乡村兴办环境友好型和劳动密集型企业,实现产镇融合、产村融合。

湖北省乡村振兴,必须破解人才瓶颈制约。加快城乡融合发展,持续改善农村人居环境和发展条件,建立健全人才"引得进、留得住、干得好、流得动"的长效机制,在乡村人才的创业扶持、特殊补贴、住房医疗、子女教育及配偶就业等方面加大政策倾斜,构建人才分享乡村发展的机制和渠道,让其在乡村建设中具有稳定、清晰的发展预期。引进培育五类乡村振兴人才,激励各类人才竞相在农村广阔天地大施所能,打造一支强大的乡村振兴人才队伍,推动农业成为有奔头的产业、农民成为有吸引力的职业、农村成为安居乐业的美丽家园。

报告执笔人: 肖艳丽　湖北省社会科学院农村经济研究所副研究员
　　　　　　　邹进泰　湖北省社会科学院农村经济研究所所长、研究员

湖北省科技创新创业政策监测评估研究

湖北省科技信息研究院课题组

在创新驱动发展的背景下，科技创新政策实施依旧存在许多问题和挑战。研究科技创新创业政策监测评估的意义在于，可以通过对当前创新创业政策监测与评估，对已制定实施的科技创新创业政策从框架体系、政策工具的使用进行跟踪分析，深入了解科技创新创业政策在制定实施方面存在的问题和仍需调整的方向，总结经验和教训，发现现有政策的侧重点和不足之处，完善科技创新政策措施的科学性、合理性，为已有政策的完善和新政策的制定提供理论依据和实践支撑，为下一步科技创新创业政策的制定提供借鉴与支撑，最大限度地发挥科技创新政策的效力。本研究试图从政策监测的角度，在国家和国内重点省市科技创新创业政策评估分析的基础上，重点对湖北科技创新创业政策文本进行分析，找出问题，并尝试给出建议，以期为湖北省科技创新创业政策的制定实施提供参考咨询。

一、我国科技创新创业政策发展阶段分析

在不同的社会经济历史发展阶段，我国在科技创新创业方面的政策环境不同。根据我国社会经济体制与科技体制改革发展历史进程，我国科技创新创业的政策历史演进过程大致可分为五个阶段：

1978—1984 年：1978 年十一届三中全会以后，党和国家的工作重心转移到社会主义现代化建设上来。这一时期我国开始实行改革开放政策，经济体制改革逐步启动。国家出台了以"放活"为特征的解放生产

力、实现成果转化的政策，市场经济体制的引入为我国商品市场注入了新的活力，科技成果市场化、商品化、产业化，有效推动了我国技术市场建设。我国科研单位和科技人员率先突破了计划经济管理限制，打破原有国有体制束缚，摆脱重文轻商思想观念，停薪留职"下海"创办民办科研机构（企业）。在80年代后期形成了一股创新创业热潮，我国创新创业政策环境开始逐步形成。

1985—1996年：1985年国家作出以运行机制和管理制度改革为主的《关于科技体制改革的决定》，科技体制改革正式开启，1987年国务院出台了《进一步推进科技体制改革的若干规定》，明确提出"要进一步放活科研机构、进一步改革科技人员管理制度，放宽放活对科技人员的政策，支持和鼓励部分科技人员以调离、停薪留职、辞职等方式，走出科研机构、高等学校、政府机构，去创办企业公司"。这极大地调动了科研单位和科技人员的积极性、创造性。以国家公务人员离职创业为主，以科技等高素质人才为主的新一轮创业热潮到来，各行各业精英开始要求以自己的能力获取财富，并成就了一大批轻工业和改制企业。1996年出台的《促进科技成果转化法》极大地激发了全国科技人员创新创业的积极性，为科技人员科技成果转化、自主创业提供了法律支持。这一时期，也是创业政策环境进一步发展的重要阶段。

1999—2006年：1999年全国创新大会后，院所分类改革力度加大，国家出台政策鼓励开展科技成果转化和为企业提供技术服务，特别是明确国家科技任务形成的成果为单位持有的政策出台后，以个人身份依靠自身的科技研发能力和成果转化资源为企业提供研发服务的案例迅速增加，有效推动了我国科技创新创业发展。2002年，我国发布了第一个综合性人才队伍建设规划《2002—2005年全国人才队伍建设规划纲要》。2003年颁布了《中共中央国务院关于进一步加强人才工作的决定》，国家对科研人才极其重视，并为人才的发展提供了广阔的空间。各类人才，特别是科技人才开始有了更为宽松的创新创业环境，科技创新、科技成果转化大大推进了创新创业的热潮。

2006—2011年：2006年我国开始了自主创新战略的实施。同年，发布《国家中长期科技发展规划纲要(2006—2020)》，提出大力培养造就创新型科技人才，支持科技人员创新创业。2009年国务院发布9号文件，进一步做出动员广大科技人员服务企业的决定，同年科技部等7部门启动施行相应的专项政策。这一阶段政策的实施，从自主创新角度推动着我国科技创新创业的发展。2011年《国家中长期科技人才发展规划(2010—2020年)》进一步明确了要重点扶持一批科技创新创业人才，从人才的引进、培养、使用、激励、评价等方面做出具体规定，较大程度上保障了我国科技创新创业人才储备。我国科技创新创业政策力度逐步加大。

2013年至今：2014年，李克强总理在夏季达沃斯论坛上，首次提出"大众创新、万众创业"概念。2015年3月《关于发展众创空间推进大众创新创业的指导意见》的发布，要求顺应网络时代大众创业、万众创新的新趋势，加快发展众创空间等新型创业服务平台，营造良好的创新创业生态环境，激发亿万群众创造活力。自此，我国进入了大众创业、万众创新的新阶段，普通人成为创新创业的主力军。而《关于深化体制机制改革加快实施创新驱动发展战略的若干意见》中规定了"符合条件的科研院所的科技人员经所在单位批准，可带着科研项目和成果、保留基本待遇到企业开展创新工作或创办企业"等一系列有利于科技人员创新创业的措施。具有专业科学知识和专门技能的科技创新创业人才在大众创新、万众创业的大环境下，拥有了更多机会与政策保障，科技创新创业政策体系已趋于完善，政策环境大大改善。

二、我国科技创新创业政策监测评估分析

科技创新创业活动是将先进技术产业化的过程。为了扶持那些处于科技创业初期的企业实现其潜在价值，从企业到人才，从财政投入到平台搭建，我国出台了一系列科技创新创业政策，逐步构建起较为完善的创新创业生态环境，进一步发挥科技对经济转型的重要支撑作用。

(一) 我国科技创新创业政策总量监测分析

本文搜集和整理了2006—2017年部级以上公开发布的科技创新创业法律法规文件，按照时间顺序和文件制定部门来进行分类梳理。文本总量共36件，其中规章及规范性文件总数量为17件，法规及制度文件为17件，法律文本为2件。

本节从文本数量、效力层级和功能类型三个方面对我国科技创新创业政策进行分析和评价，作为湖北相关政策评价的定位标准和纵向参考。

1. 科技创新创业政策文本数量分析

从图1可以看出，我国出台的促科技创新创业的政策法规文本的年度数量是呈上升趋势的，相对密集度较大的时间段为2015年至2016年。2007年，第十届全国人大及其常委会修订通过《中华人民共和国科学技术进步法》，提出要走自主创新发展道路，从动员科技工作者为建设创新型国家做出贡献，到吸引海外科研学者归国创业，从推进自主创新成果产业化到建设科技企业孵化器，各项政策的出台有力地激发了科技创新创业的动力；2013年，国务院印发了《"十二五"国家自主创新能

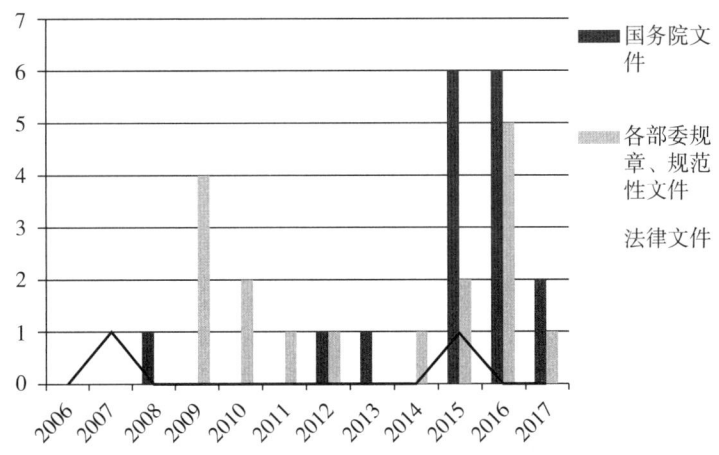

图1　2006—2017年国家科技创新创业政策文件总量

力建设规划的通知》,提出从创新基础设施、创新主体、创新人才队伍和制度文化环境等方面着手,提高全社会自主创新能力,加快推进创新型国家建设;2015年,国家将"大众创业、万众创新"上升为国家战略,国务院相继出台了《中共中央国务院关于深化体制机制改革加快实施创新驱动发展战略的若干意见》《关于发展众创空间推进大众创新创业的指导意见》《推进大众创业万众创新若干政策措施的意见》等促进科技创新创业的政策,在全国范围内掀起了一股创新创业热潮。

2. 科技创新创业政策法规效力层级分析

从政策制定的部门来看,科技创新创业政策文本的发文机构涉及15家国家机构,囊括了国务院以及主要行政职能的部委机关,这些核心部门形成了中国科技创新创业政策体系的整体架构。

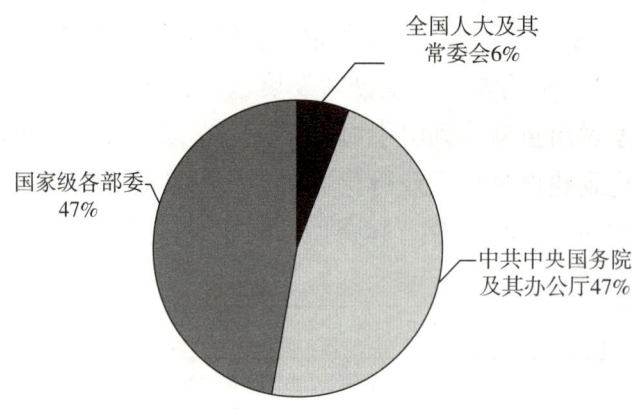

图 2　2006—2017 年科技创新创业政策文件效力层级分布

从图 2 可知,在所有出台政策文件中,最高层级的由全国人民代表大会和全国人民代表大会常务委员会制定出台文件占比为 6%;第二、三层级由中共中央国务院及国务院办公厅制定转发以及其他各部委发文占比分别为 47%。总体来说,中共中央国务院高度重视科技创新创业政策的制定。从法规制定的时间来看,国务院通常在人大出台科技法律法规文件的当年或者下一年制定相应的配套政策,其种类包含有纲领性的政策文件及较为细化的建议性实施意见。科技部、教育部、财政部等各部委及时跟随国务院的步伐制定相应的规章制度。

3. 科技创新创业政策功能类型分析

从总体来看，我国促进科技创新创业的政策法规兼顾了大范围政策工具，对科技创新创业的政策、法规及制度环境的建设提供了全方位的支持。本文按照综合引导、区域创新、人才培养、科技管理、平台建设、财税政策、成果转化七大类对政策文本进行分类整理，如表1所示：

表1　　2006—2017年科技创新创业政策文件功能类型分布

科技创新创业政策法规功能类型							
类型	财税政策	综合引导	成果转化	人才培养	平台建设	科技管理	区域创新
数量(件)	8	8	2	8	6	1	3
占比(%)	11.43	11.43	2.86	11.43	8.57	1.43	4.29

在上述政策工具中，财税政策、综合引导和人才培养类使用频率最高，占比均为11.43%；其后依次是平台建设和区域创新，占比分别为8.57%和4.29%；此外，在成果转化和科技管理方面，也有了一定的政策关注。从上述比例可知，我国对财税、人才及政府引导类政策最为重视；值得肯定的是，科技创新创业政策从2008年仅有科技管理和财税政策两类发展到目前七类政策均有制定，其政策体系在不断地完善与细化，政策支持手段在不断多样化和创新化，为我国经济快速稳定发展、产业结构转型升级奠定了基础。

(二)国内重点省份科技创新创业政策监测评估分析

本文收集整理了广东、江苏和浙江三个创新先进省份的科技创新创业政策，从政策功能、政策响应度和引导力度三个方面进行分析，以期深入了解发达省份在科技创新创业政策制定实施方面的情况，为湖北科技创新创业政策的实施提供借鉴参考。

1. 政策功能类型比较分析

广东、江苏、浙江等创新型省份都已基本形成了覆盖面广、政策力度大、操作容易的科技创新创业政策体系。根据收集到的政策文本数据，本文将科技创新创业政策分为综合引导、财税政策、区域创新等六大类进行分析。具体情况如表2所示：

表2　　　　　广东、江苏、浙江科技创新创业政策类型分布

政策类型	广东		江苏		浙江	
	数量（件）	占比（%）	数量（件）	占比（%）	数量（件）	占比（%）
综合引导	5	33.33	5	27.78	4	26.67
财税政策	4	26.67	5	27.78	2	13.33
平台建设	3	20	0	0	4	26.67
人才培养	2	13.33	5	27.78	4	26.67
企业培育	1	6.67	0	0	1	6.67
区域创新	0	0	3	16.67	0	0
总计	15	100	18	100	15	100

从上表可知，粤、苏、浙三省在财政及金融方面的政策措施力度较大，在很大程度上激发了企业创新的动力，推动了高新技术产业的快速发展。从文本数量占比来看，江苏更倾向于区域创新联动，长三角地区创新创业协同发展；广东和浙江更倾向于创新创业平台建设和培育高技术企业以及科技型中小企业，促进科技创新支持经济社会健康有序发展。在人才的培养和引进上，江苏对人才政策的扶持力度最大，涵盖了大学生的培养、教育和就业，以及高层次"双创"人才的引进和培育等，针对性和可操作性较强。另外，广东省在全国率先开创了知识产权支撑科技创新创业的发展新模式。

2. 政策制定实施响应度比较分析

在国家出台科技创新创业相关指导性文件后，各省积极落实国务院及下属各部委的重大创新战略举措，出台具有针对性的配套政策或实施

细则，推进重点任务、节点顺利完成。具体如表3所示：

表3　　　　　广东、江苏、浙江科技创新创业政策响应度分析

政策部署	国家		广东		江苏		浙江	
	政策数量（件）	最早出台时间	政策数量（件）	最早出台时间	政策数量（件）	最早出台时间	政策数量（件）	最早出台时间
创业投资	4	2008.10	4	2011.9	3	2012.9	2	2009.3
研发费用加计扣除	3	2008.12	1	2008.10	2	2010.6	0	—
人才培养	8	2009.3	2	1999.5	5	2007.2	4	2016.5
企业培育	3	2009.4	3	2015.2	1	2008.5	2	2014.10
平台建设	3	2015.9	2	2016.10	0	—	1	2016.10
科技体制改革	1	2012.9	1	2014.6	3	2013.9	1	2016.10
众创空间	3	2015.3	1	2016.6	0	—	3	2015.12

由表3和政策文本分析可知，各省在贯彻落实国家战略决策的基础上，大都根据自身的资源禀赋和功能定位，制定出具有区域特色的科技创新创业政策。虽然政策制定的时间跨度上有较大的差异，但总体呈现出阶段化特征，政策体系也逐渐完备。从时间纬度来看，广东省是中国最早建立的沿海经济开放区之一，制定科技创新创业政策的经验较为丰富，一些政策要早于国家规划时间段，具有试验性和先导性。江苏省对国家政策的响应较为迅速，通常在政策出台的当年或下一年就推出具有自身特色的"双创"举措；另外，江苏在人才培养和创业投资方面的扶持力度较大，覆盖面广，具有一定突破性。浙江省在创新平台和众创空间的建设方面政策制定的进展较快，响应时间和力度均处于全国前列，人才培养的响应力度较大，而创业投资的响应速度较快；但在科技体制改革等科技管理决策和研究费用加计扣除等财税优惠政策方面仍然存在短板，很多重要措施并未单独制定政策文件，缺少相关的实施细则和配

套措施,影响了政策的有效执行。

3. 政策出台引导力度比较分析

在我国,通常由省委省政府制定战略性的顶层设计和纲领性文件,科技创新创业政策的制定和组织实施按照领域进行权责划分,各厅局根据所承担的职能对管辖范围内的事务进行决策,并制定相应的政策项目和具体实施办法。本文将广东、江苏和浙江三省的科技创新创业政策按照发布机构来进行划分,如图3所示:

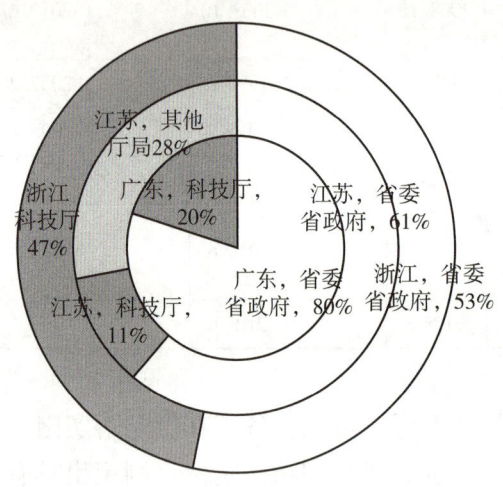

图3 广东、江苏、浙江科技创新创业政策文件发布机构分布

由上图和政策文本分析可知,各省委省政府对科技创新创业的扶持力度最大,制定了50%以上的相关政策。其中,广东省委省政府推出的科技创新创业政策最多,占比为80%,效力层级较高;科技厅和财政厅、发改委等共同发布的决策方案较多,各部门抽调专人建立跨部门、跨领域的会谈沟通机制,加强了对重点科技创新创业政策落实的统筹推进。浙江省的政策体系中,省委省政府和科技厅出台的文件数量占比分别为53%和47%,科技厅统筹规划全省的科技创新发展、县域创新、产业转型升级及科技成果转化,部门间能得到有效的沟通,科技资源的分配较为合理;其他厅局制定的创新创业配套政策不多,在实务中

缺乏细化指导，影响了科技创新创业的有序推进。江苏省科技创新创业政策的制定较为均衡，省委省政府、科技厅及其他厅局的占比分别为61%、11%、28%，确定了以省委省政府为主导、科技厅统筹协调、多部门共同协同的政策管理结构；围绕省政府发布的引导类文件，发改、财政、教育等部门分别在负责领域出台实施细则，制定可操作落地的配套政策，涵盖科技创新创业的资源、人才、金融等各方面，保证了科技创新创业工作的高效有序推进。

三、湖北省科技创新创业政策监测评估分析

作为科技资源大省，湖北一直努力推进科技资源优势向经济发展优势转化，大力培育科技创新企业，培养科技创业人才，加快科技成果转化，全面释放科技创新活力。

（一）湖北省科技创新创业政策发展现状

1. 湖北省科技创新创业政策发展阶段

在承接国家科技创新创业政策发展研究的基础上，根据2006—2017年湖北省科技创新创业政策数据的分析，课题组认为，相较于国家科技创新创业政策较长的历史演进过程，湖北科技创新创业政策的发展过程较为清晰的可划分为三个阶段，第一个阶段为2006年以前：这一阶段湖北较多地响应国家科技创新创业政策的精神，初步推动科技创新创业政策的实施。第二个阶段为2006—2012年：这一阶段是湖北科技创新创业政策起步阶段，在国家政策的指引下，湖北开始主动作为。2006年，湖北省委、省人民政府出台《关于增强自主创新能力建设创新型湖北的决定》，提出要深入推进以增强科技创新能力为主要标志的高新区"二次创业"，提升高新区产业层次，营造优越的创新创业环境为主。2008—2012年间，湖北省出台《关于加强高层次创新创业人才队伍建设的意见》《关于组织实施"湖北省大学生创业示范基地建设计划"》等多项政策文件，主要以高层次创新创业人才、团队为主要抓手，同时，

积极推进科技企孵化器、大学生创新创业基地建设，为科技创新创业集聚人才、搭建平台。第三个阶段为2013年至今：这一阶段是湖北省科技创新创业飞速发展阶段，在国家实施创新驱动发展战略大背景下，湖北省启动实施了"湖北省科技企业创业与培育工程"，加快推进科技型中小企业发展，调整优化产业结构。省人社、检察院等职能部门专门制定实施细则支持科技人员创新创业发展。2015年，省人民政府连续出台《湖北省人民政府关于做好新形势下就业创业工作的实施意见》《省人民政府办公厅关于发展众创空间推进大众创新创业的实施意见》等系列创新创业纲领性政策文件，明确提出促进科研人员创新创业、鼓励大学生创新创业，着力建设创新创业平台、发展创新创业主体、优化创新创业服务、培育创新创业人才，为湖北省未来五年内的科技创新创业指明了方向。

2. 湖北省科技创新创业政策功能分析

本文收集整理了2006年以来与科技创新创业政策紧密相关的近30件政策文件，并试从政策数量、政策功能和政策效力三个层级对政策文本进行监测评估分析，以求对湖北省科技创新创业政策框架有更加深入的了解。

由图4可知，2006—2017年间湖北在科技创新创业政策制定和颁布数量总体呈上升趋势。特别是2013年以来，科技创新创业政策文本出台密度相对较大。这五年是湖北实施创新驱动发展战略、建设创新型省份的关键时期，也是湖北科技创新创业发展关键时期。同时，与科技创新创业发展密切相关的《湖北省人民政府关于做好新形势下就业创业工作的实施意见》《省人民政府办公厅关于发展众创空间推进大众创新创业的实施意见》等纲领性文件也相继出台，为科技创新创业工作的开展奠定了良好的基础。

由图5可知，2006—2017年30件科技创新创业政策文件中，省委省政府发文占比35%，各厅局发文占38%，其中省科技厅发文占到了18%。总体来说，湖北省在科技创新创业政策制定实施方面重视程度较高，且除省委省政府外，湖北省科技厅出台的文件占比较多，主导地位

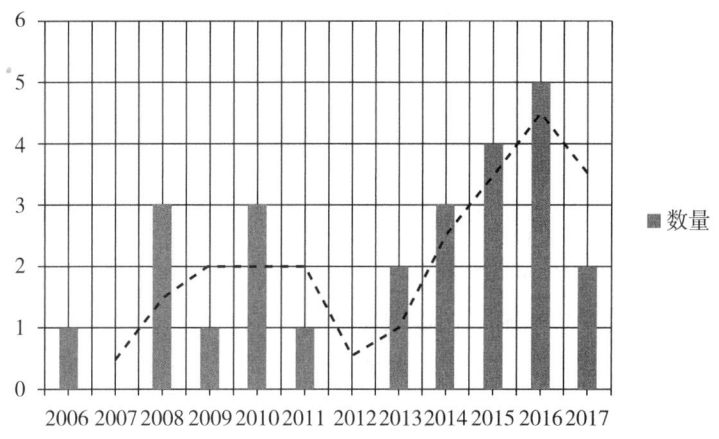

图4　湖北省2006—2017年科技创新创业政策总量分析

突出，这直接说明了科技行政主管部门在科技创新创业发展过程中作用明显。

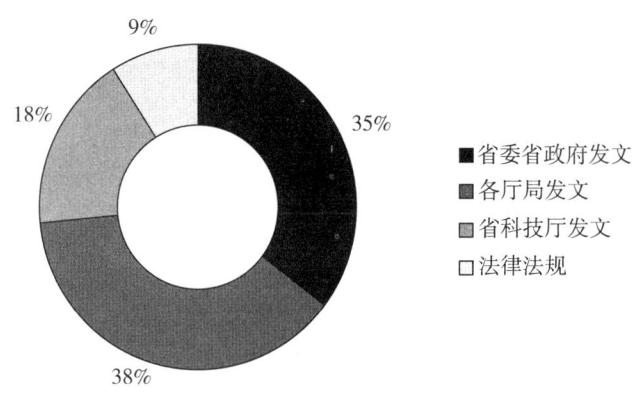

图5　湖北省2006—2017年科技创新创业政策效力层级分布

由图6可知，湖北在科技创新创业政策制定过程中，综合引导类政策依旧占有重要位置，创新创业专项政策、平台、人才等政策工具使用较多，也反映出当前阶段科技创新创业在人才、平台、众创空间等方面需求较大。同时，也可发现在湖北在科技创新创业政策的推进中，财政投入力度、创新主体培育、科技成果转化等方面政策工具的使用和支持力度还有待加强。

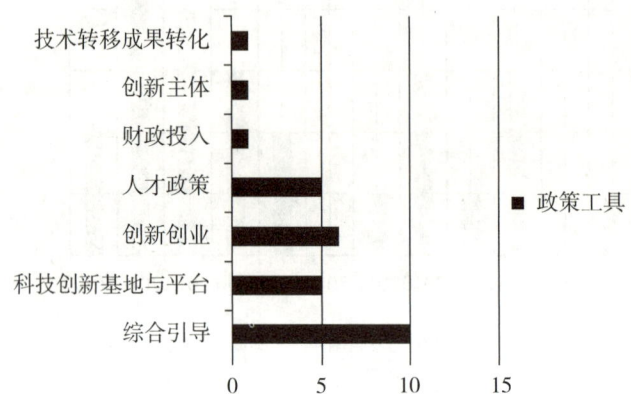

图 6　湖北省 2006—2017 年科技创新创业政策类型分布

(二) 湖北省科技创新创业政策发展特点

在科技创新创业政策数据的收集和分析基础上，课题组对湖北省科技创新创业政策本身进行了深入研究，通过总结归纳，得出以下三个结论。

1. 以国家政策方向为指引，全力推进科技创新创业政策在湖北落地

围绕国务院办公厅《关于发展众创空间推进大众创新创业的指导意见》、《关于加快众创空间发展服务实体经济转型升级的指导意见》、国务院《关于加快构建大众创业万众创新支撑平台的指导意见》等国家创新创业纲领性文件精神，湖北省结合自身科技创新工作实际，省委省政府先后出台了《湖北省人民政府关于做好新形势下就业创业工作的实施意见》《省人民政府办公厅关于发展众创空间推进大众创新创业的实施意见》《省人民政府关于深入推进大众创业万众创新打造经济发展新引擎的实施意见》《省人民政府关于加快构建大众创业万众创新支撑平台

的实施意见》等落实政策举措,从创新创业平台建设、创新创业主体建设、创新创业服务支持、创新创业人才培育、财政税收优惠等方面,明确了湖北在科技创新创业方面的发展路径,对当前和今后一个时期贯彻落实国家政策,实施创新驱动发展战略,科技创新与经济融通发展做出了方向性指引。

2. 以专项政策为突破,着力激发科技创新创业活力

结合湖北科技创新创业工作中存在的突出问题和制约评价,湖北主动作为、主动探索、主动推进,针对湖北科技创新创业主体、科技创新创业服务、科技创新创业人才引进培育等方面问题,积极探索湖北创新发展路径。2013年起,湖北发布《湖北省科技企业创业与培育工程实施方案》,开始实施"科技企业创业与培育工程",大力培育科技创新企业,特别是高新技术企业,从产业技术创新体制机制、企业技术创新优惠政策、面向企业的科技金融服务方面大力支持科技创新创业主体建设。同时,湖北率先在全国出台《促进高校院所科技成果转化暂行办法》及其实施细则,以及《关于印发支持科技人员创新创业实施细则(试行)的通知》《促进科技成果转化实施细则》《关于推动高校院所科技人员服务企业研发活动的意见》《湖北省科学技术厅关于深入推进科技创业的十条意见》等多项专项政策,推出针对性更强、力度更大的政策,从下放科技成果转化三权到财政资金支持力度,从科研经费管理方式改革到优化科技创业金融环境,为科技人员创新创业一再松绑,在全省营造了良好的科技创新创业氛围。特别是2016年,省人大常委会颁布了《湖北省自主创新促进条例》,将湖北省在科技创新、成果转化、创新创业等方面好的经验做法,以科技立法的形式固定下来,为全省创新驱动发展提供了强有力的支撑。

3. 以横向协同为推手,全面推进建立湖北科技创新创业生态网络

在科技创新创业工作推进中,打通部门间的政策通道,大力推动全省科技创新创业政策网络的建立。2014年,为推动落实"科技十条",省科技厅会同省财政厅、人社厅、地税局、检察院等多个部门,先后出台6项配套实施细则,建立了科技成果从资产处置、收益分配、人事管

理、税收促进、执法标准等全环节的政策体系,为科技人员成果转化、创新创业所涉及的各个执行环节做出了明确规定。2016年,联合省审计厅出台《关于创新完善科技经费审计更好地服务湖北省科技改革创新的意见》,明确对各地各单位的科技改革举措予以支持和认可,有效维护科研人员的合法权益,保护科技人员的创新创业的积极性。同时,联合省委组织部出台《关于深化人才发展体制机制改革支持人才创业创新的意见》,围绕"大众创业、万众创新"提出了一揽子"人才新政",从改进创新创业人才育才机制、评价机制、创新创业激励机制等方面制订方案,分解任务,确保各项政策措施落到实处。通过与各个职能部门间政策制定实施的横向协同,湖北科技创新创业政策生态网络已经初步建立起来。

四、湖北科技创新创业政策存在问题

(一)现行支持政策功能不够均衡

从湖北省科技创新创业政策法规文本的分析可发现,湖北目前支持科技创新创业的政策大都侧重于人才、平台的政策。创新创业本身是一种市场行为,创新创业风险性较高,在其初始阶段政府的综合性政策引导及支持变得相对重要,特别是技术需求、金融资金等关键因素的作用。而在现行的政策中,这些政策的支持力度还不够,仍停留在综合引导、人才引进培养、平台建设等鼓励、激励科研人员的政策层面,财政投入、科技金融等政策工具的使用不够全面,且为企业主体、个人在创业初期承担风险的力度不够,在政策环境层面障碍依然存在。

(二)科技创新创业政策法规实施细则较少

由湖北科技创新创业政策现状可知,发文较多的是综合引导性政策,特别是省级层面出台的政策意见,覆盖面较广,操作性不够强,缺乏针对性强、操作性强的实施细则。往往这些宏观政策在贯彻落实时大打折扣，实际效用也随之降低。在"简政放权"的大背景下，各职能部门和落实单位应根据实际情况，因地制宜，制定较为合理、可操作的政策实施细则，以保证政策法规的实施效果，为科技创新创业提供政策保障。

(三) 科技创新创业政策协作机制不够完善

在政策协作工作机制上，与广东、浙江、江苏等省份相比，湖北一是对内工作重视程度不够，普遍存在对科技创新创业政策认识不到位现象，重项目、轻政策，科技创新创业政策的制定、落实未达成共识；二是科技系统内部协作意识不够，上下沟通交流不足，自身工作机制有待完善；三是对外工作协同力度不大，虽已建立起初步的协作生态网络，但是在科技创新创业政策宣传、培训方面并未形成常规性的职能工作机制，依然存在各自为政的现象；四是各部门间未形成紧密的协作关系，主动服务意识不足，在协助开展调研等方面协调能力有待完善。

(四) 科技创新创业政策环境文化氛围不够浓厚

社会舆论环境对于科技创新创业的影响不容忽视。在掌控好全省政策大方向的同时，科技创新创业更离不开社会群体的大力支持。结合国内和湖北创新创业政策监测情况分析可知，虽然湖北制定了较多的科技创新创业政策，有些还领先全国，但是在政策宣传、氛围营造方面还未形成全民创新创业的舆论氛围，创新创业主体并未真正领会现有政策的相关精神，这在一定程度上阻碍了创新创业政策的落地实施。

五、政策建议

通过对湖北省科技创新创业政策的监测和评估分析，深入剖析湖北省科技创新创业政策存在的问题，同时结合国家和国内重点省市科技创新创业政策制定的有益经验做法，课题组尝试从以下几个方面提出进一步完善湖北科技创新创业政策的对策建议。

(一)增强政策针对性，扩大政策支持范围

——扩大政策支持范围。为促进大众创业万众创新，湖北省在深化科技体制改革、优化创新创业环境、加大财政支持力度等方面均出台了相关政策，进行了一系列有益探索并取得了较好的成效，但目前政策支持范围仍然十分有限，还需进一步完善扶持政策体系，放宽政策准入门槛、减少政策附加条款、加大政策扶持力度。例如在企业支持政策中除了高新技术企业实行优惠政策外也要对其他行业具有一定创新能力的企业进行支持，在创新创业主体上加大对一般创业者的支持力度，着力破解政策"天花板"效应，构建管用、好用的创新创业扶持政策体系。

——增强政策的针对性。科技创新创业政策制定应具有一定的针对性，除了出台综合性政策进行宏观把控外，还应重点关注创新创业主体的实际需求，充分释放创新创业主体活力。如在创新创业初期给予创业主体更多的金融政策支持，降低创业风险；在科技型中小企业发展过程中，针对不同发展阶段的企业给予针对性的扶持政策；在加强对农村创业人员、返乡创业人员科技创新创业的支持力度，助力乡村振兴发展。

(二)加强政策衔接，完善创新政策体系

不同政策之间应注意相关联系、相互促进，特别是创新创业政策的制定主体往往涉及科技、财政、发改、人社等多个部门，部门之间出台的政策有待加强衔接和协调联动，例如创新创业优惠政策与税收政策、高校院所人员双向流动与事业单位人员编制之间可能存在冲突。要进一步加强科技政策与财税、金融、贸易、投资、产业、教育、社会保障等部门的统筹协调和有效衔接，形成目标一致、部门配合的政策合力，健全和完善涵盖科技、产业、财政、金融、教育、人才、知识产权等政策工具的一揽子政策体系，实施"精准创新"、"精准创业"，打造创新创业的体制架构和生态环境。

(三)强化政策落实,完善政策配套措施

——出台科技创新创业政策实施细则。目前湖北省的科技创新创业政策整体来看主要是综合性政策,覆盖面较广,操作性不够强,缺乏针对性强、操作性强的实施细则。这些宏观政策虽然能涵盖支持创新创业的全方位内容,导向性更强,但在贯彻落实时较为困难,实际效用也随之降低。在出台创新创业政策时应根据实际情况,因地制宜,制定较为合理、可操作的政策实施细则,保证政策法规的实施效果,提升创新创业力度。

——完善创新创业政策实施配套措施。大力贯彻落实《湖北省自主创新促进条例》等地方性法规的实施,具体围绕科技企业创业、科技成果转化、科技创新人才培养、科技创新平台建设、科技创新资源共享等具体方面,配套相应的实施办法或制订相应推进行动计划,如研究出台对小微科技企业的支持政策,促进中小企业创新,强化政策具体操作型,提升职能部门工作效率,确保创新创业政策的落实。

(四)强化体制创新,完善创业服务体系

——推进管理体制创新。坚持政府职能转变,树立"管理就是服务"的理念,合理划分管理职能。首先,将管理定位在政策制定和创造环境优势方面,推进职能转变。其次,以"服务"为原则,强化科研管理部门的市场职能,通过科学合理的方式研究形成研究和市场之间的配套相关政策,鼓励大众创业万众创新。

——加强中介服务体系建设。公共服务体系的建立,除了政府职能的直接干预,还可通过支持中介服务机构来推进。建立完善以创业需求为导向的政策发布、中介服务等系统完善的公共服务平台,加强政策的宣传和解释,加强孵化器的创业增值服务,提升创业孵化水平。加强中介服务体系建设,搭建科技中介服务网络平台、扶植科技成果代理机构、培育技术经纪人等,为创新创业搭建"桥梁"。强化创业孵化器平台建设,提供创业投资、创业需求、创业设备等多种要素和多种资源,

搭建起资源整合的平台，从而营造更良好的创新创业环境。

(五) 宣传创新文化，营造良好社会氛围

——营造鼓励创新、宽容失败的创新氛围。良好的社会文化氛围有利于激励大众创业、万众创新。创新创业往往面临着失败风险，创业者容易出现畏难情绪，只有形成鼓励创新、宽容失败的创新氛围，才能进一步激发社会创新创业。一是要建立完善对创新创业失败者的保障、帮扶和激励机制，如享受最低生活保障、鼓励二次创新创业等，尽最大可能打消准创新创业者怕"试水"的心理与顾虑。二是要加强对知识产权的保护，完善知识产权法规政策体系，加大对侵权行为的惩罚力度，对影响创新的不良行为进行有效遏制。

——抓好政策法规的宣传普及工作。良好的法制环境能够保证创新创业的规范有序进行。目前，湖北省出台了多项科技创新创业政策，政策法规体系逐步完善，但政策的普及和推广依旧不足。要加强对政策法规的宣传，可从以下几个渠道进行：一是要利用广播媒体，加强对全国性政策和地方性科技政策的宣传指导；二是要利用社交媒体，对相关产业的创业者定期进行信息推送；三是坚持用好各类宣传媒介和公共服务平台，特别是发挥好微信、微博等新媒体作用，送政策上门、到人，切实将政策红利汇聚转化为创新创业的成果。

课题负责人：牛婧红　湖北省科技信息研究院助理研究员
报告执笔人：牛婧红　胡　然　范欲晓　涂　瑜　童　欣

湖北省工业效率的时空演化格局研究

贺 容 朱丽霞 曾菊新

改革开放以来，工业发展为中国经济的高速增长做出了重要贡献，工业一直被视作是国民经济增长的重要增长点。在人口、资源与环境压力与日俱增的今天，过去粗犷的经济发展模式已经不适应当今的发展潮流。十三五规划中指出，未来工业发展需要走集约化发展道路。随着中国经济进入新常态，工业经济开始由高速增长向中高速增长转变，从追求数量和速度转向追求质量与效益，效率成为新常态下各地区经济发展中关注的重点。作为中国的老工业基地和中部地区重要工业基地，湖北拥有众多工业企业，工业是全省经济建设的重要支柱。湖北省十一次党代会报告中明确提出：加快调整经济结构，大力推动发展方式从规模速度型向质量效益型转变，发展动力从主要依靠要素驱动向创新驱动转变。[1] 省政府明确要求：一手抓传统产业转型升级，一手抓新兴产业培育壮大。湖北省工业"十三五"发展规划中指出，到2020年，湖北工业总量进入全国前6位，进一步巩固工业大省的地位，基本建成工业强省。[2] 因此，科学测度湖北省工业经济运行的效率，对工业效率的时空格局进行研究，从而准确评价湖北省各地级市工业经济运行效率，有利于发现湖北省工业经济运行中的问题，了解其对于资本、技术、劳动力的有效利用情况，促进湖北工业向稳中有进、进中向好、结构优化、质

---

[1] 在中国共产党湖北省第十一次代表大会上的报告[EB/OL]. http://news.cnhubei.com/xw/2017zt/2017hbsddh/201707/t3856141.shtml.

[2] 湖北省工业"十三五"发展规划.[EB/OL]. http://gkml.hubei.gov.cn/auto5472/auto5473/201610/t20161010_904095.html.

效提升的良好态势发展，协调全省经济社会稳定健康发展。

一、湖北省工业发展现状

2016年，湖北省规模以上工业总产值达4.9万亿元，年均增长11.2%，其中主营业务收入达4.52万亿元，年均增长9.5%。同时，全口径工业增加值达1.23万亿元，国内市场占有率达到3.92%，"湖北制造"在国内外市场的影响力和竞争力持续提升。在总量规模不断飞跃的同时，工业发展的总量质量和效率也在不断地提升。以钢铁、水泥等为代表的传统高耗能高污染的产业占工业经济总量的比例逐步减小，工业质效稳步提升。2016年，全省规模以上工业实现利润2441.4亿元，年均增长11.1%，其中主营收入利润率达5.4%，全员劳动生产率约16.1万元/人，工业品产销率由97.3%上升至99.5%，工业税金由1402.2亿元增至1933亿元。在这一系列亮眼成绩的背后是中国的产值计划的支撑，"支柱产业倍增计划"、"千亿产业提升计划"和"战略性新兴产业培育工程"、"两计划一工程"等均为促进湖北工业经济进步提供了强有力的推动力。

在空间格局方面，湖北省工业由武汉、襄阳、宜昌等所组成的"一主两副多极"工业经济体系所构成。2016年，武汉市工业主营收入突破万亿元，达到1.2万亿元，占全省工业比重为25.8%，增加值总量跃居全国15个副省级城市第4位；襄阳市和宜昌市工业主营收入均跨入5000亿级，合计占全省工业比重达25.4%；荆门市工业主营收入突破3000亿元，孝感市、黄石市、荆州市迈上2000亿元台阶，十堰市、黄冈市、咸宁市突破1500亿元，鄂州市、随州市、潜江市也跃进千亿级梯队。①

过去十年间，湖北省工业经济增速与全国相比，一直领先于全

---

① 砥砺奋进 奏响工业经济发展强音［EB/OL］. http://hbrb.cnhubei.com/html/hbrb/20171013/hbrb3183084.html.

省工业经济增速平均水平，如图1所示。虽然在过去，湖北工业经济取得亮眼的成绩，但与此同时，工业发展中也存在着诸多挑战：供给结构还不能满足多层次市场需求；新兴产业还处在加快培育发展壮大阶段，支撑能力不强；大多产品处于产业链前端和价值链中低端，生产性服务业发展滞后，产业层次不高；企业研发投入不够，缺乏具有核心竞争力的企业和产品，创新能力不强等。可见，由"湖北制造"向"湖北智造"进发，实现湖北工业制造强省的目标任重而道远。

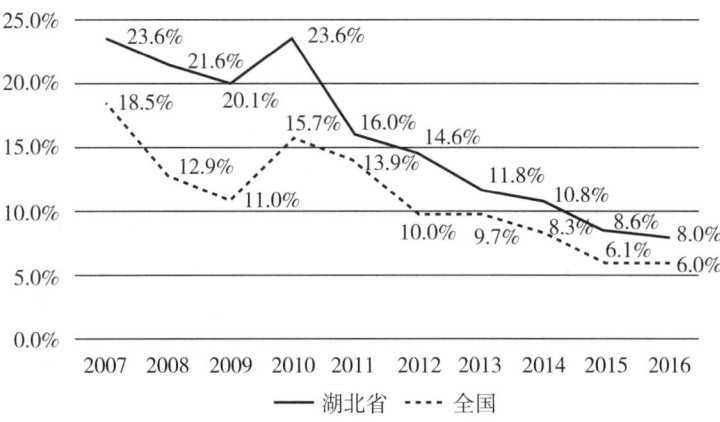

图1　2007—2016年湖北与全国规模工业增加值增速

资料来源：根据《湖北统计年鉴》和《中国统计年鉴》整理而得。

二、研究方法及评价模型的构建

湖北省下辖12个地级市、1个自治州、3个省直辖县和一个林区，共计17个市级行政单位。神农架林区属于主体功能区规划中的禁止开发区，是保护自然文化资源的重要区域、珍稀动植物基因资源的保护地、区域生态环境的核心区域，因而神农架林区严格控制有悖于主体功能区定位的各类开发活动，致使其工业效率有别于湖北省一般城市的工业发展的特点，因此未将其纳入湖北省工业效率的研究体系中。以湖北省除神农架林区以外其他16个地级市作为研究对象，将定性分析与定量分析结合，并以定量分析为主。首先建立适合湖北省的工业效率评价指标体系，运用DEA（Data Envelopment Analysis）模型，通过计量分析软件DEAP2.1对相关指标进行效率测算；基于工业经济效率结果，运用arcgis10.2软件对湖北省效率时空格局的空间格局和演变特征进行可视化显示，以期全面系统地对湖北省工业效率进行客观公正的评价，更加清楚地厘清湖北省工业效率具体情况，发现存在的问题，并提出相应的建议。

对效率进行评价的方法有很多，但主要分为参数方法与非参数方法。参数方法是基于生产函数理论，通过数据拟合求得模型中的各个参数，进而求解效率值。[①] 参数方法需要事先设定各个指标的权重进而求解效率值，但指标权重的设定存在主观性强和相关性约束不容易检验，因此对于多投入多产出的评价单元多采用非参数的方法进行处理。DEA就是通过对多种投入多种产出建立模型，对同类型单位进行有效性评价的一种非参数方法，自从第一个DEA模型面世以来，已有众多派生或专用DEA模型被逐步建立。DEA是一种使用数学线性规划进行投入产出评价的数学模型，可以解决多投入和多个输出的多目标决策问题的方法。由于DEA模型可以表示为产出对于投入的转化比率，通过对某一特定单位的效率和一组类似单位的比较，因此其可以求出效率最大化。本方法对多个单元的量纲无要求，适用于多种量纲的评价中。DEA模型中分为规模报酬可变（CCR）以及规模报酬不变（BCC）两种模型，由于工业效率遵循规模报酬不变的几率较小，因此本研究采用的是规模报酬可变的BCC模型。

DEA测算出的效率可以进一步分解为纯技术效率以及规模效率。其中，纯技术效率与生产方式、生产工艺、技术与设备水平、产业结构

---

① 郭建娜，贾让成．基于DEA方法的宁波工业效率评价［J］．企业活力，2012（08）：16-19．

等有关，技术效率等于1的区域为纯技术有效区域，表明该区域可以通过现行的生产技术、生产租住与管理，在现有要素的投入与组织结构下达到的最大产出。规模效率与要素投入规模及其社会配置与组合水平密切相关，规模效率等于1的区域为规模有效区域，边际产出等于边际投入，表明区域在线性要素投入与生产规模下，各类资源能够得到有效配置与使用。综合效率，也称为规模技术效率，是在规模收益不变时，要素的产出的有效性，综合效率=规模效率与纯技术效率的乘积，综合效率等于1的区域为DEA有效区域，小于1的区域为非DEA有效区域。

DEA模型型中最重要的是对投入以及产出指标的选取。根据指标选取的可获取性、科学性以及可比性等选取原则，并且充分考虑到湖北省工业发展现状的特点，借鉴前人的研究指标体系构建方法构建湖北省工业效率评价指标体系。工业投入考虑劳动力和资本的投入，是工业生产最根本的要素。本研究在劳动力衡量方面，选取本年应付工资薪酬、全部人员年平均人数作为表征指标；在资本方面，选取资产合计作为表征指标；在工业规模方面，选取企业单位数作为表征指标；在产出方面，采取工业总产值与工业销售产值进行效率分析；具体评价指标体系如表1所示。本文所需要的城市指标数据均来源于2008—2017年的《湖北省统计年鉴》。

表1　　　　　　　　湖北省工业效率评价指标体系表

类别	指标
工业投入	资产合计
	本年应付工资薪酬
	全部从业人员年平均人数
	企业单位数
工业产出	工业总产值
	工业销售产值

三、湖北省工业效率时序演变特征

(一) 三大效率时序特征

通过测度湖北省 16 个地级市 2007、2010、2013、2016 四个年份的综合效率、纯技术效率、规模效率值，可以清晰地反映湖北省三大效率随时间的变化情况，具体如表 2 和图 2 所示。

表 2　　**2007—2016 各年份湖北省 16 个地级市三大效率**

时间	2007	2010	2013	2016
综合效率	0.841	0.889	0.840	0.875
纯技术效率	0.911	0.937	0.911	0.923
规模效率	0.925	0.950	0.927	0.951

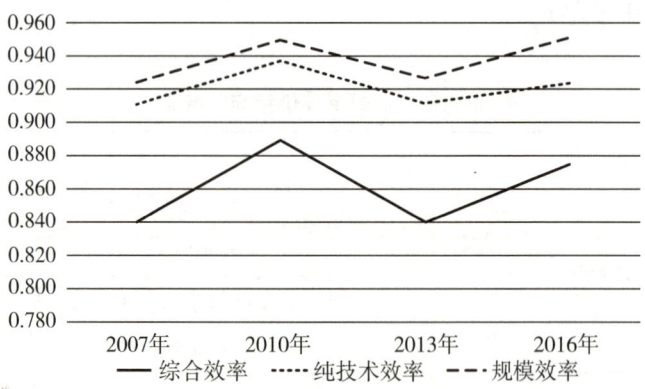

图 2　2007—2016 年湖北省工业效率变化趋势

数据来源：由 DEAP2.1 计算而得。

图 2 可以反映 2007—2016 年湖北省工业三大效率变动情况。从图中可以看出，湖北省综合效率、纯技术效率、规模效率三大效率均值的变化趋势大体呈"N"形，具体表现为先增后降再增的态势，可以将其分为三个阶段：（1）2007—2010 年，三大效率值均处于上升阶段，表现出协同递增的态势；（2）2010—2013 年，三大效率值呈现同步下降趋势，其中综合效率变化剧烈，2010 年达到效率最大值 0.889，2013 年又达到与平均最小值 0.840，变化极差达到 0.049，变动幅度最大；（3）2013—2016 年，三大效率值整体表现出回升态势，呈持续增长态势。

通过对三大效率时序特征的观察，可以探究三大效率之间的内在联动关系。综合效率的变化与纯技术效率及规模效率变化趋势同步，呈同增同减模式，其中纯技术效率对综合效率的贡献值最大，是影响综合效率变化的主要原因。同时技术创新能力不足的特点也十分明显，因此在以后的发展过程中，各地级市应注重提高技术创新，推动企业技术创新能力发展。

（二）湖北省各地区三大效率变化差异

通过比较 2007—2016 年湖北 16 各地级市三大效率的变异系数（如图 3 所示）变化情况可以反映三大效率的区域差异，从而对地区差异进行评价。从图 3 可以看出，各地级市在工业效率在时序变化上差异明显，具体来看：（1）2007—2016 年各市综合效率平均变异系数为 0.074，区域之间效率差异较小；（2）纯技术效率变异系数为 0.046，低于综合效率变异系数，变化较小，稳定性较强；（3）变化差异最大的两个市为随州市与恩施州，随州市变异系数为 0.361，恩施州变异系数为 0.391，变异系数较大，均远高于平均水平，表现出了极强的不稳定性；（4）变化差异最小的两个市为武汉市与荆门市三大效率变异系数均为 0，形成了两个稳定中心。

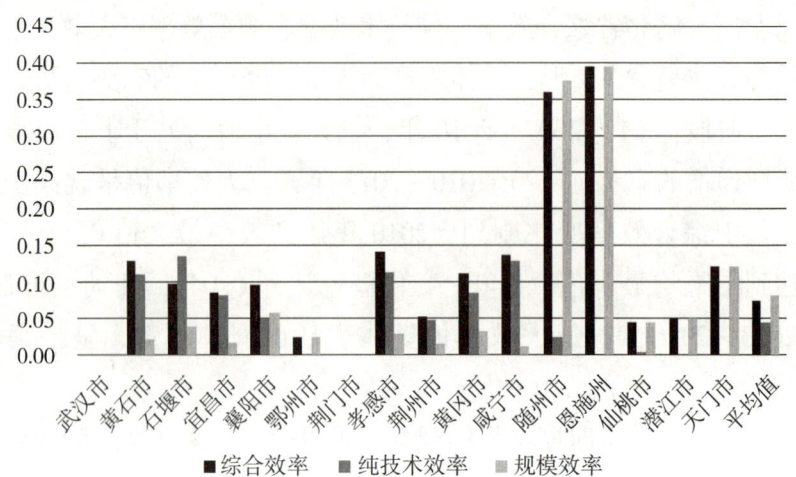

图 3 2007—2016 年湖北省工业效率变异系数
数据来源：由 DEAP2.1 计算而得。

四、湖北省工业效率的空间演变特征

采用 arcgis10.2 软件的自然断裂法将湖北省工业综合效率、纯技术效率、规模效率进行空间聚类，由高到低分为高效率区、中效率区、中低效率区、低效率区四级，可以直观地显示湖北省工业效率的时空格局变化特征。

（一）综合效率空间格局

湖北省工业综合效率分为高效率区、中效率区、中低效率区、低效率区 4 个级别，2007—2016 年的年际变化情况可以反映湖北省工业效率在空间上的格局变化，结果如图 4 所示。可以从各年份具体来看湖北省工业综合效率格局：

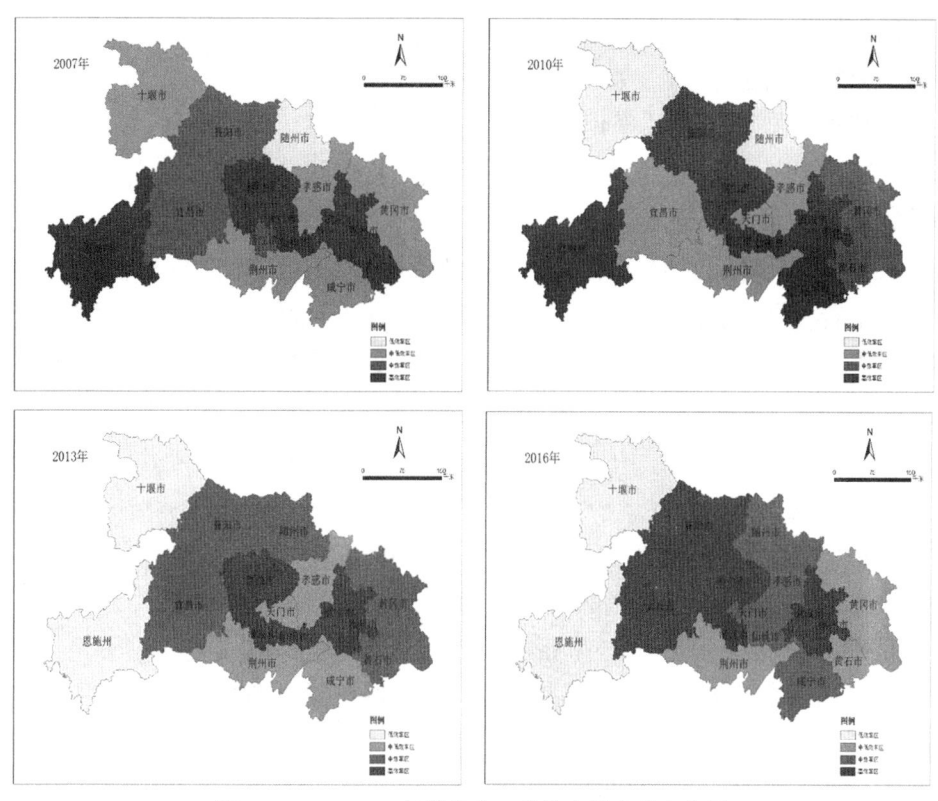

图 4 2007—2016 年湖北省工业综合效率分布格局

2007年，(1) 湖北省工业效率高效率区、中效率区、中低效率区、低效率区的数量分布比例为 7∶3∶5∶1，高效率区和中效率区占比为 62.5%；(2) 高效率区呈分散分布，但同时又集中于两大区域，即以武汉为中心呈东西向分布的区域，自西向东包括荆门市、天门市、仙桃市、武汉市、鄂州市、黄石市，以及鄂西地区的恩施州；(3) 工业中效率区集中于鄂西生态文化旅游圈的宜昌市和襄阳市，以及潜江市；(4) 中低效率区集中于武汉城市圈的孝感市、荆州市、咸宁市、黄冈市，武汉城市圈工业效率差异明显，两极分化严重；(5) 低效率区数量较少，仅有随州市属于低效率区；(6) 总体来看，湖北省工业综合效率区域差异明显，究其原因，在于高效率区城市虹吸作用强，集中了各种优势发展条件，从而降低了周边地区的发展机会，导致了周围地区的综合效率普遍较低。如在武汉城市圈中，武汉市作为湖北省省会城市，其外围地区工业效率偏低。

2010年，（1）湖北省工业效率高效率区、中效率区、中低效率区、低效率区的数量分布比例为8∶2∶4∶2，高效率区和中效率区占比仍为62.5%；（2）与2007年相比，湖北省工业综合效率的分布在地区之间发生着变化。总体来说，高效率区仍然分为2007年的两大区域，范围在扩大。襄阳市和潜江市、咸宁市发展成为高效率区，黄石市则由高效率区退步为中效率区，黄冈市发展成为中效率区；（3）十堰市综合工业效率进一步退化，由中低效率区变成低效率区，并与随州市一并成为湖北省两大低效率区。

2013年，（1）湖北省工业效率高效率区、中效率区、中低效率区、低效率区的数量分布比例为5∶5∶4∶2，高效率区和中效率区占比仍为62.5%；（2）高效率区呈带状分布于武汉城市圈，包括荆门市、潜江市、仙桃市、武汉市、鄂州市，此五个城市从2007—2013年一直为高效率区，工业效率较为稳定；（3）工业中效率区位于湖北省西部以及东部两大地区，西部包括襄阳市以及宜昌市、随州市，东部地区则为黄冈市以及黄石市；（4）工业中低效率区位于高效率区的南北两侧，北侧为孝感市和天门市，南侧为荆州市和咸宁市；（5）工业低效率区位于湖北省西部，包括十堰市和恩施市；（6）2010—2013年，湖北省工业效率总体格局仍处在不断变化之中，与2010年相比，两大城市综合效率变化较大，恩施州由原来的高效率区退步为低效率区，变化剧烈，随州市由原来的低效率区发展成为中效率区，进步明显，发展良好。

2016年，（1）湖北省工业效率高效率区、中效率区、中低效率区、低效率区的数量比例为6∶5∶3∶2，高效率区和中效率区占比为68.8%；（2）与2013年相比，原有的中低效率区转变为了高效率区，说明工业高效率城市具有扩散和带动周边城市的作用，促进了周边城市工业效率的提高；（3）2016年，恩施州及十堰市效率水平保持稳定，在全省的效率格局中保持不变,并列为湖北两大工业低效率区;(4)由武汉、襄阳、宜昌等所组成的"一主两副多极"工业经济体系格局已形成。

(二) 纯技术效率空间格局

从2007年来看,(1)湖北省技术效率高效率区、中效率区、中低效率区、低效率区的数量分布比例为10∶1∶3∶2,全省一半以上城市为高效率区,分布格局上大致呈东西向连续的条状分布,自西向东依次为恩施州、宜昌市、荆门市、随州市、潜江市、天门市、仙桃市、武汉市、咸宁市、黄石市;(2)纯技术低效率区位于分散分布于高效率区南北两侧,北侧分布有孝感市,南侧分布有荆州市;(3)中效率区位于宜昌市,中低效率区则位于襄阳市。

2010年,(1)湖北省技术效率高效率区、中效率区、中低效率区、低效率区的数量分布比例为10∶2∶3∶1,高效率区由原来的条状分布断裂为团块状分布,主要原因是由于宜昌市纯技术效率由原来的高效率退化为中低效率,使得原有的条状分布发生断裂;(2)十堰市纯技术效率继续恶化。而与之相反的是,孝感和荆门两市,由2007年的低效率区转为中低效率区,黄冈市由中低效率区发展为中效率区,宜昌市由中效率区转为高效率区,咸宁市由中低效率区转为高效率区,以上几所城市均实现了纯技术效率的等级提升或跨越式提升。

2013年,(1)湖北省技术效率高效率区、中效率区、中低效率区、低效率区的数量分布比例仍为10∶2∶3∶1,与2010年相比,在数量上保持不变;(2)通过对比2010年湖北省工业纯技术效率格局图发现,高效率区与低效率区的分布格局未发生大的变化,与三年前大体保持一致,有趋于较稳定的分布态势;(3)宜昌市纯技术效率提升明显,由原有的中低效率区发展为中效率区,有望重返高效率水平区。

2016年,(1)湖北省技术效率高效率区、中效率区、中低效率区、低效率区的数量分布比例仍为 9∶3∶3∶1，与 2013 年保持一致；（2）宜昌市纯技术效率水平在 2013 年的基础上继续提升，由中效率区转变为高效率区。从湖北省整体来看，宜昌市纯技术效率的提升连接了原有的分散分布的高效率区，促进了高效率城市的条状分布一体化格局的形成；（3）值得关注的是，十堰市作为湖北传统的工业城市，从 2010 年开始，纯技术效率一直处于全省低水平，十堰市低效率区的格局趋于稳定，说明十堰市在工业生产技术方面落后于全省绝大多数城市，急需加大对工业技术的投入，促进十堰市工业生产的技术水平。

从 2007—2016 年整体来看，十年间湖北省纯技术效率水平空间格局处于大稳定、小波动之中，纯技术高效率城市具有集中连片分布的特点，十年间的分布逐渐集中，集中于武汉城市圈以及鄂西生态旅游圈的主要城市，工业技术水平高于全省平均水平，在工业生产的工业技术以及工业流程等方面处于生产有效水平。同时，该区域对周边地区也有不同程度的扩散和带动作用，纯技术高效区周边地区的城市也因受高效区的影响在效率水平方面发生着不同大小的变化。

从局部来看，不同级别的效率水平在不同的城市之间发生着变动和转移，处于波动变化之中。通过变异系数，可以考察各城市效率变化差异。通过图 3 可以看出，变异系数较大的三个城市依次为十堰市（0.136）、咸宁市（0.130）、孝感市（0.114），均高于平均水平（0.046），说明三城市与全省其他城市相比，纯技术效率变化幅度较大，波动剧烈。对比图 4，可以明显看到三城市的技术效率水平也是在高效率区、中效率区、中低效率区与低效率区之间不断变动，充分说明了上述几所城市在纯技术效率水平上的不稳定性。

纯技术效率水平一直处于稳定状态的城市有六个，十年间的变异系数均为 0，分别是鄂州市、恩施市、荆门市、天门市、潜江市、武汉市，它们也是构成湖北省纯技术效率水平条带状分布的主要组成城市。2007—2016 年湖北省工业纯技术效率分布格局见图 5。

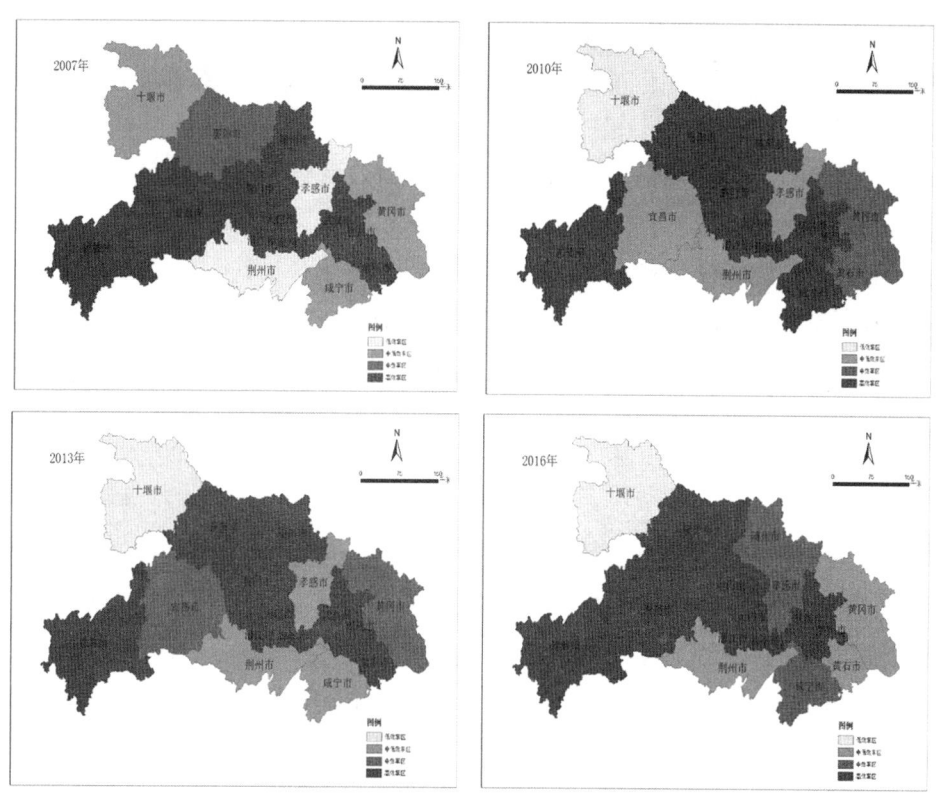

图 5　2007—2016 年湖北省工业纯技术效率分布格局

(三) 规模效率空间格局

规模效率是反映在规模方面投入产出的重要指标，通过规模效率可以看出城市工业经济是否存在规模效率。

2007 年，(1) 湖北省工业规模效率高效率区、中效率区、中低效率区、低效率区的数量分布比例为 5∶7∶3∶1，高效率区和中效率区占比为 75%；(2) 规模效率高效率区分布在以武汉市为中心的东西两侧，分别为荆门市、天门市、仙桃市、武汉市以及黄石市，几所城市的规模效率较高，从 DEA 的结果来看，均处于规模报酬不变的水平，即同处于前沿生产面上，属于有效水平；(3) 中效率区分为两条带状分布，北侧一条分布于武汉市周边，包括孝感市、黄冈市、鄂州市三城市，南部一条为东西走向的连续带状分布，贯穿湖北省南部城市，自西向东包括恩施州、宜昌市、荆州市、咸宁市四城市。

2010年，(1)湖北省工业规模效率高效率区、中效率区、中低效率区、低效率区的数量分布比例为11∶3∶1∶1，高效率区域中效率区占比达到了87.5%，规模效率高效率区的数目增长达一倍多，由原有的小面积的分布转为了省域层面的大面积分布，主要原因是原有的大部分中效率区转变为高效率区，直接反映了规模效率在城市分布上的转移和扩散作用，湖北省工业整体上呈现出高效率，同时也反映了2007到2010年三年间原有的中效率城市在提升工业规模效率水平方面的不断努力，促进了自身规模效率的提升，成果显著，取得了不错的成绩；(2)随州市仍为工业低效率区，规模效率处于无效率状态；(3)十堰市由中低效率区转变为了中效率区，说明十堰市工业规模在不断的提升之中，促进了城市工业规模效率的提高；与此同时，也有部分城市规模工业效率处在不断的降低之中，如仙桃市由高效率区降为了中低效率区，反映了该区域城市规模效率在不断地下降。

2013年，(1)湖北省工业规模效率高效率区、中效率区、中低效率区、低效率区的数量分布比例为8∶6∶1∶1，原有的面状分布的格局变为了团块状分布，呈现出一种分散分布的态势，主要原因是原有的个别高效率区转变为了中效率区，导致了原有的高效率区的断裂；(2)十堰市工业规模效率继续提升，实现了从中效率区向高效率区的跨越式转化，是十堰市规模效率提升的重要表现；(3)恩施州的规模效率从2010到2013年变化剧烈，从原有的高效率区降为低效率区，是该城市规模效率降低的直接表现。

2016年，(1)湖北省工业规模效率高效率区、中效率区、中低效率区、低效率区的数量分布比例为11∶2∶2∶1，规模效率分布格局重回面状集聚分布，但分布中心出现一个"中心塌陷"区域，即由潜江市和仙桃市两个城市组成的中低效率区打破了面状的高效率分布格局；(2)十堰市的规模效率有所下降，重回2013年的中效率区；(3)2016

年，工业规模效率低效率区仍仅存恩施州，说明恩施州在规模效率方面仍需加大投入，提升本区域的规模效率水平，对比综合效率与纯技术效率格局图可以知道，低效率的规模水平是恩施州工业综合效率水平低的重要原因。

2007年到2016年，湖北省规模工业效率水平处在不断变化之中，规模效率变异系数较大的三城市分别是恩施州（0.395）、随州市（0.376）、天门市（0.122），高于平均水平0.083。武汉市和荆门市规模效率变异系数为0，两城市均处于规模效率高效率区，一直处于规模效率的高效率水平，较为稳定（见图6）。

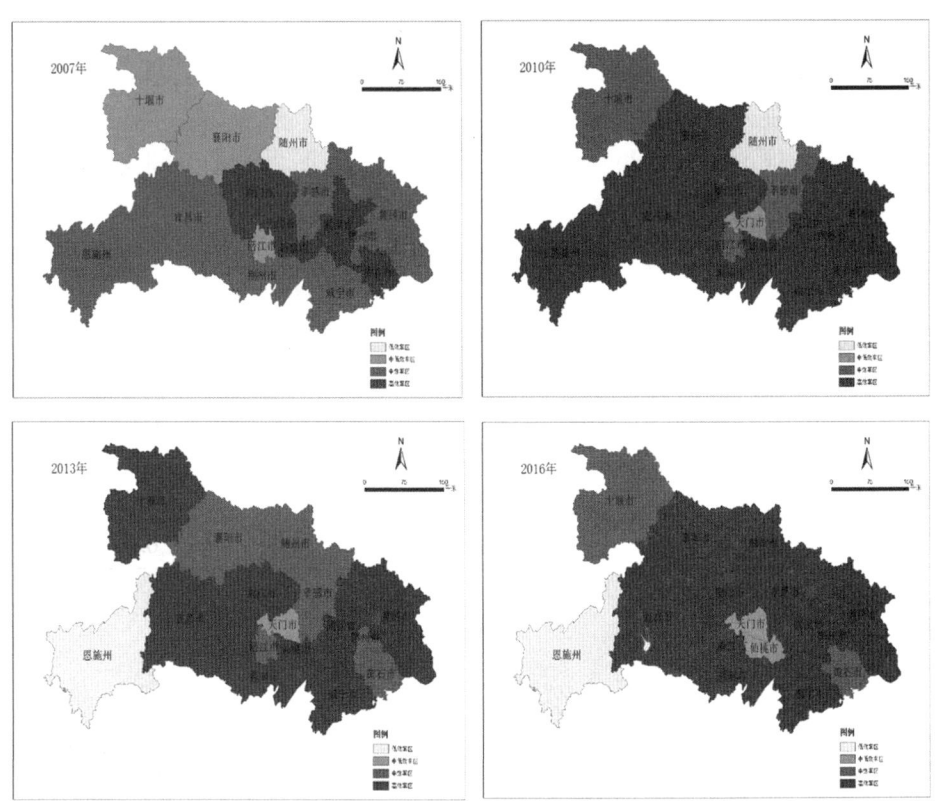

图6　2007—2016年湖北省工业规模效率分布格局

五、湖北省工业空间关联演化特征

(一) 空间关联演化特征

Getis-Ord General G 指数可以反映要素在空间上高值和低值集聚程度的重要指标。本文拟采用其进行湖北省工业效率的全局空间集聚程度的度量。从表4中可以看出，全局G指数G（d）及期望值E（d）较为接近，但2007年和2010年两个年份未通过显著性检验，工业效率呈随机分布模式，未出现显著的高值和低值的集聚现象。2013年和2016年，全局G指数的观测值仍较为接近，且通过了显著性检验，表明从2013年开始，湖北省16地级市工业效率出现了集聚特征，通过观察湖北省综合工业效率分布格局图可以知道，主要为高值集聚，低值未出现集聚。与此同时，G（d）值变化幅度较小，表明湖北省工业效率冷热点区发生了细微迁移，但是总体来说变化不大。

表4　湖北省16市工业综合效率G指数估计值

时间	G（d）	E（d）	Z（d）	P（d）
2007	0.000004	0.000004	1.503898	0.132608
2010	0.000004	0.000004	1.296832	0.194689
2013	0.000005	0.000004	2.10546	0.035251
2016	0.000005	0.000004	2.277629	0.022749

数据来源：由arcgis空间分析而得。

(二) 局部空间关联演化特征

利用局部空间关联指数Getis-Ord G^* 可以识别局部热点区和冷点区，采用自然断裂法可以将局部 G^* 进行湖北省工业效率冷热点区的划分，进一步探索湖北省工业效率的局部空间演化特征，具体见图7。从整体来看，湖北省 16 城市工业效率未表现出明显的热点区域的聚集，仅有冷点区域在空间上发生了集聚。2007 年，随州市出现了冷点的集聚，2010 年，十堰市成为新的冷点集聚区，2013 年，随州市跳出了冷点区，恩施州与十堰市并成为湖北省西部的冷点聚集区，且在 2016 年继续保持这一分布格局。不难看出，冷点区域的空间格局与综合效率的空间格局分布是一致的。

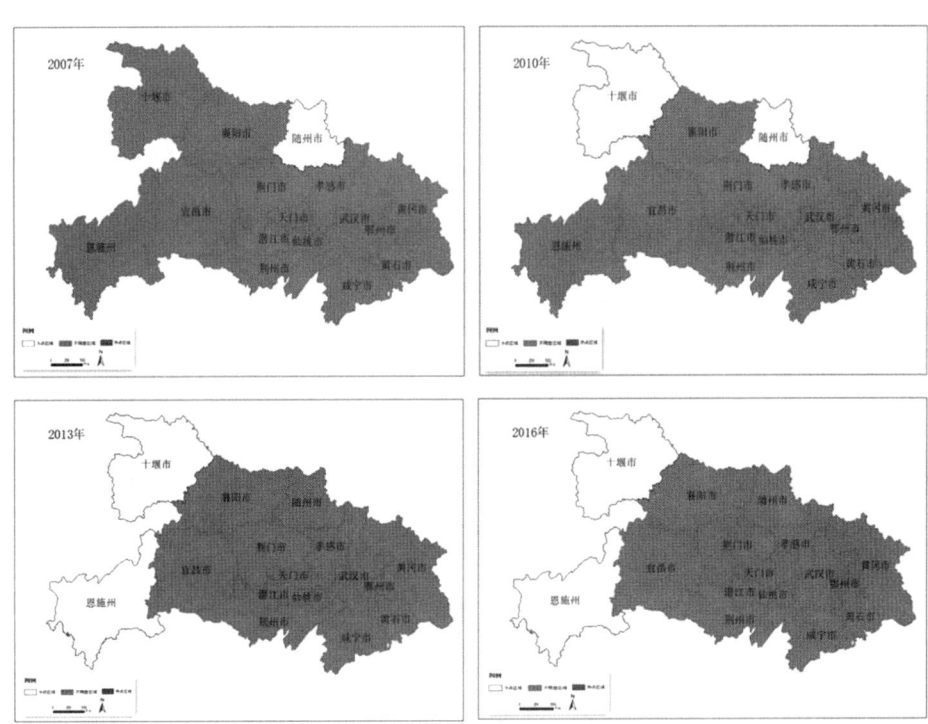

图 7　湖北省 2007—2016 年工业生产效率空间关联演化

（三）工业效率重心演化特征

通过 arcgis 生成 2007—2016 年湖北省工业效率重心，可以很好地表征工业效率的空间动态变化特点，如图 8 所示。从图中可以看出，湖北省的工业效率重心随时间发生着迁移。2007—2013 年，效率重心一直在往西南部移动,而从 2013 到 2016 年,又开始往回快速发生迁移。但从全局来看,十年间,湖北省工业效率重心始终位于天门市,总体上保持稳定。通过 arcgis 生成湖北省 16 地级市城市几何重心,发现其正好位于天门市。因此,可以发现,湖北省工业效率的重心大致与湖北省 16 地级市城市几何重心一致。

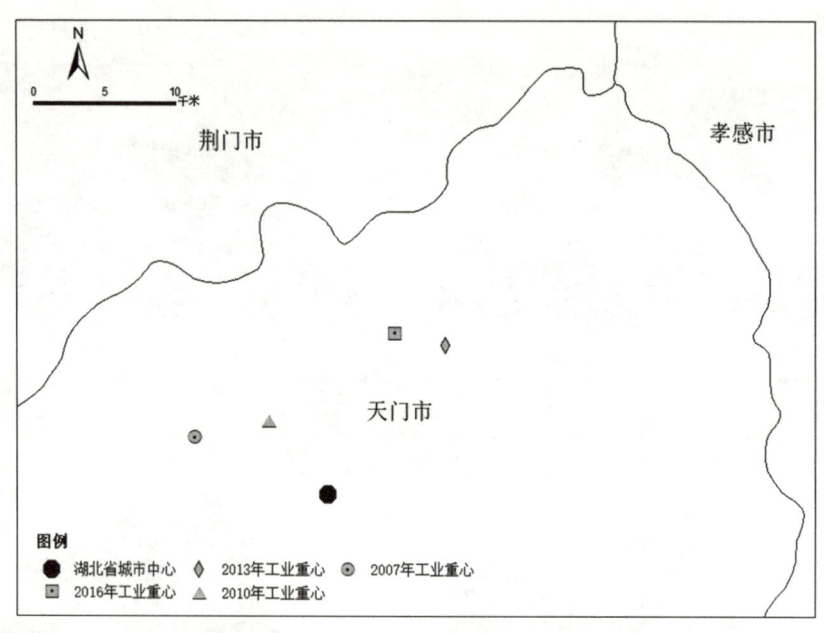

图 8　湖北省 2007—2016 年工业效率重心迁移

六、结论与建议

本文通过对湖北省 2007—2016 年 16 个地级市工业数据,基于 DEA 方法进行工业生产效率测度,并采用 arcgis 进行工业效率的空间演化格局特征时空分析,得出以下结论:

(1) 2007—2016 年,湖北省 16 个地级市在时序变化方面表现为工业综合效率、纯技术效率、规模效率均值的变化趋势大体呈"N"形,具体表现为先增后降再增的态势;综合效率的变化与纯技术效率及规模效率变化趋势同步,呈同增同减模式,其中,纯技术效率对综合效率的贡献值最大,是影响综合效率变化的主要原因;

(2) 区域之间效率差异较小,随州市与恩施州变化差异最大,武汉市与荆门市变化差异最小;

(3) 湖北省16个地级市不同的发展状态造成了综合效率、纯技术效率与规模效率在空间上的不同格局。2007年和2010年,综合工业效率在空间上的分布未出现明显的高值或低值的集聚,2013年开始,综合效率在空间上出现了热点区域的集聚。十年间,湖北省工业效率重心一直位于天门市,与湖北省几何城市重心具有一致性;

(4) 就目前而言,全省工业综合效率、纯技术效率及规模效率正处于增长阶段,发展态势良好,且随着社会对工业发展由速度和数量转向质量和效率的大趋势背景下,湖北省工业效率有望在未来继续提升。

根据上述结论,本文提出如下的发展建议:

湖北省是中国中部地区重要省份,就现阶段而言,工业化仍处于加速发展时期,从全省来看,工业效率存在着不平衡性,投入产出比不高,需要在未来,制定符合本地区工业效率提升的发展战略,提升本地区的工业生产效率。

(1) 在纯技术效率方面,可以调整工业结构、加大科技投入、提高企业自主创新能力、改进工业生产技艺实现绿色发展,优化工业生产流程,同时提高工业管理技术,促进工业生产技术效率的提升;

(2) 在规模效率方面,在规模报酬可变的生产模式下,针对处于规模报酬递减的企业,需要缩减企业规模;

(3) 每个地区还需要综合考察自身的资源禀赋、区位条件等具体情况,充分发挥比较优势,率先培育具有自身特色的产业集群,引导产业集聚发展,形成规模大、实力强、特色鲜明的产业集群;

(4) 树立品牌化意识,制定符合本地区工业发展的个性化路线,通过全省各地级市的共同努力,促进湖北省工业生产效率的全面提升,实现湖北成为全国工业制造强省目标。

  课题负责人：朱丽霞 华中师范大学城市与环境科学学院副教授
       曾菊新 华中师范大学/湖北省发改委、武汉城市圈研究院教授
  报告执笔人：贺　容 朱丽霞 曾菊新

以环保科技创新推进湖北省大气雾霾治理

易 明 邵红梅 杨树旺

近年来,我国大气污染的区域性特征日益明显。雾霾、臭氧和酸雨等区域性大气污染问题频繁显现,成为当前迫切需要解决的环境问题。伴随经济社会的快速发展,湖北省酸雨、雾霾天气等大气环境问题也越来越多,不仅给人们生产生活带来影响,而且对人民群众身体健康构成威胁。省委省政府高度重视大气污染防治工作,要求采取切实的措施,加强雾霾天气应急处置及大气污染联防联控工作,改善湖北省环境空气质量。随着湖北省大气污染防治工作的不断深入,环境科学技术的影响日益突出,亟待进一步加强环保科技创新,积极应对雾霾天气影响。

一、湖北省雾霾天气的基本情况及主要成因

(一)湖北省雾霾天气的基本情况

1. 空气质量优良天数

据2017年湖北省环保厅公布的数据,湖北省17个重点城市优良天数比例在64.2%~92.9%,湖北省的平均优良天数为73.4%,较2015年优良天数有7.3%的提升。其中"十三五"考核的13个市州优良天数比例为71.5%,较2015年有7.3%的提升。2016年,湖北有四个市出现了严重污染天气,累计发生了7次,其中有4次发生在襄阳。有15个市或州存在重度污染天气,累计重度污染天气为87天,其中襄阳、宜昌、荆州、荆门四个城市重度污染天数较多。综合来看,2016

年的大气环境较2015年有一定的好转，但依然比较严重。其中襄阳、宜昌、荆州、荆门、武汉、鄂州的大气污染相对其他市较严重，需要重点注意。此外，监测的17个城市中，除了宜昌的大气质量变差之外，其他16个城市的大气质量较2015年都有所改善。2016年，湖北省累计发生重污染天气16次，较去年（15次）频次有所增加，但周期显著变短。重污染发生时间主要集中在春季、秋季和冬季，其中冬季尤甚。2016年，湖北省未发生一起由于秸秆焚烧造成的重污染天气。

2. PM2.5浓度情况

2016年，湖北省17个重点城市PM2.5年均浓度范围为35~64μg/m³，平均为54μg/m³，与2015年（65μg/m³）相比下降16.9%。其中纳入"十三五"空气质量约束性城市的13个市州的PM2.5均值为55μg/m³，与2015年（66μg/m³）相比下降16.7%。湖北省17个重点城市中，神农架的污染物浓度最低，所有城市的PM2.5浓度都在30μg/m³以上，远远超出了世界卫生组织关于PM2.5人口加权浓度值的建议水平（10μg/m³），最为突出的是襄阳，该浓度达到了64μg/m³，为健康水平的6倍之多。

3. 气态污染物浓度

2016年，湖北省17个重点城市主要气态污染物情况如下：（1）SO_2年均浓度范围为8~23μg/m³，平均为14μg/m³，较去年下降22.2%，湖北省17个重点城市均未超过国家年均二级标准限值。17个重点城市SO_2浓度较去年均有不同程度下降。（2）NO_2年均浓度范围为9~46μg/m³，平均为26μg/m³，较去年下降7.1%，除武汉外，湖北省其他16个重点城市均未超过国家年均二级标准限值。17个重点城市中鄂州、荆门、孝感3个城市NO_2浓度较去年有所上升，十堰、宜昌和随州3个城市与去年持平，其他11个城市均有所下降。（3）CO日均值第95百分位数浓度范围为1.2~2.8mg/m³，平均为1.8mg/m³，较去年同期下降5.3%。湖北省17个重点城市均未超过国家二级标准限值。17个重点城市中，黄石、十堰、襄阳、孝感、天门和神农架6个城市CO第90百分位值较去年有所上升，宜昌、荆门、荆州3个城市与去年持平,其他8个市州均有所下降。(4) O_3 日均值第90百分位数浓度范围为 $94\sim176\mu g/m^3$,平均为 $139\mu g/m^3$,较去年下降4.8%。除鄂州和黄冈外,湖北省其他15个重点城市均未超过国家二级标准限值。17个重点城市中,黄石、十堰、宜昌、鄂州、孝感、黄冈、随州、仙桃8个城市 O_3 日均值第90百分位数浓度较去年有所上升,其他9个市州均有所下降。

(二) 湖北省大气雾霾天气主要成因

湖北省当前的雾霾天气主要为特殊气象条件和大气复合型污染累积的综合结果。雾霾天气的主要污染物为PM2.5,主要来源于工业废气、机动车尾气、道路扬尘、建筑施工扬尘、挥发性有机物、生活源污染物等。雾霾污染客观上是由不利气象条件所引发,但主要原因还是发展方式粗放、高耗能、高排放的长期积累。从湖北省情况来看,主要有三个方面的原因:

1. 污染物排放的累积叠加

近年来,湖北省通过环境监管和总量减排,大气环境中二氧化硫、烟粉尘等污染物排放量有所减少或得到控制,但湖北省工业领域污染物排放总量基数仍然较大。同时,随着湖北省经济社会快速发展和城市化进程加快,机动车数量高速增长,大量的建筑工地施工建设,使得诸如武汉等城市大气中污染物排放量总体维持在较高水平,且在特殊天气情形下表现得非常明显。根据近期对雾霾监测结果的相关性分析,湖北省机动车尾气、石化燃料和生物质的燃烧排放、固定污染源燃煤排放废气及热分解有机化合物排放废气为主要污染源。

2. 气象因素的促成

综合历史数据分析,因为大气扩散条件差,冬季往往是湖北省空气质量最差的季节。据气象部门资料,湖北省静稳天气多,造成污染物在近地面层不断积累不易扩散,浮尘累积较多,加上冬季以来西伯利亚高压强度偏弱,湖北省上空以平直的西风环流为主,强冷空气活动少,地面风速小,不利于污染物水平扩散;同时,低层有逆温,空气中悬浮颗粒物难以向高空扩散而被阻滞在低空和近地面，这一系列特殊的气象因素迅速促成了雾霾天气的形成。

3. 输入性外源的影响

我国长三角、珠三角、京津冀等地区城市大气雾霾污染日渐突出，尽管不同地域之间的城市群空气污染具有各自的特征，但随着空气在区域之间的流通传输，雾霾等空气污染也会对相邻的地区产生交互影响。考虑湖北省（尤其武汉市）所处的地理位置，周边部分省份大气污染物排放强度较大，尤其是处于湖北省上风向的部分地区，其空气污染扩散在一定程度上加重了雾霾的形成。

二、湖北省大气雾霾防治的经济技术瓶颈

（一）空气环境管理相关基础研究工作仍有待突破

目前，湖北省雾霾、臭氧的形成机理、来源解析、迁移规律和监测预警等研究成果仍然较少，特别是空气中PM10和PM2.5的源解析仍不清晰，无法为有效的大气污染治理提供科学支撑。大气雾霾污染与人群健康关系的研究仍不具体，不能为公众提供信服的科普公告。大气污染防治政策、技术等方面的研究缺乏深入，有待进一步提高大气污染防治措施的针对性和可操作性。

（二）大气污染治理的重点关键技术仍有待转化

近年来，湖北省实施了一大批重点大气污染治理工程，420万千瓦火电燃煤机组全部完成了烟气脱硫改造，已配套建设烟气脱硝设施270万千瓦；近800平方米钢铁烧结机配套了烟气脱硫设施；近8000吨/日新型干法水泥熟料生产线配套了烟气脱硝设施。但平板玻璃、石化等重污染行业烟气脱硫、脱硝技术仍没有成熟应用，重点工业企业高效除尘、挥发性有机物控制的有效手段仍然缺乏，柴油机排放净化、机动车尾气有效治理、环境监测以及新能源汽车、智能电网等方面的技术研发

成果仍未形成市场化效应，未能大范围普及推广。

（三）重点工业企业清洁生产技术水平有待提高

特别是对湖北省经济发展具有突出贡献的钢铁、石化、水泥、化工等重点工业行业清洁生产技术水平仍然不高，缺乏先进适用的技术、工艺和装备，多数生产线急需实施清洁生产技术改造。对于非有机溶剂型涂料和农药等产品生产和使用过程中挥发性有机物的排放还缺少有效控制的技术手段，化肥施用过程中氨的排放仍不能有效降低。

（四）产业集聚区的循环经济发展水平仍有待提升

随着武汉"工业倍增计划"的推动，相继形成了武汉化工新区、生物医药科技产业园等重点产业集聚区，但湖北省产业集聚区内能源梯级利用、水资源循环利用、废物交换利用、土地节约集约利用的水平仍然不高，企业循环式生产、园区循环式发展、产业循环式组合的循环型工业体系仍不完备。工业废弃物资源化处理和循环利用的技术水平有待进一步提高。

（五）服务大气污染防治的节能环保产业仍有待发展

尽管湖北省拥有武汉凯迪、天澄环保、都市环保、格林美等一批专业从事环保技术应用的龙头公司，但缺少真正具有国际竞争力的大型节能环保企业，重大环保技术装备、产品的创新开发与产业化应用程度仍然不深入，大气污染治理装备、产品、服务产业产值仍然较低，节能环保、新能源等战略性新兴产业有待进一步发展。

三、以环保科技创新推进湖北省大气雾霾治理的对策建议

湖北省基于环境科技创新的大气雾霾防治基本思路是：深入贯彻落实科学发展观，努力提高生态文明水平，全面落实《国家中长

期科学和技术发展规划纲要（2006—2020年）》部署，以大气污染地方标准为抓手，以环境技术创新管理为支撑，以重点环保科研项目为依托，以推进清洁生产创新为手段，以大气污染防治服务为重点，突破大气污染防治技术瓶颈，推进产学研用结合体制机制创新，为改善环境空气质量、深化节能减排和引领节能环保产业发展提供科技支撑。

（一）以大气污染地方标准为抓手，不断提高环境监管技术水平

立足于空气环境管理相关基础研究工作，积极湖北省推进地方环境标准创新，科学确定环境基准，并根据标准工作的需求部署科研任务，充分发挥重大科研成果对标准制修订的支撑作用。加快完善以空气环境质量标准为核心，以大气污染物排放和控制标准、空气环境监测和环境管理技术规范为重要内容的地方空气环境标准体系，不断提高标准体系的科学性、系统性和实用性。通过提高地方空气环境标准，加强执法监督，增强风险防范能力，提高环境监管技术水平。

（二）以环境技术创新管理为支撑，不断提高大气污染防治科技水平

污染减排是推进大气污染防治、应对雾霾天气影响的必由之路，而环境技术是污染减排项目建设的基础，也是环境管理和监督执法的重要手段和措施。要结合湖北省大气污染减排重点项目建设技术需求，开发应用符合武汉大气污染减排工作实际的关键技术，通过科学研究、技术研发、标准规范等手段，不断提高污染减排的科级含量。研究发布一批大气污染防治技术政策、工程技术规范和最佳可行技术指南，大力推进大气污染减排关键技术研发、推广和应用，引导企业开展技术创新。建立湖北省大气污染防治技术动态更新系统，定期发布符合湖北省情和国内发展趋势的环境技术发展报告，逐步完善空气环境技术评价制度，研究制定相关激励政策措施，不断提高产业化规模。

(三) 以重点环保科研项目为依托,突破空气环境质量改善的关键技术

以应对雾霾天气为目标,突出抓好重点环保科研项目,高度重视环保科研成果的集成与产出,突破一批关键技术,掌握大气环境污染演变和调控机制,全面提升环境科技支撑水平。加强空气环境质量与人民群众身体健康关系研究,把健康风险评价融入湖北省大气环境保护的各项政策法规之中,切实做好环境与健康的调查研究,有针对性地提出管理对策和措施。积极探索气候友好型的环境管理试点示范工程,前瞻性地开展气候变化新形势下加强湖北省环境保护工作的战略研究,大力促进有利于应对气候变化的各项环境保护工作。

(四) 以推进清洁生产创新为手段,提高全过程环境管理技术水平

将清洁生产技术研究作为湖北省环境科技创新的重点,加快建立大气污染企业清洁生产评价指标体系,加强清洁生产的技术指导,促进大气污染的全过程控制。开展大气污染产业集聚区的环境管理体系研究,建立健全园区内企业生产过程大气环境友好评价指标体系,积极推进园区内生产流程创新和能源消耗梯级利用,尽可能减少化石能源消费。

(五) 以大气污染防治服务为重点,大力培育发展节能环保产业

进一步强化湖北省环境技术创新的引领作用和大气环境标准体系的强制作用,引导节能环保产业发展的重点和方向。通过强有力的环保科技研发和应用推广,将培育的潜在市场最大限度地释放为现实市场。大力推进大气污染治理技术研发的市场化服务和工程设施的社会化运营,以大力发展大气环境咨询服务和综合技术服务为重点,全面提高产业化水平,促进环保产业的结构升级与优化。建议近期可选择一些积极性较高的大气污染物排放量较大的重点企业,牵线环保技术企业开展合同环境服务试点。

（六）以完善大气污染防治技术创新体制机制为途径，加强人才培养与创新能力建设

充分利用湖北省创新人才推进计划和重大技术创新工程，建立若干大气污染防治高新技术人才培养基地，形成若干大气污染防治高新技术研发团队；加快建立完善大气污染防治技术创新服务平台，形成开放式、网络化的技术服务机制；建立若干大气污染防治高新技术产业示范基地，推进以企业为主体、联合高校、科研院所的产学研用创新体系建设。

（本文为2017年湖北省科技厅软科学研究专项资助项目"基于科技成果转化和产业结构调整的湖北雾霾治理路径研究"成果）

报告执笔人：易　明　中国地质大学经济管理学院副教授、博士
　　　　　　邵红梅　中国地质大学经济管理学院讲师、博士
　　　　　　杨树旺　中国地质大学经济管理学院教授、博士

湖北省高新区创新生态系统的评价研究

刘 钒 彭 虎 张君宇

创新生态系统是在一定区域范围内，创新群落与创新环境之间以及创新群落内部，通过物质流、能量流、信息流的联结传导，形成共生竞合、动态演化的有机系统。一个运行良好、持续进化的创新生态系统，是一个国家或地区获得持续竞争优势的关键所在。世界许多国家和地区都在探索运用创新生态系统的理念审视创新状态与创新行为，积极培育优化创新生态系统以提升区域创新能力。近年来，湖北省围绕培育创新创业生态开展了一系列先行先试的实践探索。"科技成果转化十条"、"科技创新新九条"、"光谷创新发展政策二十条"等含金量高、突破力度大的政策措施在全国引起广泛关注，对激发全省、尤其是高新区的创新潜力产生了实实在在的效果。湖北省创新生态系统已经初具规模，但与习近平总书记2018年视察湖北提出的"奋力谱写新时代湖北发展新篇章"对创新引领发展的要求还有很大差距。当前，湖北省已经进入奋力谱写新时代新篇章的攻坚期和关键期，客观评价湖北省高新区创新生态系统的健康状况，对于构建具有湖北特色的高新区创新生态系统，更大发挥高新区对区域发展的支撑、引领、示范效应，加速湖北省实现高质量发展具有重要意义。

一、区域创新生态系统的内涵与特征

创新生态系统进化的目标是通过将创新投入、创新需求、创新基础设施与创新管理在创新过程中有机结合，促进创新持续涌现并实现高质量的经济发展。与区域创新系统相比，创新生态系统由于同生态理论相结合且融入了协同进化及系统自调节机制等理论，所以更能反映出系统内部主体之间的相互作用关系。通过引入生态学系统概念，让各类创新主体在高新技术产业中合理定位，即确定适合生态位；寻找伙伴，协作共赢，即确定恰当生态宽度；紧密结合地域发展特点，即适应生态环境，由此形成一个相对完善的区域创新生态系统。

区域创新生态系统在很多方面表现出与自然生态系统非常相似的特征。一是具有自组织性特征。从产生过程看，区域创新生态系统以企业、高校或科研院所为创新的主体，在区域内自发聚集并不断吸引更多创新要素，逐渐形成具有独特区域个性的创新群落。从发展过程看，系统内各主体都有自身产生、成长、成熟的发展过程，同时不断根据环境变化采取不同的技术创新战略和对策，以适应环境要求。二是具有成长性特征。在不同发展阶段，创新主体及创新环境、创新主体与创新环境的构成要素及其组成比例都会发生变化，整个过程是一个由低级向高级、不成熟向成熟的过渡，其发展要经历初始期、成长期和成熟期。三是具有多样性特征。创新生态系统长期存在多种创新主体和创新活动并存状况，不同主体之间复杂联系构成创新网络。随着系统演进，新型产业组织、新兴金融组织、新兴研发机构不断涌现，增强了系统多样性。四是具有开放性特征。区域创新生态系统是一个远离平衡态的系统，各主体间相互作用并和内外部环境及外在系统保持交流互动。越是开放的创新生态系统，与外界保持的人才、知识、资金交换越频繁，发展潜力越大。除此之外，区域创新生态系统还具有协同性、持续性等更多特性。上述特性为进行创新生态系统健康状况评价提供了理论支撑。

二、湖北省高新区创新生态系统评价的意义

美国总统科技顾问委员会在《构建国家创新生态系统》和《维持国家创新生态系统》两份报告中指出，"美国的经济繁荣和在全球经济

中的领导地位得益于一个强大的创新生态系统；美国要持续维持技术、经济的领先地位，继续提高人民生活水准，继续成为创新型和技术型的领导国家，同样还取决于这个创新生态系统的活力和动态演化情况"。日本创新25战略、印度创新生态培育计划、荷兰创新生态系统评估等诸多与创新生态系统密切相关的政府计划竞相实施，取得了良好的效果。我国发达地区也开展了对创新生态系统的深入研究和积极探索。北京中关村的创新发展经验表明，中关村的发展不是走圈地、优惠、招商的道路，而是通过体制机制创新和政策体系完善，不断构建适宜中关村的创新创业生态系统，促进各种创新要素在系统中相互关联相互融合。深圳市自主创新和高新技术产业迅速发展的经验充分证明，融合了区域市场、企业家群体、技术创新优势和相对完备产业链的创新生态系统对于区域创新驱动发展的重要性。

2016年，《湖北省科技创新"十三五"规划》明确提出"破除体制机制障碍，完善创新生态系统"的要求。湖北省委书记蒋超良、省长王晓东等领导多次指出，湖北要实现"建设创新强省，在创新驱动发展上走在全国前列"的目标，必须"加强各类创新主体的协同合作，构建充满活力的创新生态系统"。

改革开放40年来，湖北省先后创建了12个国家级高新区和17个省级高新区（截至2018年6月），数量位居全国第四、中部第一。湖北省高新区在促进经济增长、推动转型升级、构建创新体系、体制机制创新、政策先行先试、国际化发展等方面作出了突出贡献，发挥了标杆作用。特别是，高新区作为地市州创新最活跃的地区和实现高质量发展的重要载体之一，其创新生态系统健康度对所在地区创新生态系统建设具有至关重要的影响和很强的示范效应。开展高新区创新生态系统评价有助于更清晰分析湖北省高新区建设的成效与不足，有助于更准确厘清高新区创新生态系统优化的思路，有助于强化区域创新驱动发展的内生动力，有助于放大优势高新区创新生态的辐射力。

三、湖北省高新区创新生态系统的现状

"十二五"以来,湖北省大力推动以科技创新为核心的全面创新,调动产学研政用金各方面力量,多措并举推动创新能力提升和创新环境建设。2012年以来,湖北省出台了近30项关于加快高新技术产业发展、鼓励供给侧创新、促进科技成果转化、创新科技投融资机制、建立自主创新长效机制等方面的激励保障政策及其配套政策。湖北省在全国区域创新能力排名中,从2013年的第12位上升到2017年的第7位,进入"第一方阵"。

在湖北省创新驱动发展战略深入实施、稳增长政策效应持续释放、供给侧结构性改革深入推进的共同作用下,全省高新区整体上呈现量质齐增态势。高新区创新政策不断优化,创新能力不断提升,特色产业不断涌现,创新服务不断完善,创新环境不断优化,引领全省产业转型升级的战略作用越来越突出。高新技术企业群体不断壮大,数量年均增长30%,达到5369家,位居全国第七、中部第一;东湖高新区五大支柱产业光电子信息、生物医药、高端装备制造、节能环保、现代服务业收入规模均已跨越千亿元,企业总收入突破万亿元大关;已建有科技企业孵化器500多家,面积突破1600万平方米,在孵企业总数超过16000家,孵化器数量、面积以及在孵企业数均位居中部第一。

中国特色社会主义建设进入新时代,湖北省构建高新区创新生态系统面临新机遇和新挑战。从经济社会环境发展环境看,"十二五"以来,湖北省积极适应经济发展新常态,在应对国际金融危机持续影响和经济下行压力中克难奋进,经济社会发展呈现"总量跨越、质效提升、位次前移"的竞进态势。随着中部崛起、长江经济带开放开发、"一带一路"倡议等国家战略的深入实施,国家创新型试点省份建设向纵深推进,湖北省高新区构建创新生态系统面临十分有利的机遇。

从科技创新能力潜力看,湖北是我国科教大省,科技创新技术、人才、平台等储备丰厚。截至2016年,湖北省共有科技活动人员39.33

万人，R&D 人员 21.83 万人，居全国第七位；在鄂两院院士 71 名，国家"千人计划"专家 273 名，高端人才数量居全国前 5 位；建有国家科学研究中心 1 个、国家重点实验室 27 个、国家部委重点实验室 58 个、国家工程（技术）研究中心 19 个、国家企业技术中心 44 家、国家级产业技术创新战略联盟 8 家、国家技术转移示范机构 20 家；共发表科技论文 9 万多篇，出版科技专著 3000 多种，科技项目数近 6 万个，数量均位居全国前列。随着湖北省区域创新体系日益健全，高新区构建创新生态系统具有比较明显的比较优势。

不可回避的是，与国内外一流高新区和发达地区地市州高新区相比，湖北省高新区的整体功能发挥和创新发展仍面临着诸多挑战，存在不少问题。例如，除了东湖高新区、襄阳高新区等少数国家高新区以外，大部分高新区的产业集群集聚效应凸显不充分，高新区内形成相对完善的产业链较少，现有产业结构高端化程度偏低，科技成果转移转化仍显不足，产学研合作平台效率有待提升，吸引留住高中级专业技术人才不够。简言之，湖北省丰富密集的科教资源对高新区发展和区域创新发展的贡献率还不高，需要构建高效运转的区域创新生态系统，尤其需要让已有的创新生态更加健康，便于创新要素在系统中充分融合，从量变升级为质变，释放科教资源优势。

四、湖北省高新区创新生态系统的评价方法

理论上，学术界关于系统评估的方法及模型不少，与创新生态系统评价直接相关的是生态位评估模型。它是以生态学中的经典生态位理论为基础，通过扩展理论内涵，用数学抽象方法分析系统最佳生态位点与现实生态位点的贴近度，来观察呈现系统各要素的发展概况，即通过生态位的适宜度来评价创新生态系统的健康状况。实践中，目前湖北省对高新区的考核评价主要依据 2017 年 12 月制定的《高新技术产业园区创新驱动发展综合评价办法》（以下简称《评价办法》），采用创新能力和创业活力、结构优化和产业升级、跨境创新和国际竞争能力、创新驱

动和可持续发展等四项一级定量指标和若干定性指标共同完成。由于生态位评估模型的优势与创新生态系统评价的研究目标相一致，而《评价办法》所列指标已经过实践检验，因此本文选取生态位评估模型作为基本方法，融入区域创新生态系统等特性，结合《评价办法》所列具体指标设计生态健康评价指标体系，作为评价湖北省高新区创新生态系统的量化工具。

生态位模型在自然科学领域应用时，其研究对象最优的需求生态位可以通过大量的实验得出，但在社会科学领域研究中很难做到。因此，最佳生态位的选择，大多数学者以评价指标中的一组最大值或最小值来确定。本文也采用这种方法，即当区域现状资源条件完全满足发展的要求时，生态位适宜度为1；不满足其对应的资源要求时，生态位适宜度为0。假设有 m 个创新生态系统，则 $EF_{ij}(i=1, 2, \cdots, m; j=1, 2, \cdots, n)$ 表示第 i 个创新生态系统在生态因子 j 上的观测数据值，模型的构建步骤如下：

1. 数据的无量纲化处理

由于指标的单位不同，首先应对数据进行无量纲化处理，以消除量纲的影响。如式（1）：

$$EF'_{ij} = \frac{EF_{ij} - EF_{j\min}}{EF_{j\max} - EF_{j\min}} \tag{1}$$

其中，$EF_{j\max}$ 表示 $EF_{ij}(i=1, 2, \cdots, m; j=1, 2, \cdots, n)$ 中第 j 个生态因子序列的最大值，$EF_{j\min}$ 则表示 $EF_{ij}(i=1, 2, \cdots, m; j=1, 2, \cdots, n)$ 中的第 j 个生态因子序列的最小值。

2. 生态位因子的最佳生态位 EF_{aj}

设 EF'_{ij} 表示第 i 个创新生态系生态因子 j 的现实生态，$EF_{aj}(j=1, 2, \cdots, n)$ 表示第 j 个生态位因子的最佳生态位，即：

$$EF_{aj} = \max(EF'_{ij}), (j=1, 2, \cdots, n) \tag{2}$$

3. 创建生态位适宜度 $Suita_i$

采用式（2）计算：

$$\text{Suita}_i = \sum_{j=1}^{n} w_j \frac{\min\{|EF' - EF_{aj}|\} + \varepsilon \max\{|EF' - EF_{aj}|\}}{|EF' - EF_{aj}| + \varepsilon \max\{|EF' - EF_{aj}|\}} \quad (3)$$

其中，Suita_i 表示第 i 个创新生态系统的生态位适宜度；该值越大表明该创新生态系统健康状况越好，创新主体的创新行为越活跃。

4. 计算 ε

ε 为模型参数，其值通过公式（4）计算得出，即

$$\frac{\min\{|EF' - EF_{aj}|\} + \varepsilon \max\{|EF' - EF_{aj}|\}}{\left(\frac{1}{mn}\sum_{i=1}^{m}\sum_{j=1}^{n}|EF' - EF_{aj}|\right) + \varepsilon \max\{|EF' - EF_{aj}|\}} = 0.5 \quad (4)$$

5. 基于 PCA（主成分分析）的生态因子权重向量

W_j 为第 j 个生态因子的权重，体现了该因子对生态位适宜度的影响程度。为了将不同生态因子的重要程度引入到区域创新生态系统评价中，本文区别以往研究的等权重方法，采用主成分分析法确定各生态因子的权重。

假设有 m 个创新生态系统，则 $EF_{ij}(i = 1, 2, \cdots, m; j = 1, 2, \cdots, n)$ 表示第 i 个创新生态系统在生态因子 j 上的观测数据值，由此构成一个 $m \times n$ 维的矩阵。对矩阵进行无量纲化处理后，通过 SAS 软件进行主成分分析，得到无量纲化后矩阵的相关矩阵及特征根。按照累计贡献率达到 85% 的原则选取前 p 个主成分，进而求前 p 个样本主成分的线性加权值，构造综合评价函数，计算进化动量 EM，用以表征生态位适宜度的进化空间。

设创新生态系统现实生态位为 $EF'_{ij} = (EF'_{i1}, EF'_{i2}, \cdots, EF'_{in})$，最佳生态位为 $EF_{aj} = (EF_{a1}, EF_{a2}, \cdots, EF_{an})$，可确定进化动量表达式（5），

$$EM_i = \sqrt{\frac{\sum_{j=1}^{n}|EF'_{ij} - EF_{aj}|}{n}} \quad (i = 1, 2, \cdots, m; j = 1, 2, \cdots, n)$$

(5)

至此，量化工具构建完毕。依据前文所述思路，本文设计生态健康

评价指标体系，见表1。

表1　　　　　　　　　　生态健康评价指标体系

创新生态系统的部分特性	评价指标
成长性	固定资产投资额增长（%）
	规模以上工业企业增加值增长（%）
	高新技术产业增加值（亿元）
	工业企业数增幅（%）
	现代服务业营业收入增长（%）
	高新技术产业增加值占园区工业增加值比重（%）
	高新技术企业数占园区规模以上企业数比重（%）
多样性	企业省级以上研究开发机构数（个）
	高新技术企业数（家）
	省级以上科技企业孵化器、众创空间数（个）
	省级以上科技企业孵化器在孵企业数（家）
开放性	实际利用外资总额（亿元）
	外贸出口（亿元）
	财政科技投入占公共预算支出比例（%）
	实际开发面积单位工业增加值（亿元/平方公里）
	金融机构本外币贷款余额增长（%）
持续性	税收总额（亿元）
	地区生产总值增速（%）
	综合能源消费量（万吨标准煤）
	企业授权发明专利数（项）
	人均工业增加值（万元/人）
	工业企业R&D经费占销售收入比重（%）
	高新技术产业增加值占城市高新技术产业增加值比重（%）

五、湖北省高新区创新生态系统的评价实证

截至 2018 年 3 月,湖北省共有 12 个国家级高新区。出于统计口径考虑,本文将 2017 年以前获批的 9 个国家高新区纳入评价范围,分析它们的创新生态系统健康状况。统计数据来源为湖北省科技厅《2016年湖北省高新区考评数据表》及各高新区公布的 2016 年工作报告。本文采用 SAS 软件对无量纲处理后的数据进行 PCA 主成分分析,从得到结果看出前四个主成分的累计贡献率高达 87%,因此可以选取前四个主成分进行分析计算。同时,根据模型中信息熵的公式可以确定各生态因子的信息熵,通过指标权重公式可以分别确定表 1 中 24 个生态因子的权重。在此基础上,利用公式(3)确定湖北省 9 个国家高新区创新生态系统的生态位适宜度。其中 ε 由公式(4)计算得出。将结果代入生态位适宜度和进化定量公式,可以得到各个高新区的生态位适宜度。将生态位适宜度排名和省科技厅 2017 年高新区考评排名对照,见表 2。

表 2　　　高新区生态位适宜度与年度考评结果对照表

高新区	生态位适宜度得分	排名	湖北省科技厅考评结果
东湖高新区	1.006	1	东湖高新区
宜昌高新区	0.561	2	襄阳高新区
襄阳高新区	0.558	3	宜昌高新区
荆门高新区	0.512	4	荆门高新区
孝感高新区	0.457	5	孝感高新区
咸宁高新区	0.429	6	黄冈高新区
随州高新区	0.399	7	咸宁高新区
黄冈高新区	0.379	8	随州高新区
仙桃高新区	0.379	9	仙桃高新区

从结果来看,9 个国家级高新区生态位适宜度得分排名与省科技厅

高新区综合考评结果略有差异，但整体上差别不大。高新区创新生态系统评价排名与所在城市的经济基础条件、财政状况、产业发展状况密切相关。特别是在湖北省区域发展"一主两副多极"格局中，"一主两副"的领先优势非常明显。东湖高新区作为国家自主创新示范区和湖北省创新驱动发展核心引擎，其创新生态系统评分近乎其他高新区的一倍以上。宜昌高新区与襄阳高新区作为中国（湖北）自由贸易区组成部分，由于所在城市经济发展状况优势，呈现出较好的创新生态。对比表2和表3可见，荆门市在全省GDP排名仅为第6位，但荆门高新区创新生态系统评分和年度考评均位居全省第4位。这说明近年来荆门高新区实施创新驱动发展取得很大进展，其通过科技创新实现产业转型升级和高质量发展具有较大潜力。

表3　　　　　　　　样本高新区所在城市经济发展指标

	高新区所在城市	2016年地区生产总值（亿元）
1	武汉市	11912.61
2	宜昌市	3709.36
3	襄阳市	3694.51
4	黄冈市	1726.17
5	孝感市	1576.69
6	荆门市	1521
7	黄石市	1305.55
8	咸宁市	1107.93
9	仙桃市	647.55

具体分析各个高新区生态因子的得分情况可以发现：（1）东湖高新区在各生态因子评估状态中均遥遥领先；（2）宜昌高新区在外贸出口、财政科技投入占公共预算支出比例具有绝对优势，但在地区生产总值增速方面略显不足；（3）襄阳高新区在高新技术产业增加值占园区工业增加值比重、高新技术企业数方面优势明显，表明襄阳高新区的高新技术产业发展势头迅猛，构建创新生态系统潜力较好；（4）荆门高

新区在税收总额、地区生产总值增速等宏观经济条线方面表现良好，但其企业授权发明专利数等方面有待提高；（5）孝感高新区在工业企业R&D经费占销售收入比重、省级以上科技企业孵化器与众创空间数的实际数值上表现突出，但现代化服务业营业收入增长不理想；（6）咸宁高新区在财政科技投入占公共预算支出比例、固定资产投资额增长方面有明显缺陷；（7）随州高新区在人均工业增加值表现良好，但高新技术企业数占区内规模以上企业数比重很低；（8）黄冈高新区在衡量高技术产业发展的几个指标上表现突出，高技术产业发展前景看好，但是R&D经费投入和高技术产品产出方面有待提升。

事实上，湖北省高新区的设立时间不同、发展程度不同，所处经济社会环境差异较大。东湖高新区"一枝独秀"的状况将长期存在，其构建创新生态系统的经验对于其他高新区具有很好的启发性。例如，东湖高新区2017年制定《支持创新创业发展新经济的政策清单》，2018年出台《支持创新创业发展新经济的政策清单实施导则》，在创新创业、产业发展、科技金融、人才支持、知识产权、开放合作等六个方面着力优化创新生态环境。具体而言，东湖高新区设立专项补贴与奖励促进高校科研院所在光谷转化科技成果，持续实施"3551"高层次人才引进培养计划，为"双创"孵化机构提供系列支持、搭建银企对接服务平台等系列具有"光谷特色"的措施，为创新主体营造了一个集合科研资源、金融支持、产业对接、市场资源、专业服务、政策扶持六位一体的优良的创新生态。在东湖高新区创新生态系统中，资金、人才、知识、信息等要素充分流动，创新潜力日益彰显，创新效率迅速提高。东湖高新区的实践探索案例为其他高新区提供了"光谷经验"。

六、优化湖北省高新区创新生态系统的对策

（一）强化高新区创新生态系统的顶层设计

湖北省要按照习近平总书记提出的"奋力谱写新时代湖北发展新

篇章"的总要求，不断完善创新强省建设的顶层设计，持续深入开展全方位、全要素、全系统的全面创新改革，推动高新区在高质量发展中发挥更大作用，真正起到"以点带面"的效果。强化高新区创新生态系统建设的顶层设计，一要积极对接国家和省级战略安排，优化湖北省高新区发展战略空间布局，适时开展"一区多园"、拓区建设的规划，促进高新区与城市联动协作发展；二要优化湖北省高新区重点产业和特色产业布局，突出前瞻性，降低同质化，力争形成湖北长远发展的战略优势；三要通过顶层设计引导高新区优势产业增强集群创新效应，带动传统产业向价值链高端发展；四要优化湖北省高新区创新支撑条件规划布局，加强以技术转移为主线的服务体系建设，强化科技服务机构的综合服务能力。

（二）强化高新区创新生态系统的主体协同

从前文评价结果可以发现，湖北省高新区创新生态系统的开放性、多样性、持续性与生长性四类指标总体表现良好，但协同性方面的短板比较明显。因此，优化高新区创新生态系统需要促进各创新主体间的更紧密协同，需要充分发挥产学研一体化平台的协同创新能力。一要突出企业在创新生态系统中的核心地位，采用各种激励措施支持企业研发活动，不断提升规上企业研发机构覆盖率，提升高新技术企业的数量和质量，加快培育"瞪羚企业"和"独角兽企业"。二要高度重视新型产业促进组织建设，加大力度引进国内外企业、高校、科研机构以产学研合作形式共建产业共性技术研究平台和产学研合作平台，发挥新型组织在成果转化、企业孵化、人才集聚和共性技术研发等方面的综合载体作用。三要加快完善多主体协同创新机制，全力支持所在城市内高校的优势学科进入国家和省级"双一流"建设行列，充分发挥"国字号"、"省字号"基础研究平台和应用基础研究平台的原始创新促进作用。

（三）强化高新区创新生态系统的环境优化

不断创造更优的创新环境和宜居乐业的生活环境，是优化高新区创新生态系统十分重要的环节。创新环境和生活环境能够显著提升高新区对创新资源和人才的吸引力和聚集力。一是持续改善政务服务环境，深入开展"放管服"改革，打造最优营商环境。二是完善科技金融环境，更好发挥股权融资平台、上市服务平台、国有融资担保平台等科技金融服务机构作用，更多引导社会资本向高新技术创新创业"输血"。三是建设宜居乐业环境，通过强化科研、生产和商务功能有机组合，加快建设生活设施完善、社交接触频繁、自然生态优良的"科技+产业+生活"新型社区。四是完善创业环境，举办高新区创新创业系列活动吸引国内外创业团队落户，着力建设创业导师队伍，创办创业训练营，创建以创业团队和在孵企业为主体的创业社群。

（四）强化高新区创新生态系统的文化繁荣

高新区综合竞争力取决于持续创新能力，而创新能力是否可持续的先决条件之一就是创新文化。文化繁荣对创新生态系统演进的促进作用毋庸讳言。湖北地域文化对高新区创新文化的影响比较深远，要使高新区增强持续创新能力，不能仅依靠政策、区位、人才和技术等优势，还迫切需要创造且维护好地域特色文化。一方面，湖北省高新区要树立产业发展与文化繁荣同等重要、同步推进的理念思路，抓好创新文化营造的规划与思路，统筹考虑创新精神、规章制度、形象标志等要素的设计，将创新文化培育作为长期的、渐进的系统性工作予以坚持。另一方面，鼓励高新区创新主体加强自身文化建设，特别是要支持企业家和企业管理者"走出去"，不断增强创新意识，培养宽容失败的胸襟和气度，制定科学合理的创新激励措施和选人留人措施，让高新区创新主体真正成为创新文化引领者。

（五）强化高新区创新生态系统的人才支撑

人才始终是区域创新生态系统中的最核心要素，高层次人才支撑是优化高新区创新生态的关键环节。湖北省高新区要充分领会习近平总书记"人才是第一资源"的思想，通过"产业引人、科学用人、事业留人"，加强高新区创新人才队伍建设。一是对接国家和省市人才计划，完善高中级人才引进培养配套优惠政策，正确处理短期支持和长期支持、个人支持和团队支持、项目支持和平台支持等多种关系，既要结合高新区科技创新和产业发展优势给予高级人才重点支持，也要站在长远立场广泛吸纳各级各类创新者、创业者。二是大力建设创新人才服务平台，从创新人才工作条件、创新人才使用培养、创新人才生活服务等各个方面完善高新区人才工作机制。三是根据产业发展需要，大力引进教育培训机构，不断提升人才的能力水平，支持高新区人才市场加快发展。四是按照"不求所有但求所用"的原则，借助信息化手段探索人才"异地生活、本地工作"的方式方法，在解决中西部高新区普遍面临的人才缺口问题上形成有效途径。

（本文为湖北省技术创新专项软科学项目和武汉大学人文社科自主科研项目阶段性成果）

课题负责人： 刘　钒　武汉大学发展研究院副院长、副教授、博士
报告执笔人： 刘　钒　彭　虎　张君宇

湖北省稳定脱贫机制研究

武汉理工大学—湖北汽车工业学院联合课题组

《湖北省国民经济和社会发展第十三个五年规划纲要》指出：坚持开发扶贫与社会保障两轮驱动、片区攻坚与精准扶贫同步推进，创新扶贫开发体制机制，加大投入和政策支持力度，扎实推进精准扶贫、精准脱贫，确保到2019年建档立卡扶贫对象稳定脱贫，贫困地区发展差距明显缩小。由此可见，精准扶贫、精准脱贫的主要目标之一是建档立卡扶贫对象稳定脱贫。然而，随着脱贫攻坚工作的深入，建立怎样的机制使贫困户稳定脱贫，已经成为一个极富挑战性、又刻不容缓的重要课题。

一、稳定脱贫是习近平精准扶贫思想的精髓

习近平同志于2013年11月在湖南省湘西州十八洞村考察时提出"精准扶贫"概念。之后，他多次对精准扶贫作出重要论述，形成了系统完整、逻辑严密的精准扶贫思想。习近平精准扶贫思想的核心内容，就是要针对贫困人口差异化的致贫原因分类施策，解决好"扶持谁"、"谁来扶"、"怎么扶"、"如何退"四个基本问题。一是实现"五个一批"，即发展生产脱贫一批、易地扶贫搬迁脱贫一批、生态补偿脱贫一批、发展教育脱贫一批、社会保障兜底一批。二是做到"六个精准"，即扶持对象精准、项目安排精准、资金使用精准、措施到户精准、因村派人（第一书记）精准、脱贫成效精准。三是实施"七个强化"，即强化领导责任、强化资金投入、强化部门协同、强化东西协作、强化社会

合力、强化基层活力、强化任务落实。在习近平精准扶贫思想中，稳定脱贫是其落脚点和目的。"扶持谁"、"谁来扶"、"怎么扶"、"如何退"的目的是稳定脱贫；"五个一批"是实现稳定脱贫的措施和方法；"六个精准"和"七个强化"是实现稳定脱贫的要求和保障。2016年4月中共中央办公厅、国务院办公厅印发的《关于建立贫困退出机制的意见》中明确提出了贫困人口、贫困村、贫困县等三个层面退出的标准和程序。

课题组认为，对习近平精准扶贫思想的理解可分成以下三个层面：首先是贫困户脱贫层面。"扶持谁"、"谁来扶"、"怎么扶"、"如何退"四个基本问题，"五个一批"，"六个精准"均可以落脚到贫困户脱贫层面。其次是贫困村出列层面。贫困村出列要综合考量贫困发生率、村内基础设施、基本公共服务、产业发展、集体经济收入等因素[①]，"六个精准"的部分内容体现了这一层面。最后是组织实施层面。如"六个精准"和"七个强化"体现了这一层面。在这三个层面中，贫困户脱贫是根本，贫困村出列是支撑，组织实施是保障。贫困村的发展有其相对独立性，是美丽乡村建设和乡村振兴的基础；与此同时，贫困村的发展也有助于贫困户的脱贫，在当前脱贫攻坚任务较重的情况下，首要的是考虑通过贫困村的发展促进贫困户的脱贫，因此贫困村出列是贫困户脱贫的支撑。

综上所述，习近平精准扶贫思想的落脚点和目标是脱贫，而且是高质量的脱贫。2017年底召开的全国扶贫开发工作会议指出，由找准帮扶对象向精准帮扶稳定脱贫转变，由关注脱贫速度向保证脱贫质量转变，由开发式扶贫为主向开发式扶贫与保障式扶贫并重转变。习近平总书记在2018年中央农村工作会议上指出，"把提高脱贫质量放在首位"，这意味着脱贫工作的重心要从注重减贫进度向更加注重脱贫质量

---

① 此处没有将贫困县摘帽作为一个层面，主要原因是贫困县摘帽以贫困发生率为主要衡量指标，若每个村的贫困发生率都控制在2%以内，那么整个县的贫困发生率也就控制在了2%以内。

转变。2018年2月12日，习近平在成都市主持召开的打好精准脱贫攻坚战座谈会上指出：全面打好脱贫攻坚战，要按照党中央统一部署，把提高脱贫质量放在首位。事实上，高质量脱贫的重要体现就是稳定脱贫。稳定脱贫特指贫困户的稳定脱贫，贫困户实现稳定脱贫的过程见图1。

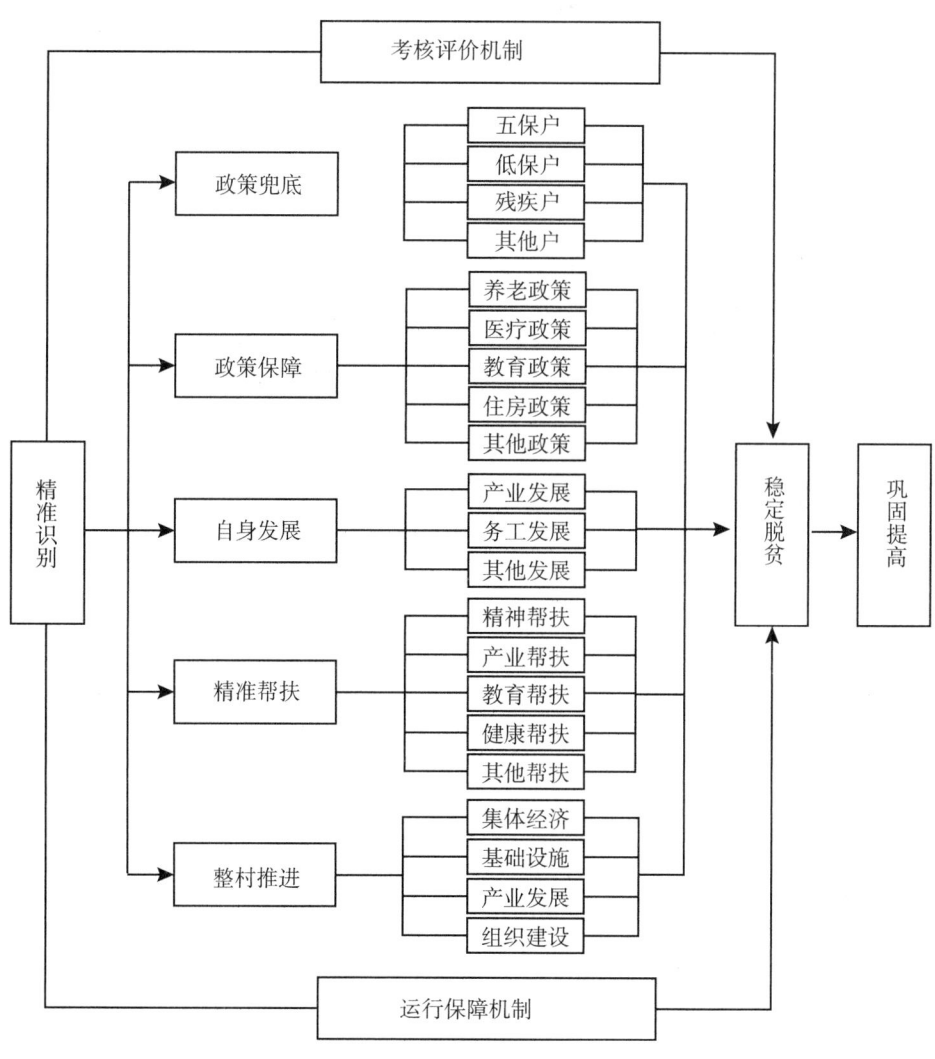

图1 贫困户实现稳定脱贫过程图

由图1可知，经过精准识别纳入贫困户后，可通过政策兜底（主要针对无劳动能力的贫困户）、政策保障（促进贫困户脱贫的各级各项政策）、自身发展（贫困户脱贫的内因）、精准帮扶（贫困户脱贫的外因）、整村推进（贫困户脱贫的软硬件环境条件）等因素综合作用实现稳定脱贫。在实现稳定脱贫目标过程中，又需要建立管理统筹机制加以实施，建立考核评价机制对稳定脱贫的过程和结果进行考核评价。

二、湖北省十堰地区稳定脱贫影响因素调查及分析

影响贫困户稳定脱贫的因素可分成内部因素与外部因素。内部因素主要是指贫困户通过自身努力实现脱贫，通常情况下包括打工收入、种植收入和养殖收入等3个因素。外部因素主要是指贫困户依靠政策、家庭、帮扶、环境的改善等外部措施实现脱贫，主要包括由产业奖补政策、小额信贷政策、教育补助政策、医疗保险政策、易地扶贫搬迁政策、家庭（子女赡养）因素、干部帮扶、村集体经济收入、村基础设施等9个因素。

2018年1月，课题组在湖北省十堰地区组织了对贫困户脱贫影响因素的调研。共发放调查问卷1651份，回收1629份，回收率为98.66%。在回收的问卷中，有效问卷1629份，其中丹江口市199份，郧阳区452份，郧西县195份，张湾区85份，茅箭区38份，武当山特区38份，房县296份，竹山县178份，竹溪县148份。在1629份有效调查问卷中，已脱贫户1229份，未脱贫户395份，返贫户5份，低保户484份，五保户40份。依据调研结果，以上12个影响稳定脱贫因素的权重情况如表1所示。

表1　　　　　　　　贫困户脱贫影响因素权重一览表

类别	因素	很大 (0.4)	较大 (0.3)	一般 (0.2)	不大 (0.1)	无 (0)	未选 (0)	加权结果	是否核心脱贫因素
内因	打工收入	0.35	0.34	0.14	0.07	0.07	0.03	0.28	是
	种植收入	0.13	0.38	0.26	0.15	0.07	0.01	0.22	否
	养殖收入	0.13	0.35	0.26	0.14	0.09	0.03	0.22	否
外因	产业奖补	0.14	0.43	0.29	0.07	0.06	0.01	0.25	是
	小额信贷	0.15	0.29	0.34	0.05	0.1	0.07	0.22	否
	教育补助	0.2	0.53	0.18	0.05	0.02	0.02	0.28	是
	医疗保险	0.3	0.55	0.13	0.01	0.003	0.007	0.31	是
	易地搬迁	0.42	0.45	0.08	0.01	0.006	0.034	0.32	是
	子女赡养	0.21	0.32	0.17	0.13	0.06	0.11	0.23	否
	干部帮扶	0.21	0.53	0.2	0.04	0.02	0	0.29	是
	集体经济	0.06	0.19	0.53	0.06	0.06	0.09	0.19	否
	基础设施	0.20	0.55	0.19	0.02	0.02	0.02	0.29	是

说明：判定是否核心脱贫因素的标准是加权结果大于等于0.25。

由表1可知，影响贫困户稳定脱贫的核心因素有7个，分别是打工收入、产业奖补、教育补助、医疗保险、易地搬迁、干部帮扶和基础设施。种植收入、养殖收入、小额信贷、子女赡养和集体经济5个因素未作为核心因素，主要原因如下：

第一，种植与养殖业风险高、收益小，单个的贫困户单纯依靠种植与养殖很难脱贫，更谈不上稳定脱贫。依靠种植养殖获取的收益，远不如依靠打工获得的收益高、收益快和收益有保障。大多数贫困户从事一些种植和养殖业主要是用于自己消费，真正形成一定规模的种植养殖户较少。第二，经初步调查，贫困户因发展产业需要小额信贷的比例不足20%。因此，小额信贷对稳定脱贫的影响力还不够大。在一些地方，贫困户进行小额信贷的目的不是发展产业，而是用于储蓄获得利息收益。还有一些地方，将贫困户的小额信贷集中起来使用，按照"户贷企用"

模式运行,有较大的风险,不少贫困户不愿按此模式进行小额贷款。第三,子女赡养是一个道德问题,也是一个法律问题。事实上,在农村,由于子女大多在外打工,且自身经济压力较大,往往难以照顾和赡养老人。甚者还存在少数子女将老人的存折据为己有的情况。同时,部分老人也因个人喜好,不愿意长期随子女生活。第四,村集体经济收入达到5万元以上,是村出列的核心指标之一。事实上,目前村集体经济收入的多少与贫困户脱贫没有直接联系。只有村集体经济收入达到相当规模,足以反哺村民时,村集体经济收入对贫困户稳定脱贫的作用才能显现。因此,在当前情况下,村集体经济收入不是核心因素。

三、湖北省稳定脱贫取得的成绩与存在的问题

进入"十三五"以来,湖北省稳定脱贫取得了显著成绩,体现如下:一是形成了"省负总责、市州主导、县抓落实"的工作体制,坚持五级书记抓扶贫。2017年,37位湖北省级领导分别联系37个贫困县,不脱贫不脱钩。二是一大批贫困户按期脱贫。2016年,湖北省147万贫困人口脱贫,1601个贫困村出列,12.04万户、32.84万人易地扶贫搬迁;2017年,湖北省91.7万贫困人口脱贫,1013个贫困村脱贫出列,3个贫困县脱贫摘帽,13.47万户、37.21万人实现易地扶贫搬迁。三是扶贫资金投入力度不断加大。2016年,湖北省、市、县三级财政共安排专项扶贫资金66.6亿元;2017年,湖北省、市、县三级共投入财政扶贫资金134.57亿元。四是"四双帮扶"全覆盖。2016年省、市、县三级共派出17074个扶贫工作队、93897名驻村干部;2017年,湖北省共派出17487个工作队、83201名干部到基层一线开展驻村帮扶工作,实现了4821个贫困村驻村帮扶全覆盖。五是创新扶贫方式激发减贫活力。如探索了银行、证券、保险"三驾齐驱"的金融扶贫新模式,推行"基本医保+大病保险+医疗救助+补充医疗保险"四位一体的健康扶贫模式,积极推进"政府+市场主体+农户+银行+保险"的"五位一体"产业扶贫推进机制,探索了多管齐下的光伏扶贫新模式,建

立了阻断贫困代际传递新机制等①。

尽管湖北省在稳定脱贫方面取得了较好的成绩,但也存在一些问题,主要包括:精准识别率有待进一步提高、脱贫户内生动力不足、脱贫政策有待完善、帮扶成效有待提升、基础设施需进一步完善、考核评价有待进一步优化等。

四、湖北省稳定脱贫机制构建

综合影响稳定脱贫因素调查结果,结合湖北稳定脱贫现状,在进一步做好精准识别工作的基础上,构建如下稳定脱贫机制,详见图2。

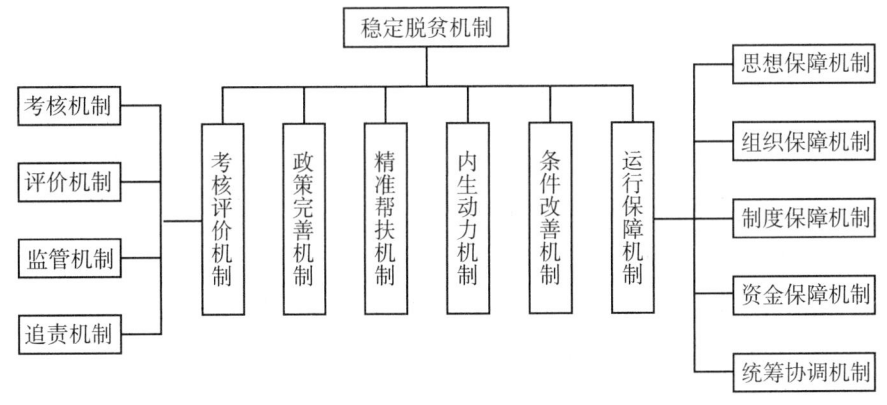

图2 稳定脱贫机制架构图

(一)构建内生动力机制

为激发贫困户的内生脱贫动力,主要靠外部的力量,说到底主要是依靠村两委、驻村工作队及帮扶干部的精神帮扶。为此,构建内生动力

---

① 参见《2016年度湖北脱贫攻坚发展报告》和《2017年度湖北脱贫攻坚发展报告》。

机制的关键是建立全方位的精神扶贫机制，做到扶智与扶志相结合。思想意识和精神面貌的改观是精神扶贫的第一要务。贫困地区的精神扶贫要做好两方面的工作，一是"破"，二是"立"。"破"指的是"治愚"，转变观念，解放思想，扫除脏乱差，打击假丑恶，与封建守旧思想作斗争，治理社会不良风气，摆脱思想观念上的"贫困"，倡导社会主义道德规范。"立"指的是"扶志"，提高认识，加强宣传教育工作，树立正确的世界观、人生观和价值观，大力弘扬自力更生、艰苦奋斗精神，调动贫困人口脱贫奔小康的积极性、主动性、创造性，激发贫困群众脱贫致富的信心和共建美好家园的愿望，引导其光荣脱贫。只有消除依赖心理，真正调动广大贫困户脱贫攻坚的热情与勇气，才能完成从"输血"扶贫到"造血"脱贫的模式转化，才能真正找到摆脱贫困的动力。

（二）构建扶贫政策协同机制

当前，关于精准扶贫的政策繁多，且政出多门，为此有必要对精准扶贫的政策进行梳理，对于不适合的应当予以停止或者废止，对于有缺陷的应当进行完善和补充。为促进政策协同，需建立政策审查机制、政策执行机制和政策评价机制。政策审查机制着重解决的是政策的合法性、合规性和可行性，避免为过于强调精准扶贫、精准脱贫的重要性相对忽略政策的合法性和相对公平性，避免出于良好愿望的政策不具有可行性。同时，政策的制定应当给地方一定的自主权限。政策执行机制着重解决的是政策的宣传、贯彻与执行的问题。政策出台后，各级扶贫干部应当深刻领会相关政策的内涵和意义，学会政策宣传的方式方法，提高政策宣传的效果，坚决贯彻落实政策，在贯彻落实中出现的问题应当及时反馈或研究解决。政策评价机制着重解决的是在政策实施一段时间后，对政策实施的效果进行评价，找出影响政策效果的原因，并予以持续改进。

（三）构建精准帮扶机制

首先，要建立健全精准帮扶的相关制度，如驻村工作队和帮扶干部选派制度、考核制度、绩效评价制度等，进一步明确驻村工作队、驻村第一书记、包户帮扶干部的职责。其次，要加强对驻村工作队学习和业务培训的力度。调查中发现，有些村的驻村工作队员更换频繁，对"四双驻村"帮扶的有关业务不熟悉，对该项工作的认识程度还不够高，有必要对其进行培训和学习，尤其要对驻村工作队长和驻村第一书记进行重点培训。最后，要重点提升对贫困户帮扶的效果。帮扶干部要因户施策、因需施策，根据贫困户的不同情况和需求用心进行帮扶，做到人到、感情到、措施到、效果到，使贫困户发自内心地感受到党的政策好、党的干部好，进而提高各方面的满意度。

（四）构建条件改善机制

改善乡镇及村级基础设施条件是贫困户稳定脱贫的必要条件之一。为构建条件改善机制，首先是要规范扶贫项目资金的管理与使用，集中资金，优先解决乡镇及村级道路、饮水、通信、网络及党员群众服务中心建设问题。其次是要统筹谋划，分步实施。乡镇级村级基础设施的完善较为复杂，需统筹考虑多方因素，涉及电力、水利、公路、农业等多个部门，哪些基础设施先完成，哪些基础设施后完成，需要统筹谋划，不能一蹴而就。最后是要将乡镇及村级基础设施的建设与完善与美丽乡村和乡村振兴衔接起来，要有统一的规划，分步实施。某种意义而言，加大对村级基础设施建设的投入，基础设施的明显改善，为贫困户脱贫和乡村振兴提供了保障。

（五）构建考核评价机制

考核评价机制主要包括考核机制、评价机制、监管机制和问责机制。当前，虽然有贫困户的脱贫标准，但却没有公认的贫困户稳定脱贫的标准。为此，应当建立贫困户稳定脱贫的标准，将此标准作为考核和评价地方精准脱贫成效的重要依据之一。监管机制的建立,注重的是过程管理,对在精准扶贫、精准脱贫过程中,发现问题及时处理,及时纠偏,避免造成损失或者损失扩大。问责机制的必要性不言而喻,"动员千遍,不如问责一次",精准扶贫、精准脱贫的问责应当成为常态化。

(六)构建运行保障机制

运行保障机制的内涵较为丰富,其包括思想保障机制、组织保障机制、制度保障机制、资金保障机制、统筹协调机制等。一是思想保障机制。以习近平新时代中国特色社会主义思想和习近平精准扶贫思想为指导,科学谋划和扎实推进贫困户稳定脱贫工作。二是组织保障机制。重点抓好村级基层组织建设和干部作风建设。选派好村两委班子,加强对村两委班子成员和村民小组长的教育和考核,充分发挥驻村第一书记在基层组织建设中的作用。加大对各级干部作风建设教育和考核的力度,从实际出发,努力改进思想作风、工作作风、领导作风、干部生活作风,深化作风建设,密切联系群众,牢固树立全心全意为人民服务思想。用心倾听群众的呼声,积极解决群众的实际困难,将矛盾化解在基层,树立一批基层干部先进典型。三是制度保障机制。科学合理的制度是实现稳定脱贫的根本保障,制定科学合理的稳定脱贫制度是脱贫攻坚的重中之重。应充分认识到稳定脱贫的制度的复杂性和关联性,制定制度和落实制度贯彻"系统性原则"。充分利用互联网、大数据,推进稳定脱贫制度的制定和实施。严格按照制度办事,将领导的决策、不同的权限和职责、办事的流程制度化。四是资金保障机制。进一步规范扶贫项目资金的使用,提高扶贫资金的绩效。高度重视扶贫项目资金的管理和使用,对近几年扶贫项目资金进行内部审计,对发现的问题及时整改,对套取扶贫资金的相关责任人给予党纪国法处理。按照《湖北省财政专项扶贫资金绩效评价办法》和《湖北省财政专项扶贫资金绩效评价指标》的规定,对扶贫项目和资金进行管理、使用和监督。五是统筹协调机制。金融扶贫、产业扶贫、教育扶贫、健康扶贫、社会扶贫、旅游扶贫、"互联网+"扶贫等多种扶贫模式需统筹协调。在稳定脱贫工作中，农业、林业、金融业、公路等多个部门需统筹协调。项目、技术、信息、资金、劳动力等多个资源需统筹协调。对未脱贫户的脱贫、对返贫户的脱贫、对已脱贫户的巩固提高需统筹协调。将统筹协调机制贯穿到整个精准扶贫与稳定脱贫工作之中。

  课题负责人：肖俊涛 湖北汽车工业学院教授、硕士
  课题组成员：刘国新 武汉理工大学教授、博士生导师
       周恩德 湖北汽车工业学院副教授、硕士
       王光杰 武汉理工大学、副教授、博士
       南瑞江 湖北汽车工业学院讲师、硕士

努力为国家及湖北省高质量发展作贡献
——武汉大学学生创新创业工作的实践探索

李 好

习近平总书记指出:"创新是社会进步的灵魂,创业是推动经济社会发展、改善民生的重要途径。全社会都要重视和支持青年创新创业,提供更有利的条件,搭建更广阔的舞台,让广大青年在创新创业中焕发出更加夺目的青春光彩。"作为国家教育部直属重点综合性大学,武汉大学恪守"自强、弘毅、求是、拓新"校训,长期专注于高级专门人才的高质量培养,在教育改革方面一直走在全国前列,并对学生创新创业教育及创新创业人才培养进行了有益的探索。

20世纪以来,武汉大学就一直在办学实践中探索创新和创造教育。在武汉大学校史上,有许多位校长重视创新和创业教育。首任校长王世杰先生在1929年上任时提出"此行目的要创造一个新的大学";著名哲学家李达校长在20世纪50年代提出"要使学生逐步能够独立、创造性地进行研究工作";尤其是著名教育家原武汉大学校长刘道玉在20世纪90年代以来发表了一系列关于创造和创业的论述,并先后出版了《创业与人生设计》《创造教育概论》《大学生自我设计与创业》《创造教育新论》等著述。正是得益于武汉大学的长期探索教育教学改革和重视创新创业人才培养,在20世纪90年代初期第一次创业浪潮中,中国民营保险业开创者陈东升、中国期货事业开拓者田源、中国信用评估事业开拓者毛振华等一大批创新型人才走出珞珈山,迅速成长为我国相关行业的中坚。

在2000年武汉大学等四校合并后,新组建的武汉大学开始了创新、创造、创业教育（"三创"教育）新模式的理论探索与实践创新。2001年，武汉大学明确提出坚持"厚基础、宽口径、高素质、创新型"的复合型人才培养目标，以"三创"教育理念为指导，以创新的教学管理制度为保障，以持续改进的办学条件为支撑，以不断完善的教育评价机制为保证，全面深化"三创"教育模式体系。伴随着互联网的兴起和新经济的发展，又一批武大学子勇立潮头、迅速成为行业标杆人物，如小米科技的雷军、一号店的于刚领军IT行业，人福科技的艾路明、王学海、南国置业的许晓明、蓝月亮的罗秋平、南方数码的杨震澎、尧舜建筑的郭水尧等，都成为投身实业创新创业的优秀企业家。2002年，武汉大学入选首批"'创业教育'改革试点高校"；2015年，武汉大学获批"全国高校实践育人创新创业基地"；2016年，武汉大学入选"全国创新创业典型经验高校"；2017年，武汉大学入选首批"深化创新创业教育改革示范高校"。

结合多年学生创新创业工作实践，总结经验并尝试探索新时期学生创新创业规律，笔者认为：武汉大学学生创新创业工作可以概括为不断构建和完善"四大体系"的过程，即始终围绕培养高质量创新创业人才，不断构建和完善创新精神培育体系、创业知识传授体系、创业竞赛推进体系、创业实践服务体系。

一、不断完善顶层设计，构建机制灵活、聚合力强的创新精神培育体系

1. 创新创业工作目标清晰务实

武汉大学全面贯彻党的教育方针，落实立德树人的根本任务，以"大众创业、万众创新"为导向，把创新创业教育贯穿于人才培养全过程，着重培育创新创业精神，努力提升创新创业能力；与此同时，积极探索校-企合作、校-地合作、校-所合作、校-校合作、校-社合作的协同育人新机制，以求全面推进武汉大学学生创新创业教育工作，为国家及地方科技、经济和社会高质量发展提供人才支撑。

2. "创业学院"协同机制优势明显

2015 年,武汉大学按照"职能统筹、协同运作;平台对接、协调配合;资源共享、合作共赢"的发展思路,创建了"创业学院"。为办好武汉大学创业学院,武汉大学本科生院、学生工作部、研究生院、研究生工作部、团委、就业服务中心、产业部等相关部门密切配合,围绕创新创业人才培养,聘请相关教师,邀请广大校友、知名企业家等共同参与制订武汉大学创新创业教育发展规划,有力推进了多方面创新创业资源共享。

3. 创新创业激励制度灵活适用

武汉大学为鼓励在校学生积极参加创新创业活动,设立了创新创业专项奖助学金;建立了创新创业学分积累与转换制度,探索将学生开展创新实验、发表论文、获得专利和自主创业等情况折算为学分,计入学业成绩;优先支持参与创新创业的学生转入相关专业学习;实施弹性学制,放宽学生修业年限,允许调整学业进程;允许学生休学创业、为其保留学籍,为学生创新创业开辟绿色通道,激励学生积极进行创新创业实践。

二、不断优化课程模块,构建覆盖面广、层次丰富的创业知识传授体系

1. 开设递进式、有衔接的创新创业通识课程群

2016 年,武汉大学开设了创新思维与方法、创新与创造、创新与实践、创业管理、大学生创业、创业金融、创业营销、创业论坛和创业导航 9 门创新创业通识选修课,授课人包括中国期货之父田源(元明资本创始合伙人)、岗岭集团董事局主席于刚(曾任一号店董事长)、中国诚信信用管理有限公司董事长毛振华、武汉当代科技产业集团股份有限公司创始人艾路明等。2017 年,武汉大学为有创业意愿的同学共开设了 34 门关于创新思维、创业基础、创业指导等方面的通识课程,被 8000 余名同学所选修。与此同时,武汉大学支持校外行业专家与校内教师合作授课,于 2017 年又邀请毛振华、艾路明等 50 余位商业翘楚

陆续走进创新创业课堂，2200余名选课学生聆听了知名企业家的创业理论及实践经验。此外，武汉大学还积极促进专业教育与创新创业教育有机融合，调整专业课程设置，挖掘和充实各类专业课程的创新创业教育资源，在传授专业知识过程中有机融入创新创业教育，将"三创"教育理念融入教学内容、教材建设、教学评估、专业实习、毕业论文等各个教学环节。

2. 建设高水平、专家化的创新创业师资团队

武汉大学整合了一批具有丰富的创新创业经历、理论研究深厚、实践经验丰富的专家学者和具有创新意识、科研能力强的教师，组建武汉大学创新创业教育专业队伍；积极从社会各界聘请著名科学家、成功创业者、知名企业家、风险投资人等各行各业优秀人才担任创新创业授课合作教师，形成一支专兼结合、校内外共建的高素质创新创业教师队伍。武汉大学将"三创"教育理念融入教师岗前培训和在职培训，组织教师参加创新创业教育课程在线学习，每年选派一批青年教师和管理人员赴国内外一流大学及相关组织机构进行交流、培训，不断提升创新创业教学、研究和管理水平。

3. 启动"自强创业班"建设计划

为进一步促进武汉大学各部门资源的深度融合，推动优质校友资源和社会资源与武汉大学创新创业人才培养无缝对接，武汉大学从2017年上半年正式启动"自强创业班"建设计划，聚集专业知识扎实且有强烈创业意愿和潜质的大学生，由校外企业家与校内导师共同指导。通过系统的创新创业课程学习，以及创业项目实践、孵化场地和资金支持，旨在培养具有强烈社会责任感和使命感、具备创新精神和创业能力的高素质拔尖创新创业人才。"自强创业班"的课程包括创业精神、创业基础、创业实践三大模块，其设置以创业流程为主线，21门课程、25个学分的辅修专业培养方案，由来自武汉大学本科生院、创业学院、经济与管理学院以及校内各部门的多位老师苦心探索，经过反复调研、讨论、打磨，为学子量身定制。首期"自强创业班"32人，来自14个学院（系）、24个专业，平均绩点3.36；第二期"自强创业班"31人，

来自12个学院（系）、22个专业，平均绩点3.496。在各种国家级赛事以及创业实践中，武汉大学"自强创业班"学生已开始批量崭露头角。

三、不断强化育人功能，构建注重参与感、可持续的创业竞赛联动体系

1. 以国家重大赛事为龙头

武汉大学坚持以"互联网+"创新创业大赛、"挑战杯"课外学术科技作品竞赛和"创青春"创业大赛等赛事为龙头，以赛促创。对于经过层层选拔具备参赛实力的项目，学校会聘请知名科学家、知名企业家、成功创业者、风险投资人等各行各业精英为同学们的创业项目提供指导；对于注重创业实践的项目和学生，则搭建路演对接平台和科技孵化平台，力求创业教育与科技成果转化有效结合，从而帮助其迅速而稳健地进入市场。这种"分类引导"既帮助学生开展创新创业活动，提高其实践动手能力，又培养了同学们的创新精神、创业意识和创新创业能力。

在"创青春"创业大赛中，武汉大学2014年3件作品入围，获得金奖2项、银奖1项；2016年6件作品入围，获得金奖4项、银奖2项，总分全国第四。在"挑战杯"课外学术科技作品竞赛中，武汉大学2015年6件作品入围，一等奖4项、二等奖1项、三等奖1项；2017年5件作品入围，获得特等奖1项、一等奖1项、二等奖3项，总分全国第七。

在"互联网+"创新创业大赛中，武汉大学2015年荣获金奖3项，获金奖数居全国第一；在近三届"互联网+"创新创业大赛中，武汉大学共获金奖5项、银奖3项和铜奖3项。

2. 以创业项目日常培育为抓手

武汉大学以培养提升学生的创新创业实践能力为目标，积极推进实施国家大学生创新创业训练计划项目，并努力促进项目转化落地。近年来，武汉大学每年立项建设1100余项大学生创新创业训练计划项目、30余项学科竞赛项目，每年参与的学生达7000余名。2017年，武汉大

学立项建设41项大学生学科竞赛项目和781项大学生创新创业训练计划项目，有121个学生团队共计700余名学生参与"互联网+"创新创业大赛。

武汉大学鼓励学生充分利用寒暑假开展社会实践实训活动，丰富学生第二课堂经历，优化知识结构，培养学生"知行合一、学以致用"的理念，加强学生创新创业实践能力的培养，使更多的拔尖创新人才在训练计划实施和项目转化落地过程中脱颖而出。目前，武汉大学建有国家级大学生校外实践教学基地14个，省级实习实训基地11个，校级实习实训基地88个。

3. 以各类激励政策为保障

武汉大学在全国率先实施"创新学分"制度，学生在校期间根据自己的特长和爱好从事科研、创业或社会实践活动所取得的优秀成果，经武汉大学创新学分评审委员会严格评审认定后被授予的学分。近3年，武汉大学共有637名本科生获得3847个创新学分。

武汉大学出台了《武汉大学学生学术科技创新及学科竞赛奖励办法》，将各类学术科技创新及学科竞赛划分为Ⅰ类赛事和Ⅱ类赛事，将学生在竞赛中取得的成绩与推荐免试研究生、奖学金评定等相挂钩，在Ⅰ类赛事（如"挑战杯"、"互联网+"和"创青春"等大赛）中获国家级金奖的本科生（若为团队则取前五名）可直接免试攻读研究生，有效激发了学生参与创新创业的积极性、主动性和创造性。

四、不断加强平台建设，构建全链条、重实效的创业实践服务体系

1. 不断营造浓厚的学生创新创业氛围

武汉大学努力以多种途径创造学生创新创业氛围：一是充分利用新媒体平台，加强宣传引导，发布创新创业信息，推送优秀校友成功创业案例；二是积极邀请社会知名企业家、专家学者来校举办创业辅导讲座、事迹报告，丰富课外创新创业教育活动；三是鼓励和支持开展

"珞珈之春"科技文化节、研究生学术科技节、"自强杯"创业大赛等创新创业活动;四是树立"英特尔全球挑战赛"总冠军李璟等一批学生创新创业成功典型,发挥创新创业典型示范作用;五是重视培养创客文化,弘扬自强拓新、敢为人先、敢冒风险、包容失败的创新创业精神。

2017年度,武汉大学开展创新创业训练营,创业教育培训、科技创新讲座等300余场,覆盖17000余人;有70多位老师面向全校学生共开设创新创业通识课程,有7400余学生选修学习;聘请100余位校外行业专家走进学校创新创业课堂,近10000人次学生受益;有近5000人次学生参加"挑战杯"、"互联网+"创新创业大赛、创新创业训练计划项目等实践活动;有100多个大学生创业团队在大学生工程训练和创新实践中心、珞珈创意园、珞珈创谷等平台孵化;有1100余名校内教师参与指导大学生创新创业实践。

2. 不断提升学生创新创业服务质量

近年来,武汉大学整合多方面创新创业资源,每年投入1200万元专项经费,支持学生开展学科竞赛、科研创新和创业实践。武汉大学与武昌区政府、校友企业家联谊会共同设立1.5亿元"珞珈创新天使基金",直接助力师生创新创业实践。武汉大学投入2800万元新建6200m^2的大学生创新创业实践中心,支持学生开展学科竞赛训练、科技创新创业等活动,目前已有51个团体、400余名学生入驻。武汉大学在科技园设立2000m^2小型孵化器,支持学生创业和科技成果转化实践;在珞珈创意产业园建立8400m^2的孵化器,为有一定规模和发展前景的创业项目提供孵化服务。武汉大学支持国际软件学院投入100万元和近900m^2办公用房建立学生创业教育与实践特色基地,积极探索大学生创新创业工作。这些创新创业场地总面积近15000m^2,从武汉大学校内的创新实践中心到校外的创意产业园、大学科技园,形成了完整的创新创业支撑服务体系,能够为学生创新创业提供建议咨询、政策支持、平台支撑、资金扶持和市场对接等服务。

3. 不断推进创新创业与科技成果转化协同

作为我国科技成果转移转化改革试点高校，武汉大学不断开拓政策空间，积极促进创新创业与科技成果转化协同，专门为科技成果转化、创新创业工作成绩优异人员评职称开辟"绿色通道"，支持教师、学生以对外转让、合作转化、作价入股、自主创业等形式将科技成果产业化，并鼓励教师带领学生创新创业。2017年度，武汉大学师生共申请专利数达1486件，其中发明955件、实用新型517件、外观设计14件；授权专利880件，其中发明575件、实用新型295件、外观设计10件；申请软件著作权336件，授权353件。科技成果转化合同总项数68项（5101万），其中转让37项（565.5万）、许可5项（185.5万）、作价投资26项（4350万）。截至2017年底，武汉大学与企业和科研机构开展多层次、多领域的合作，累计联合创办70多家高新技术企业，取得了良好的经济和社会效益，学校也获批"国家技术转移示范机构"。

多年来，武汉大学一直把创新创业教育融入人才培养全过程，构建了独具自身特色的学生创新创业工作体系，各类创新创业实践不断取得新进展。正如武汉大学校长窦贤康院士所指出的："创新是民族进步的阶梯，创业是时代发展的主题。青年大学生是'大众创业、万众创新'浪潮中的生力军，是推动实施创新驱动发展战略的青春引擎，高校开展大学生创新创业教育不仅是落实立德树人根本任务、培养拔尖创新人才的重要举措，也是对国家'双创'政策的积极响应和重要支撑。"

目前，我国进入改革开放新时期，新的形势意味着新的机遇和新的挑战。武汉大学将加强改革开放创新互促互动，继续坚持"成人"教育和"成才"教育相结合，不断完善多覆盖、多层次的创新创业教育体系，不断使创新创业教育贯穿于人才培养全过程，不断强化学生的创新创业精神，不断提升学生的创新创业能力，不断输出高质量创新创业人才，努力为国家及湖北省高质量发展做出新贡献。

报告撰稿人： 李　好　共青团武汉大学委员会副书记、博士

湖北省武陵山片区精准脱贫亟待破解"最难一公里"

中南民族大学课题组

2018年,中南民族大学课题组深入湖北省武陵山片区(下文简称"片区")开展精准扶贫调研。通过调研发现:一方面,武陵山片区脱贫成效显著,脱贫任务胜利在望。其中,有11个贫困县有望在2~3年内全部摘帽,有33个贫困村出列、14.2万贫困户摘帽、46.2万人销号;贫困规模降至85.1万人,贫困发生率降至19.8%,贫困人口减幅领先预期4个百分点。另一方面,武陵山片区条件好、易建设的基础设施已建完,多数项目已生根发芽只待开花结果,剩下的27.4万贫困户是最难啃的硬骨头。

一、武陵山片区精准脱贫还差"最后一公里"

(一)产业增收致富还差"最后一公里"

一是产业结构不够合理。武陵山片区三次产业比分别为25.6∶33.8∶40.6,对照片区规划目标需分别降低4.6%、提高3.1%、提高1.5%;片区旅游资源开发不够,乡村旅游收入仅占GDP的1.5%。二是特色产业培育不到位。武陵山片区贫困村主导产业多为传统种养殖业,农林渔统筹、种养加一体、三次产业融合发展滞后。恩施州近八成的贫困村的主导产业为水果、药材和茶叶,丰产期长,见效慢。此外,光伏扶贫因空地少、气温低,扶贫效益难持续。三是产业配套难跟上。武陵山片区水、电、网、路历史欠账多,商机进不来,产品出不去。金融扶贫政策落实不到位，贫困户申请贷款遭遇担保难、抵押难，片区缺资金户数高达30.3%。

（二）搬迁宜居宜产还差"最后一公里"

一是搬迁规划难落地。武陵山片区易地搬迁对象多（占湖北省1/4）、任务重（年均搬迁6.16万户）、情况复杂（处在高寒山区、三峡库区和地质灾害频发区，民族、贫困和生态问题交织），搬迁科学规划及有效落实难度大。省级层面主要负责下达搬迁计划，安置点规划布局、基本农田占用审批、搬迁后续产业等工作的"自由裁量权"在各县市。由于缺乏统一实施标准，导致部分地区出现"只见新房、不见新村"问题。一些地方审批时间长达45个工作日，严重影响搬迁进度。二是集中安置能力受限。武陵山片区县城和工业区安置前期投入多，资金缺口大。如来凤县，新建50户的居民小区，基础设施配套需1500万元，为国家搬迁预算的1.5倍。乡镇集中安置使村民远离原居住地，生活方式转变难，新吸纳就业有限。行政村就近安置存在安置规模有限、建设用地占用基本农田等问题。三是安置与宜产不同步。武陵山片区一些地方搬迁没有统筹考虑产业发展空间和配套，影响搬迁村民生计重构，可能出现"搬得出、稳不住、难致富"问题。

（三）生态补偿脱贫还差"最后一公里"

一是补偿范围有限。武陵山片区有退耕还林、天然林保护、生态公益林和石漠化治理等多种生态补偿类型，但受政策影响导致补偿范围有限。二是补偿标准不高。武陵山片区每亩15元/年的公益林补偿标准远不能补偿林农因生态保护减少的收入，甚至不够林农管护公益林工资，致使生态补偿脱贫效果有限。三是生态补偿参与激励不足。武陵山片区每亩2元的天然林管护经费标准太低，工资性收入不高抑制贫困户参与管护积极性，也不能达到生态补偿脱贫的效果。

（四）教育启智扶志还差"最后一公里"

一是助学启智基础弱。武陵山片区贫困人口文化程度低（文盲、半文盲率占 10.8%，小学文化程度占 40.7%）、贫困人口劳动技能低（无劳动能力、丧失劳动贫困人口分别占 39.9%、7.6%）、劳务输出率低（仅 18.9%），教育扶贫针对性不强，启智助学发展不够。二是农村义务教育薄弱。武陵山片区农村中小学教学点分散、硬件设施差、交通不方便、安全隐患大、食宿成本高；农村教师"引得来、难留住"，恩施州近三年新招录农村教师流失率高达 12%。三是教育与就业存在错配。武陵山"两免"及学费资助政策不能同步解决入学难、就业难，不能将教育投入转化为就业增收。恩施市免费为易地搬迁贫困户开展汽车驾驶技能培训，宣恩县、来凤县联合为贫困户举行招聘会，但因材因需施教不够，导致扶贫效果不佳。

（五）社会保障兜底还差"最后一公里"

一是基层执行标准走样。武陵山片区有的地方对低保对象认定有偏差、标准执行不严；有的地方人为提高门槛，恩施州农村低保对象由 2013 年的 30.9 万人断崖式减少到 2016 年 6 月的 12.8 万人，大量"可保"人员被挡在门外；有的地方高估务工人员收入，对现实家庭教育等支出判断不准，导致应保未保。二是因灾返贫时有发生。武陵山片区旱灾、洪水、泥石流等自然灾害频发，恩施州仅 2016 年上半年就发生较大自然灾害 12 次，群众受灾 55 万人次，直接经济损失 5.9 亿元，极易陷入"因灾返贫"的困境。三是因病致贫成最大难题。武陵山片区患慢性病和大病人数达 40.9 万人，占贫困人口的 31.1%；长期患大病成为致贫首因，因病致贫达 22.8 万户、占片区总户数的一半以上。片区新农合参保率比湖北省平均水平低近 10%，每千人拥有医疗卫生机构床位数、计生技术员及执业医师人数均低于全省平均水平。一些残疾、长期生病家庭因无钱医治，逐渐丧失劳动能力，导致家庭陷入长期贫困。

二、努力打通片区精准脱贫"最难一公里"

(一) 激发要素活力,释放产业潜力

一是有效承接产业转移。充分利用片区地处长江经济带核心区和长江中游城市群及成渝城市群的结合部的区位优势,加快招商引资,承接产业转移,提升武陵山片区产业竞争力。二是错位发展特色产业。武陵山片区应突出区域协同,打造特色产业集群,做大做强民族、文化、旅游、富硒等特色优势产业;培育壮大扶贫龙头企业,着力发展农民专业合作社、能人大户等新型经营主体,打造农产品地标品牌,提高附加值。三是筑牢产业发展根基。将武陵山片区列入农村"两权"抵押改革试点,支持盘活农村土地资产、激发农村发展活力,破解农村常住人口无心发展产业、无力脱贫致富的难题。

(二) 强化政策保障,提速搬迁进度

一是加强顶层设计。武陵山片区应出台安置点附属设施建设规划,满足农户存放生产工具、养殖牲畜、发展民宿等现实需求。二是分类保障农户生计。统筹武陵山片区优势产业发展与扶贫搬迁,提升产业带动效应。建议湖北省财政设立优质特色产业融合补助专项资金,促进特色产业基地、专业合作社、龙头企业等市场主体与搬迁户互惠发展。依托民族特色村寨和旅游景区,有效保障搬迁户的后续生计。三是简化项目审批程序。优化办事流程,开辟绿色通道,将扶贫项目招投标时间缩至30天,加快项目建设进度。

(三) 创新补偿机制,壮大生态经济

一是推进生态补偿市场化。经测算:恩施州森林碳资产价值高达53.2亿元,但实际能兑现的生态补偿资金仅占0.6%。建议科学核算武陵山片区生态价值和保护成本,建立碳汇交易机制,加快实现生态价

值。二是加大生态公益林补偿力度。对照商品林年收益，建议将武陵山片区公益林补偿标准提高至每亩 30~50 元。此外，建设每亩公益林地方财政将减收 30~40 元，建议国家按每亩 30 元对县市实行转移支付。三是营造绿色发展的政策环境。武陵山片区 11 县市均属国家禁止开发区域，建议中共湖北省委、省政府对武陵山片区实施特殊的考核机制，弱化经济考核，强化生态考核，树立"绿水青山就是金山银山"的政绩导向。

（四）实施教育扶贫，阻断代际传递

一是利用"互联网+"提升教育质量。大力发展互联网教学，通过"互联网+"让武陵山片区共享优质教育质资源。二是引导教师成为武陵山片区教育扶贫先行者。持续增加农村教师编制，实施"乡村定向培养师范生"计划，创新"县管校用"教师制度，提高农村教师待遇，将职称评定与农村支教挂钩，新招教师须有 2 年以上支教经历。三是大力发展职业教育。应注重武陵山片区职业教育内扶外帮，开展多层次职业培训，加大武汉城市圈职业院校对口帮扶力度，在教师互聘、资源共享等方面合作，推动学生走出山区实习，拓展就业门路；免除中等职业教育学杂费，为贫苦学子创造良好求学环境。

（五）实施"救助+保险"，编牢织实兜底网

一是实现应保尽保。重点把好武陵山片区低保申请关，入户调查和民主评议关，实行县乡村三级公示制和动态退出机制，从源头确保社保兜底精准到人。二是做好大病医疗救助和临时救助。对武陵山片区因残、灾、病等意外导致生活困难的给予临时救助，做到医疗救助、困难救助和低保兜底到人到户。加强医疗保障体系和救助体系建设，使远程医疗延伸至贫困村。提高大病报销比例，减少个人自负项目，对支付不起医疗保险、看不起病的贫困户和久病返贫者设置专项医疗救助基金。三是扩大保险覆盖面。对武陵山片区贫困户实行保费低廉、保单通俗、理赔简易、赔付率高的农村小额保险，将农房纳入保险范围，为贫困群

众筑牢风险防护墙。

三、片区精准脱贫还应"延伸一公里"

(一) 脱贫不减力,跟踪服务"一公里"

一是真脱贫脱真贫。要科学、全面、准确评估武陵山片区扶贫成效,对弄虚作假搞"数字脱贫"和"统计脱贫"的,严肃追究责任。二是建立动态跟踪机制。对武陵山片区贫困户状况动态识别、全程跟踪,对退出的贫困户要在一段时间内保持政策不变、力度不减,确保对贫困户"脱贫不脱项目"、贫困县"摘帽不摘政策",保持脱贫稳定性。

(二) 脱贫不忘本,示范引领"一公里"

一是提供优质高效公共服务。补齐武陵山片区公共服务短板,全面落实城乡养老、医疗等普惠政策,加大县乡村三级教育文化卫生设施标准化建设,减少脆弱性贫困,提升造血功能,巩固脱贫成效。二是释放扶贫政策红利。用好用足扶贫政策,以建设"生态绿色屏障、安全绿色人居、全域绿色景区和循环绿色经济"为目标,大力实施民生工程,增强武陵山片区群众获得感和幸福感。三是总结经验做好示范。总结提炼具有湖北特色的集中连片特困地区扶贫模式,积极推广富有实效、可供借鉴的武陵山片区扶贫经验和做法。

(三) 脱贫不懈怠,超越发展"一公里"

一是坚定决胜小康信心。坚定武陵山片区脱贫自信、发展自信,发扬艰苦奋斗、自强不息精神,实现农村基于现代化的更高水平的小康。二是培育发展动力。生态经济化和经济生态化并举,打造武陵山片区大众创业万众创新"沃土",鼓励脱贫户自谋职业、自主创业,实现"造血"式脱贫。三是厚植发展优势。结合精准脱贫,厚植产业发展根基、形成发展动能,用好差异化政策,发挥好后发优势,推动武陵山片区由发展低地向增长极转化。

  课题负责人：李俊杰 中南民族大学副校长、教授、博导、湖北全面小康建设研究院院长
  课题执笔人：耿　新　王　鑫　马　楠　金　军　李　波　段世德

武汉全面创新改革试验区建设的现状、问题与对策研究

黄 涛 等

本研究报告分析了武汉建设全面创新改革试验区取得的重要进展、面临机遇、拥有优势及制约因素,在借鉴美国构建硅谷创新生态系统的基础上,提出了加快建设武汉全面创新改革试验区的对策措施。

一、武汉建设全面创新改革试验区的现状

(一)"全面创新改革试验区"的启动

中共中央办公厅、国务院办公厅印发的《关于在部分区域系统推进全面创新改革试验的总体方案》(以下简称《方案》),以实现创新驱动发展转型为目标,以推动科技创新为核心,以破除体制机制障碍为主攻方向,确定京津冀、上海等8个地区为"全面创新改革试验区",开展系统性、整体性、协同性改革的先行先试,统筹推进经济社会和科技领域改革,统筹推进科技、管理、品牌、组织、商业模式创新,统筹推进军民融合创新,统筹推进引进来和走出去合作创新,探索营造大众创业、万众创新的政策和制度环境。

在8个全面创新改革试验区中,包括1个跨省级行政区域(京津冀)、4个省级行政区域(上海、广东、安徽、四川)以及3个省级行政区域的核心区(武汉、西安、沈阳)。按照《方案》制定的实施进度,2015年研究制定改革试验方案,协调落实有关改革举措,明确阶

段任务和目标，条件成熟后逐项报国务院批准实施；2016年全面推进落实试验区域的改革部署，开展阶段总结评估，对成熟的改革举措及时向全国推广；2017年后，滚动部署年度改革试验任务，组织开展对试验区域的中期评估，适时推广重大改革举措。2016年国务院对各个地区系统推进全面创新改革试验的方案进行了批复。经比较可知，除京津冀的使命是"推动形成京津冀协同创新共同体，打造中国经济发展新的支撑带"外，其他全面创新改革试验区均以区域创新发展使命为要义。国务院给广东的批复中的要求是，形成以创新为主要引领和支撑的经济体系和发展模式，推进广东省经济社会持续健康发展；安徽要"加快依靠创新驱动产业升级，为安徽省早日实现创新发展提供强大支撑"；四川要"加快构建全要素、多领域、高效益的军民深度融合发展格局，形成引领经济发展新常态的体制机制和发展方式，为推动四川省转型发展、长远发展、可持续发展奠定坚实基础"。

和省级行政区域比较，省级行政区域核心区的目标落实到政策和制度环境上，曾同为老工业基地、分列中、西、北三个方向，武汉、西安、沈阳各有使命承担——要求沈阳全力打造具有国际竞争力的先进装备制造基地，引领带动东北老工业基地全面振兴；西安以军民深度融合发展和统筹科技资源改革为主攻方向，营造大众创业、万众创新的政策和制度环境，在创新驱动发展方面探索新路；武汉要建设战略性新兴产业发展先行区、传统产业向中高端转型升级示范区，为促进区域协调发展提供支撑。

（二）武汉建设全面创新改革试验区的进展

2016年，国务院批复同意了武汉系统推进全面创新改革试验方案，强调坚持市场化导向和产业化方向，发挥区位、科教等优势，着力促进产业承东启西转移和调整，以推动科技创新为核心，以破除体制机制障碍为主攻方向，加快构建全新的产业创新体系，统筹产业链、创新链、人才链、资金链、政策链，建设战略性新兴产业发展先行区、传统产业向中高端转型升级示范区，为促进区域协调发展提供支撑。"五链统筹"即围绕产业链、部署创新链、打造人才链、完善资金链、配套政策链。武汉全面创新改革试验工作进展顺利，137项创新改革试验任务全面启动；需要国家授权开展的25项先行先试改革事项中，8项落地实施、13项正提交审议或按程序报批、4项处于政策设计阶段，2016年31项工作任务基本完成。

1. 实施"创谷计划"优化创新生态

"创谷"是融合高端生产生活生态功能、聚集高端创业创新创造要素的创新集聚园区，是产业定位前沿、创新生态良好、创业服务完备、生活便利宜居的创新发展载体，是"五链统筹"的创新生态系统。实施"创谷计划"是武汉市打造经济、城市、民生"三个升级版"的重要支撑，是发展动力转换与城市有机更新的契合点。

"创谷计划"要求拿出城市最好的空间，量身定做最好的政策，提供最优的配套服务，计划用3年时间打造10个以上的"创谷"。力争将"创谷"建设成为全面创新改革试验的承载区、自由创新的示范区和未来产业的孕育区。每个"创谷"规划面积3平方公里左右，众创空间、大学生创业特区、孵化器、加速器等业态一应俱全，形成功能闭环、创新活跃的"1公里生活圈"。围绕信息技术、生命健康、智能制造三大产业，每个"创谷"聚焦一个细分领域，吸引聚集创新人才和企业。针对创客、企业在不同阶段的多样化需求，每个"创谷"配套建设孵化服务、企业服务、金融服务、人才服务、智慧服务等五大服务平台，形成众创平台链条化、配套支持全程化、创新服务个性化、创业辅导专业化的服务体系。目前，7个"创谷"获批建设，其中2个已全面启动。

2. 实施"城市合伙人"计划

"城市合伙人"计划从合伙人的概念出发，将合伙人制度提升到城市发展和治理层面，围绕信息技术、生命健康、智能制造等战略性新兴产业，把产业领军人才、创新创业者、风险投资家等各类人才作为城市的合伙人，建立起平等互惠、开放包容的伙伴关系，在共同愿景下结成奋斗共同体、利益共同体和命运共同体，共同创业、共历艰辛、共享成果、共创未来，共同实现合伙人的事业梦和城市的复兴梦。武汉是全国唯一明确提出城市与人才平等合作、共同发展新理念的城市，并给予制度化的保障和礼遇。按照"条目式、清单化、看得懂、好操作、易获得"原则，出台了"三个10条"政策清单；聚焦三大产业，重点引进产业领军人才、知名创业投资人、青年创新创业人才"三类人才"。

依托市民之家建成"城市合伙人"服务中心、武汉市建立了"一人一表"政策服务清单，安排服务专员提供"一对一"服务、健全"一张绿卡全程服务"机制等，"城市合伙人"在相关奖励资助和落户、出入境、子女入学、住房安居、医疗保健等，都享有便捷服务。大部分"城市合伙人"在核心技术研发、重大项目推进方面取得了新的突破，创新成果不断涌现，技术竞争力不断增强，创新产品市场占有率不断提升，在汉上市或筹备上市的企业正在增多。"城市合伙人"计划目前已成为国内关注度最高、优惠度最大、吸引力最强的地方人才工程品牌之一。

3. 出台宽容失败决定

2016年7月，武汉市第十三届人大常委会第三十七次会议通过了《关于鼓励创新　宽容失败　促进全面创新改革试验的决定》（以下简称《决定》）。该《决定》通过法治方式出台容错机制，为全面创新改革试验保驾护航，营造公正、法治、便捷的创新环境。作为具有法律效力的规范性文件，《决定》包括引言和20条正文，有6条涉及"宽容失败"，"容错"成为最大亮点。与目前国内其他城市容错免责规定大多限于党员干部不同，《决定》注重容错对象的多向性，不仅包括国家机关及其工作人员，而且还将高校、科研院所及国有企业等创新主体一并纳入，对创新改革决策、科研、成果转化、财政资金支持项目等方面错失行为也作出了免责规定。国家机关及其工作人员开展创新改革工作出现失误，但符合党和国家确定的改革方向，按程序经集体决策，勤勉尽责，未谋取私利、未造成严重损失和恶劣影响的，对有关机关及其工作人员不作负面评价，不追究相关责任。高等院校、科研机构、国有企事业单位开展创新，没有达到预期效果或者因成果转化后续价格发生变化造成损失，其负责人尽到勤勉和忠实义务的，负责人不承担相关责任，不影响其继续开展创新。

4. 实施人才使用与激励办法

在提升科技工作者创新动能方面，武汉试验方案提出改革人才使用与激励机制，推进科技成果转化体制机制改革，让科技工作者充分享受转化成果，促进科技与经济的紧密结合。

武汉市在5个高校院所进行试点，将科技成果转移转化纳入职称评价指标体系和工作考核。在进一步深化职务科技成果使用、处置和收益管理"三权"改革方面，武汉研究制定支持高校、科研院所职务科技成果转化的实施方案和配套政策。目前，武汉市已有4所部属高校被确定为"三权"改革试点。自武汉市地区高校开展职务科技成果"三权"改革推进一年多来，已转移科技成果12244项，技术合同成交额66.2亿元。

作为科技成果转化的重要载体，武汉生物技术研究院、武汉新能源研究院、武汉光电工业技术研究院等10家工业技术研究院先后挂牌成立，其中8家工研院已挂牌运行。2015年，已运行的8家工研院累计孵化企业234家，成果转化145项。完善技术转移机制方面，武汉市正在加快建设国家技术转移中部中心，制定了产业创新能力倍增计划。截至目前，新认定市级企业研发中心87家，新引进12家国内外500强企业和跨国公司在汉设立研发机构。

根据武汉试验方案的任务分解安排，武汉市成立了由市财政局牵头，市国税局、市地税局和东湖高新区组成的财税改革工作专班。为鼓励企业和科技人员参与科技成果转化，武汉市根据调研提出政策建议：对于高新技术企业和科技型中小企业转化科技成果，给予企业相关技术人员的股权奖励，在个人获得股权奖励时，暂不征收个人所得税；在转让股权时，征收个人所得税。与国家现行税收政策相比，新政策具有适用范围更宽、判断标准简化、缴税压力减轻的特点。

随后，财政部和国家税务总局联合发文调整股权激励和技术入股有关所得税政策，不仅纳税时点后移，税率也统一调整为20%。武汉上报的税收方面先行先试举措，成为国家推行科技成果转化税收优惠政策的相关内容。仅技术成果转让一项，该项政策预计将惠及武汉市企业减税千万元。税务部门不再单一收税，开始参与资本培养，武汉试验方案有望在降低科技型企业税负上取得新突破。按照试验方案，除上述已实现的股权激励和技术入股纳税递延外，武汉市在财税体制创新领域还将取得其他突破，包括按照国家税制改革的总体方向和要求，对包括天使投资在内的投向种子期、初创期等创新活动的投资，研究探索相关税收支持政策；研究探索对符合条件的众创空间等新型孵化机构适用科技企业孵化器税收优惠政策。

5. 实施行政审批3.0改革

武汉市积极推进"互联网+政务服务"模式，起草了《关于2016年推进"互联网+政务服务"开展信息惠民工作方案》。深入推进区级综合行政审批工作，研究提出《关于开展区级综合行政审批改革的意见》，在洪山区、东西湖区、黄陂区、新洲区和东湖生态旅游风景区、武汉化学工业区，推行区级综合行政审批3.0改革。目前，东湖高新区已成立政务服务局，制作行政审批专用章，实行"一枚印章管审批"，建立智慧政务云平台，实现网上办公、网上审批、网上服务有机结合。

6. 制定支持企业技术创新政策清单

为支持企业加强技术创新，武汉市支持企业技术创新政策清单，鼓励企业加大研发投入，鼓励企业牵头承担国家重大科技项目，鼓励企业申报高新技术企业，支持创建国家、省、市级创新平台，支持创建国家、省、市级众创孵化机构，支持建立国家、省、市级产业技术创新战略联盟，资助企业发明专利创造，资助技术转移和技术交易，降低企业融资成本，鼓励企业领用科技创新券。

7. 探索科技金融结合机制

武汉积极探索科技创新、金融资本与产业资本深度融合的科技金融结合机制，突出推进投贷联动和创业投资。市人民政府设立的按照市场化方式运作的政策性引导基金，通过财政性资金投入，充分发挥武汉市科教资源优势，重点发展天使投资基金、创业投资基金，引导社会资本重点支持全市大学、科研院所、创新街区、创谷、科技企业孵化器、加速器、产业园区、众创空间内的战略性新兴产业领域具有自主知识产权的种子期、初创期和早中期科技创新型企业的发展，促进科技成果转化和产业化，全面提升科技型中小企业的创新能力。

（三）形成全国可复制可推广经验

武汉市实施"创谷"计划、实施"城市合伙人"计划、推进科技成果转化体制机制改革、通过法治方式出台容错机制、推进行政审批3.0版改革等，取得了较好成效。这些具有地方特色的改革举措具备推广价值。全国可复制可推广的经验和做法共27项，武汉以下4项改革举措被列入其中：投贷联动试点，外籍高层次人才引进服务政策完善，政务服务改革"马上办、网上办、一次办"，以及促进科教优势向经济优势转化的工研院模式。

2017年9月14日，国务院发文宣布在全国或8个全面创新改革试验区内推广涉及四个方面共13项支持创新相关改革举措。这是2015年确定的8个全面创新改革试验区首次向全国输出经验，在这13项举措中有两项改革来自武汉经验，分别涉及科技金融创新和外籍人才引进。国务院办公厅关于推广支持创新相关改革举措的通知中，第3项是"面向中小企业的一站式投融资信息服务"，搭建债权融资服务、股权融资服务、增值服务体系；第13项是"积极引进外籍高层次人才，简化来华工作手续办理流程，新增工作居留向永久居留转换的申请渠道"，明确要求8个全面改革试验区域在原有永久居留政策基础上，新增与工资和税收挂钩的市场化渠道，外籍人员达到工资、缴税、工作年限等方面规定标准后，即可申请永久居留。

二、推进武汉全面创新改革试验区建设的重要意义

（一）有利于促进产业承东启西转移和调整

武汉的全面创新试验以产业为主体展开，坚持市场化导向和产业方

向，以推动科技创新为核心，以破除体制机制障碍为主攻方向，紧紧围绕建设具有全球影响力的产业创新中心，加快构建全新的产业创新体系。建设战略性新兴产业发展先行区、传统产业向中高端转型升级示范区，合理选择承接东部转移产业，进行产业结构调整。坚持创新驱动，在产业转移和调整的过程中努力培育自身优势产业，内外兼修，促进产业发展。

为推进武汉全面创新改革试验区建设，加快构建全新的产业创新体系，武汉城市群加快基础设施建设，提高基础设施建设水平，在更广阔的空间内吸纳资金技术等生产要素流入，推动产业结构调整和优化。近年来，武汉城建投资逐年攀升：2014年1516亿元，2015年1798亿元，2016年2009亿元，2017年达到2362亿元。政府的大力投入，为承接产业转移创造更好的硬环境，为产业转移的物质、人员流动提供更方便的渠道。

（二）有利于推动科技成果向现实生产力转化

通过全面创新改革试验，突出科技成果向现实生产力转化，武汉加快建设政、产、学、研、用相结合的技术研发、成果推进、协同创新平台，完善以市场为导向、以企业为主体的技术创新体系，促科教优势变经济优势。注重科技引领，强调创新驱动，打通科技与经济集合通道，进一步健全科技成果转化机制。

创新型经济的发展背后是创新技术的支撑。在提升科技工作者创新动能方面，武汉试验方案提出改革人才使用与激励机制，推进科技成果转化体制机制改革，促进科技与经济的紧密结合。作为科技成果转化的重要载体，武汉生物技术研究院、武汉新能源研究院、武汉光电工业技术研究院等10家工业技术研究院先后挂牌成立，截至2016年，全市工研院累计孵化企业279家，其中29家已通过高新技术企业认定，在研项目363项，开展科技成果转化项目512项。完善技术转移机制方面，武汉市正在加快建设国家技术转移中部中心，2016年1至6月全市技术合同交易额达到313亿元，同比增长33.7%。

(三) 有利于推进经济结构战略性调整

通过武汉全面创新改革试验区的建设，新型工业化加快推进，优势产业核心竞争力持续增强，产业集聚及其效益逐步显现。2011年，电子信息、汽车及装备制造、生物医药三大新兴产业，投资比重仅占37.7%，而2016年这一比重快速跃升至63.6%。在过去5年中，武汉高新技术产业产值翻了近两番，以每年1500亿元到2500亿元的速度增长。

通过全面创新改革试验区的建设，武汉加大转型力度，深入推进经济结构的战略性调整。国家存储器基地、国家航天产业基地、新能源和智能网联汽车基地、国家网络安全基地等四大国家级新基地建设在武汉次第展开，城市战略性新兴产业构筑重要新底盘。高新技术产业竞速发展的局面正在形成，一些核心关键技术不断取得突破：超大容量光传输技术多次刷新我国光传输最高纪录；大功率激光器、9轴联动高性能数控系统等创新成果实现了产业化，打破了国外技术封锁和产品垄断，填补了多项国内空白。根据实施方案，武汉市将围绕新一代信息技术、生物、高端装备、新材料、绿色低碳、数字创意等重点领域，突出集成电路、光通信、新能源汽车、高端数控装备、北斗等优势行业细分领域，培育壮大战略性新兴产业。

(四) 有利于打造全省经济社会发展"新引擎"

当前，"双创"正在成为经济社会发展的新引擎。武汉处于全面建设成小康社会、率先在中部崛起的关键时期，房地产、制造业、基础设施建设投资等传统的引擎面临极大的下行压力，以创业创新带动产业结构转型升级、提升经济发展的动力迫在眉睫。武汉推进全面创新改革试验工作的最终落脚点是推动武汉产业的转型升级，探索出一条产业创新发展之路。

武汉通过全面创新改革试验区的建设，释放创新活力，自主创新能力不断增强，激励机制不断健全、政策环境更加完善，科技创新的积极性和主动性得到提高，理论创新、制度创新、科技创新、文化创新等各方面创新不断推进。坚持科技面向经济社会发展导向，围绕产业链部署创新链，围绕创新链完善资金链，从而破除科技成果转移扩散的障碍，提升创新体系整体效能。充分发挥科技创新在全面创新中的引领作用，通过推动大众创业、万众创新，释放新的需求，创造新的供给，推动新的技术、产业、业态的蓬勃发展，使创新在全社会蔚然成风，使创新成为经济社会发展"新引擎"。

（五）有利于加快国家中心城市建设

在我国大众创业、万众创新的新常态下，复兴大武汉已成为社会共识。2016年12月15日，国家发改委正式批复支持武汉建设国家中心城市，并明确武汉的战略功能定位为：经济中心、高水平科技创新中心、商贸物流中心和国际交往中心。

创新决定城市未来。成为国家中心城市，首先要成为全国"创新高地"。通过全面创新改革试验区的建设，武汉的资源、地缘、技术等优势要素将得到充分发挥，产业规模不断扩大、产业体系更加完备、产业结构更加多元、产业辐射更加强劲。通过产业结构转型，加快武汉的产业升级，突出了城市中心功能，从而能够在下一轮经济增长周期到来时迎得先机，在经济发展过程中形成"产业高地"。通过在政府服务与制度环境上"先试先行"，营造形成匹配的政策体系，提升政府服务功能，为建立现代产业体系打下良好基础。

三、武汉建设全面创新改革试验区的机遇和优势

（一）武汉建设全面创新改革试验区面临的机遇

1. 中国经济新常态的机遇

目前，中国处于经济发展重要的战略机遇期，新常态给中国带来了新的发展机遇，形成新的增长点有赖于创新驱动，创新驱动上升为第一

动力。武汉通过全面创新改革试验区的建设，推动创新驱动发展体制机制的改革。另外，随着"一带一路"倡议、京津冀协同发展、长江经济带等区域发展战略的制定和实施，区域结构逐步得到优化。政府简政放权，从体制机制上给各类市场主体松绑，有利于发挥市场在资源配置中的决定性作用。

2. 国家创新驱动发展战略的实施

随着国家实施全面深化改革以及创新驱动发展战略，武汉市政府的工作朝着创新服务转变，武汉"城市合伙人"和"创谷"这两大计划，把创新创业者的痛点变成了政策供给着力点；科技体制机制成改革热点，对高校院所科研成果进行"三权"改革；通过改革科技计划管理体制，努力实现从研发管理到创新服务的转变。

3. 多项国家战略的叠加

国家经济发展重点从东部到西部再到中部，武汉作为中部重要城市，迎来密集的政策利好。当前，40多项国家战略与改革试点在武汉叠加，国家深入实施促进中部崛起、"一带一路"长江经济带、国家全面创新改革试验区、湖北自由贸易区武汉片区、东湖国家自主创新示范区等战略。长江经济带战略赋予武汉建设长江中游航运中心和引领长江中游城市群发展的重任，有利于加快高端要素集聚，提升辐射带动功能，在推动形成区域协同发展增长极中发挥更大作用。国家新型城镇化综合试点、武汉城市圈科技金融改革创新等国家战略推进实施，有利于发挥内需前沿阵地优势，拓展新的消费、投资空间，是武汉率先全面建成小康社会、打造创新驱动型经济的重要支撑。

4. "大众创业、万众创新"的推进

为了贯彻落实党中央、国务院关于大力支持大众创业万众创新的指示精神，加快实现湖北创新驱动、跨越发展，"十二五"期间，湖北省先后出台了30余项政策，持续为科技创新创业清障搭台，在深化科技体制改革、优化科技创业环境、建立健全科技创业牵引服务机制、加大财政资金支持力度，推动大众创业万众创新等方面进行了广泛深入的探索。先后制定了《关于促进高校院所科技成果转化的暂行办法》《关于推动高校院所科技人员服务企业研发活动的意见》《省人民政府关于发展众创空间推进大众创新创业实施意见》《湖北省激励企业开展研究开发活动暂行办法》等系列文件，有力引导了技术、成果、人才、平台和资金等资源向创业一线聚集，实现了在政策上突破、在能力上提升、在资源上融合、在投入上聚集的综合效应。这些政策短期内有利于应对经济下行压力、为经济发展注入新活力，中长期则有利于支撑产业转型升级与经济结构调整，推动经济社会持续健康发展。

（二）武汉建设全面创新改革试验区的自身优势

1. 区位优势

武汉历来被称为"九省通衢"之地，是中国内陆最大的水陆空交通枢纽。武汉位于横贯东西的长江和纵穿南北的京广铁路干线的交汇处，与北京、天津、上海、重庆、西安等特大中心城市的距离都在1200公里左右，具有承东启西、沟通南北、维系四方的作用。以武汉为中心，以1000公里为半径画圆，可覆盖全国10亿人口和90%的经济总量，市场辐射的比较优势尤为突出。武汉拥有中部地区最为完善的"铁水公空"一体化现代综合交通体系，是中国经济地理的"心脏"，京广、京九、汉丹、沪汉蓉、京港5条铁路干线，以及京珠、泸蓉等6条国道在此交会，武汉正在成为全国4大铁路运输枢纽之一。水运已形成"干支一体，通江达海"的客货运网络，武汉港是我国长江流域重要的枢纽港和对外开放港口。华中地区最大的航空港武汉天河机场，是华中地区唯一可办理落地签证的出入境口岸，为全国4大枢纽机场。巨大的区位交通优势推动了武汉现代物流业的快速发展，以建设国家级物流枢纽城市为目标，合理规划布局以现代物流园区、物流中心、配送中心为节点的现代物流体系，武汉作为联结国内外两个市场和促进中国东、中、西部互动的桥梁纽带功能逐步显现。

2. 科教资源优势

武汉市教育资源丰富，科技实力雄厚，科研部门、高等院校云集。"十二五"期间，武汉地区普通高校达到82所，在校大学生达到107

万人，部属高校约占全国总量的10%，超过中部地区其他五省之和；拥有两院院士68人；国家（重点）实验室、国家工程（技术）研究中心和国家企业技术中心达82家；国家高新技术产业化基地29个；千万平方米孵化器建设工程取得突破性进展，孵化场地面积达920万平方米，孵化场地面积和孵化器质量均位居同等城市前列。"十二五"以来，武汉市科教资源进一步聚集，科技创新能力不断提高，在中部地区处于领先地位。

3. 产业资源优势

武汉是国家重要的老工业基地，拥有较为完备的工业体系和产业基础，资源禀赋和要素成本优势明显。近年来，武汉市按照产业链、创新链、人才链、资金链、政策链"五链统筹"的总体思路，聚焦重点产业领域，集中优势资源，高标准、高水平地建设了以中国光谷、武汉未来科技城、中华科技产业园、国际制造业资源配置中心、国家节能环保产业基地等为标志的一批国家产业化基地，加快打造具有全球影响力的战略性新兴产业集群。数据显示，2015年，武汉市高新技术产业产值实现7701.41亿元，高新技术产业增加值实现2235.65亿元，占地区生产总值（GDP）的比重达20.5%。

总体而言，武汉市高新技术产业发展呈现"三个基本形成"的特点。一是基本形成以东湖高新区为核心的产业集聚发展格局。东湖高新区是我国第二个国家自主创新示范区，是武汉市高新技术产业发展的核心区。东湖高新区坚持自主创新和创业培育，打造了以光电子信息产业为核心，生物与健康、智能装备、现代服务业等为主的战略性新兴产业集群。二是基本形成优势产业集群式发展格局。信息技术、生命健康、智能制造、新能源汽车、"互联网+"等新兴产业，已形成集群式发展态势，并且具有覆盖创新全链条的科技创新服务体系。三是基本形成较强的产业创新能力。目前，武汉全市拥有各类国家级科技创新平台84个、国家级高新技术产业化基地29个。高新技术企业累计1656家，数量居全国副省级城市第五位。

4. 人才优势

目前，武汉地区集聚普通高校89所，各类科研机构778家，是全省发展的重要人才培养基地，据统计，武汉在校大学生和研究生占常住人口的10%以上。武汉市实施"百万大学生留汉创业就业工程"，确保5年留下100万大学生，着眼于大学生发展现状、立足于全市发展大局，为推动大学生成为社会的优秀人才、实现"大众创业、万众创新"奠定坚实基础。

人才引进方面，武汉以繁荣双创主体为核心，依托国家"千人计划"、湖北省"百人计划"人才、"3551光谷人才计划"、"楚才回家工程"等，在全球范围内招募"城市合伙人"，推动双创人才汇聚。发挥区域科教资源优势，聚焦科技人员、大学生、海归创业、大企业员工创业"新四军"力量，培养了一批创新创业人才团队和具有创新意识的企业家、具有企业意识的投资家，促进了人才资源合理流动以及人才发展与服务环境的优化。

5. 政策优势

武汉市通过颁布系列政策措施营造了浓厚的创新创业氛围，政策环境不断完善。近年来，湖北省密集出台了多项关于促进科技成果转化、推动产业发展、鼓励创新创业等方面的政策。2012年8月，出台了《促进东湖国家自主创新示范区科技成果转化体制机制创新的若干意见》（简称"黄金十条"），并相继推出40多项配套政策，引领了全国科技成果转化政策创新。2013年12月，按照"实惠归个人、荣誉归学校、利益归社会"的原则，出台了《湖北省人民政府关于促进高校、院所科技成果转化暂行办法》（简称"科技十条"），推动全省科技系统、高校院所、企业、中介机构和投资机构建立起"五方协作联动机制"，推进了多项先进适用科技成果在市县转移转化，科技成果首次商业应用转化、已应用成果向更多企业扩散。2014年4月8日，武汉市政府常务会议原则通过了《市人民政府关于深化高校、科研机构职务科技成果使用、处置和收益管理改革的意见》（简称"汉十条"），其中最为核心的改革新政是武汉地区高校及科研机构科技成果转化自主进行，不再需要报批，助力武汉成为科研人员创业的"政策洼地"。2014年12月，东湖国家示范区推出《东湖国家示范区关于建设创业光谷的若干意见》（简称"光谷创业十条"），拓宽了受惠人群，不仅面向大学生、高校教授，还面向有一定工作经验的创业者群体，以激发释放创业资源和潜力为目标，坚持需求导向，针对创业活动不同阶段的个性化特点，围绕制约创业者和初创企业的突出问题进行政策设计。2015年5月，湖北省科技厅在前期工作基础上，立足湖北实际，推出针对性更强、力度更大的《深入推进科技创业的十条意见》（简称"科技创业十条"），主要围绕建设新型创业服务平台和专业技术平台、优化科技创业金融环境、建立健全科技创业牵引服务机制、加大财政资金支持力度、优化创新创业配套服务等方面进行政策扶持。

前期的政策为武汉成为全面创新改革试验区创造了良好的条件。2015年10月，湖北省出台了《湖北省人民政府关于推动高校院所科技人员服务企业研发活动的意见》（"新九条"），这是针对促进湖北科教资源优势转化为经济社会发展优势的又一项重要的专项政策，旨在针对高校和科研院所科技人员对经济发展贡献不足的问题，进一步破除高校、院所体制机制束缚、激励科技人员增强服务企业技术创新的积极性与主动性。同年还颁布了《湖北省人民政府关于做好新形势下就业创业工作的实施意见》《湖北省人民政府办公厅关于"三证合一"登记制度改革的实施意见》，加大了创业创新政策集成应用，有利于形成政策合力。通过以上政策条例，武汉市在科技成果转化收益分配、行政在职科研人员创业、科技成果收益税费等多个领域，率先完成突破，促进了科技成果的转化。

四、制约武汉全面创新改革试验区建设的因素

自建立全面创新改革试验区以来，武汉致力于构建全新的产业创新体系，围绕产业链、部署创新链、打造人才链、配套政策链，在实现创新驱动、跨越发展的工作中取得了一定的成绩，但是依然存在不足之

处,创新体制机制急需完善,制度环境仍需优化。

(一) 产业结构调整滞后

随着我国改革进程的不断推进,全国各主要城市已凭借区域性产业政策优势和资源配置优势,通过粗放式的发展方式快速进入工业化中后期阶段。武汉目前的产业现状存在服务业总量小、占比低,工业规模小、集聚低,高端产业小、创新低的不足,如何过渡到科学的可持续发展的增长方式是武汉产业结构调整面临的现实问题。

一是高能耗的问题。由于武汉产业,特别是工业结构偏重的矛盾异常突出,节能减排是一个长期困扰武汉发展的历史性问题。近年来,虽然武汉万元 GDP 能耗呈现持续下降趋势,但与同类城市相比,能耗水平依旧较高。在当前能源偏紧的大环境下,武汉又地处能源相对贫乏的湖北省,今后能源的约束性矛盾将进一步显现。

二是老产业的问题。武汉产业结构从改革开放前后的"一钢独大"发展到钢、油、车的"多点支撑",作为老工业基地,武汉工业的传统优势明显,所占比重相对较高,虽然近年来随着经济结构的优化,服务业比重越来越大,第三产业对经济发展的拉动作用越来越明显,但武汉的产业结构仍以传统工业为主,且三大领域的产能还在不断提高。武汉钢、油、车三大产业如何经受市场考验,顺利完成结构的优化升级将是提升武汉综合实力的关键。

三是无核心的问题。对于重点行业来说,产业结构调整的过程也是一种产业集聚的过程,这种集聚效应包含优势资源、先进技术和品牌培育。近年来,武汉经济总量虽然进入全国城市前列,在很多生产领域都具有一定的比较优势,但还无法形成城市的"联想行业",主要原因是行业集聚度不高,没有在全国形成一个市场核心,尽管武汉初步建立发展了一批创意产业园区,但产业集群效应并不明显,存在"集而不群"现象,主要表现在:中高端原创研发环节和下游推广营销环节整体相对薄弱,中间制作生产环节也不够强大,各环节关联、互动与合作不足;企业各自为政、部门条款分割、行业垄断壁垒等现象突出。

(二) 技术创新主体弱

武汉市存在着科教机构人才密集与企业创新人才缺乏的结构性问题，不利于全面创新改革试验的开展。虽然武汉科教优势突出，科技人员总量大，但总体分布明显失衡，高层次科技人才大部分集中在大专院校和中央在鄂科研单位，企业创新人才十分缺乏，企业技术创新能力薄弱，研发投入不足。

市场主体发育不够，中等规模以上企业偏少，科技型中小企业规模小数量较少的情况也不利于武汉进行全面创新改革试验。湖北省大中型企业中有研发活动的比例仅为23.6%，规模以上工业企业中有研发活动的企业比例为10.3%，小型工业企业中有研发活动的企业比重仅为7.7%，规模以上工业企业R&D经费支出占主营业务收入的比重仅为0.8%，低于0.93%的全国平均水平。只有企业主导技术研发和创新，才能加快技术创新成果转化应用，才能有效整合产学研力量，才能真正解决科技与经济"两张皮"问题，而目前武汉企业产品主要集中在中低端，科技创新在产品价值中的作用没有得到充分体现，具有竞争力的自主品牌明显不足。

（三）创新能力下行

1. 创新资源投入能力方面

国际上一般用R&D投入强度来衡量企业生存、发展与竞争能力，根据《2015年全国科技经费投入统计公报》数据显示，2015年研究与试验发展（R&D）经费支出超过千亿元的省（市）有5个，分别为江苏、广东、山东、北京和浙江；研究与试验发展（R&D）经费投入强度超过全国平均水平的省（市）有8个，分别为北京、上海、天津、江苏、广东、浙江、山东和陕西，湖北地区在创新资源的投入上有待提高。从发展的趋势看，普遍认为企业R&D投入强度在5%以上才有竞争力，虽然武汉市R&D经费支出以及R&D占GDP比重也保持逐年增长的状态，但企业R&D投入强度距离5%还有较大距离，企业技术创新能力成为短板,这表明武汉企业创新资源投入能力、竞争能力仍然急需提高。

2. 创新产出能力方面

根据《中国区域科技进步评价报告2015》,湖北省科技活动产出优势主要集中在"万人科技论文数"和"国家级科技成果奖系数"两个指标,分别位居全国第7位和第3位;而重要的"万人发明专利拥有量"指标则位居全国第12位,与其他省份相比,湖北省的知识创造优势有所弱化。2015年,武汉市有效发明专利量为19610件,年增长率30.7%。每万人有效发明专利拥有量为18.97件,在全国15个副省级城市中,有效发明专利量排名第7位,比2014年下降1位。

根据《2015年武汉市专利统计分析报告》,武汉市研究开发方面存在以下问题:一是武汉市发明专利申请与其他城市相比差距明显,发明专利申请无论在绝对数量上或是增速上仍有较大差距,总体处于中游地位。二是发明专利集中度高、区域分布不均衡。发明专利申请区域分布分化严峻,集群差距显著,部分行政区(开发区)创新能力欠缺,能申请发明专利的创新成果甚少。三是高新技术企业专利产出能力有待提高。对大部分高新技术企业而言,自我创新能力、专利创造产出能力均显不足,不能形成突出的创新优势。四是科研院所和个人发明专利创造能力有待增强。2015年武汉市68家科研院所提出的发明专利申请数量仅为887件,远远落后于企业与高校的发展速度;个人(非职务)发明专利申请共计1099件,仅比2014年增长了百余件,个人发明专利申请的空间有待进一步提升和释放。

(四)重"研究"轻"转化"

武汉拥有雄厚的科技资源(包括成果资源和人才资源),然而,雄厚的科技资源在总体分布结构上呈现出非平衡态,科技力量的绝对优势主要集中在中央部属、省属科研院所以及高等院校,武汉经济主战场的科技力量相对薄弱。武汉的科技存量与科技创新、转化为现实生产力存在错位现象,科教优势与产业发展不对称。

武汉科技成果转化始终存在着两个基本问题：一是科技成果流失问题，大量科技成果没有在本地转化，并相伴着人才流失的问题，即"墙内开花墙外香"；二是科技成果闲置问题，即科技成果不一定能成功商业化应用，专利可能被束之高阁无法发挥经济效能，即"养在深闺人未识"。长期以来，武汉市的创新资源在经济发展中的支撑作用没有得到充分发挥，科教优势并未完全转化成城市现实的生产力，造成这种现象的主要因素有以下几个方面。

1. 科教资源的分割与浪费

一是研究与使用分割。高等院校可直接转化的科技成果不多且科技研究与市场需求脱节。武汉科研成果总体数量大但应用型成果比例小，可直接转化的成果少，有效的创新资源匮乏，大多数科研机构特别是高校传统的管理体制使科研方向不明晰，市场针对性不强，实效性差。二是研究与研究分割。项目来源渠道与研究单位均未整合，存在项目重复申报与研究的情况，容易导致各研究单位不能形成各自的优势领域，不利于技术资源的有效集成和利用。三是使用与使用分割，武汉地区企业缺乏开放和合作意识，只专注于发展本企业的自有产业，没有从整个产业链发展角度来把握商机，处于优势地位的大型国有企业很难与相关科技型中小企业共享科研成果，制约了重点产业行业集群式发展。

2. 信息资源与企业的互动性差

技术转移的供需双方缺乏有效的互动与交流，科研机构的科技成果难以服务于合适的企业，难以实现量产和规模化；企业渴盼用科技进步来优化和带动自己的产业升级，自身投入做研发的实力不够，却又难以找到科研机构做支撑。信息资源与企业互动性差导致了科技成果不能就地转化。

3. 中介平台缺乏品牌吸引力

武汉市现有各类科技中介机构中公益性政府中介机构占大多数，由于管理分割，工作趋同，服务内容简单，没有形成品牌平台，技术供方不知道把技术放在哪个市场平台，而急需技术的企业在大量的中介信息中难以筛选出合适的内容，这既制约了科技中介服务业的发展，也难以为企业提供全方位综合配套服务。

(五) 市场主导作用不足

企业是创新的主体，但很长时间内政府替代企业成为主体，正是自上而下的科技资源配置方式决定了创新的主体是政府而不是企业。让企业成为创新的主体的关键是要正确处理好政府与市场的关系，企业作为创新活动的主体能够将技术创新与市场需求紧密结合，高效利用创新资源，加速将创新资源转化为经济发展成果，政府具有支持和引导技术创新发展的重要使命。目前，武汉市的技术创新市场导向意识不强，企业的技术引进、技术改造带有浓厚的政府行为色彩，政府有时甚至成为技术创新的投资和决策主体。武汉的科技创新活动主要集中在高校和科研机构，市场针对性不强，而这些机构内部存在着科研管理行政化倾向。

五、美国构建硅谷创新生态系统的做法及启示

(一) 美国构建硅谷创新生态系统的做法

创新生态系统概念最早由美国竞争力委员会于 2004 年在《创新美国——挑战与变革》报告中提出，该报告指出创新生态系统是由具有创新能力的科研机构和高校、科技人才、制度和社会经济环境、金融机构、完备的基础项目研究等多种驱动因素构成。美国硅谷之所以能诞生苹果、惠普、英特尔等一大批世界著名的高科技企业，在很大程度上得益于形成以大学、企业、研究机构为核心要素，以政府、金融机构、中介组织、创新平台、非营利性组织等为辅助要素的多元主体协同互动的网络创新模式，通过知识创造主体和技术创新主体间的深入合作和资源整合，产生 1+1+1>3 的非线性效用。根在人才，起于技术，成于资本，创造了富有硅谷特色的"创新—创业—创富"三级跳的发展模式，孕育了"科技引领创业，创业驱动创新，创业创造财富"的体制机制，孕育了有利于"创新创业创富"的先进理念和开放文化、创新文化、

冒险文化、包容文化。

美国硅谷成功的因素在于多种力量形成合力：包括优美自然环境的吸引力、斯坦福大学的衍生力、国防军费的初始动力、风险资本的孵化力、高科技产业的聚集力。硅谷还具有崇尚竞争的创业环境、开放流动的学习风气、相互合作的团队精神、人力资本的制度安排、非常完备的法制环境。

1. 内部因素

内部因素主要包括由硅谷所处区域所提供的明显优势及其发展过程中别具一格的氛围和文化。

一是毗邻若干世界著名一流大学。斯坦福大学是硅谷诞生的摇篮。斯坦福大学对于硅谷的崛起和发展起到了至关重要的作用。相关数据显示，硅谷内60%~70%的企业是由斯坦福大学的教师学生携手共同创办的。英国学者Nicholas Valery的《工业创新》一书认为，斯坦福大学是硅谷的成功之源。时至今日，斯坦福大学仍是硅谷发展的引擎，每年新创立的企业同它培养出的工程学和商学毕业生几乎一样多。诺贝尔经济学奖得主加里·贝克尔认为，硅谷"附近两所大学的斯坦福大学和伯克利加州大学的教授和大学毕业生在建设充满活力的新创办公司中起着重要作用。好的大学也许是发展新工业中心的必要条件"。斯坦福大学工学院的一座楼里先后诞生了三家著名公司：太阳微系统（SUN）、硅图（SGI）和思科（Cisco）。太阳微系统的英文SUN就是斯坦福大学网络（Stanford University Network）的缩写。硅谷周边的研究型大学特别注重理论创新及工艺创新，并与企业紧密联系合作，共同研究新技术，开发新产品，保证了理论创新成果能够第一时间投入生产实践，有效地成为物质生产力，增强企业的竞争力，形成学校与企业的双赢局面。

二是拥有丰富的人力资源和人才储备。人才是第一核心竞争力，源源不断的人才供给和充足的人才资源储备是硅谷成功并不断发展壮大的核心要素。硅谷不仅是全球的技术高地，还是全球知名的人才高地。硅谷是海外科技人才集聚创业最集中的地区，外籍人才居多是硅谷不同于世界其他地区的突出特点，其中华裔和印度裔创办的高技术创业企业占到美国硅谷企业总数的23%。在硅谷的技术人员中，亚洲人占了60%，高技术人才中有33%是海外人才。这些来自世界各地的大批移民（工程师和企业家）是连接硅谷和世界各地高技术（产业）中心的纽带。同时，硅谷也是世界上"跳槽率"最高的地区，硅谷人才流动的比率是30%，而发达国家每年人才流动率一般在15%~20%。适度的人才流动可以使企业增加活力，并建立起各自广泛的人际网络。硅谷通过其独特的魅力吸引了来自国内外的科技人员达100万以上，其中拥有上千名科学院和工程院院士，20多万来自世界各地的优秀工程师，7000多名博士，有40多位诺贝尔奖金获得者。除了大量高精尖的科技创新型人才以外，硅谷还拥有大量独具慧眼的伯乐实业家，他们通过细致的观察和缜密的思考认真考量每一个出色的技术成果，并快速争取到风险投资以保证有市场前景的发明能够及时投放市场。

　　三是灵活开放的网络型组织结构。硅谷企业的组织结构灵活，人员容易流动，企业组织依照适者生存的基本定律随时形成一个新组织以帮助企业迎接挑战解决问题。硅谷采用的是一种扁平的分权网络结构，与传统企业不同的是硅谷企业根据不同的具体工作来确定组织结构，大多数采用分散联系的班组结构，积极鼓励各部门之间以及各部门与供应商和消费者之间进行有效的沟通交流，以充分提高生产力，保证生产效率。硅谷企业与周边的大学、同行公会等联系紧密，与竞争者进行良性竞争并结成联盟，形成网络型的组织结构。硅谷的网络组织结构具有开放性，企业之间相互竞争，同时它们之间通过非正式交流进行合作，共同创新，人才们不仅仅为一家实体公司提供服务，而是为一个虚拟的大公司——硅谷服务。

　　四是别具一格的硅谷文化。创新的人创造了创新的环境，创新的环境又培育了创新的人。但创新往往又是与风险联系在一起的。硅谷的文化给予创立公司者最高的敬意。萨克森宁说："该地区的文化鼓励冒险，也接受失败。"一位从128公路地区迁到硅谷开办电脑公司的创业者这样描述这种文化："这里的新公司动作要很快。硅谷的文化是一种变革的文化：同业压力和社会压力支持冒险。"这种社会文化氛围对硅谷技术创新活动起到润滑催化的作用。

硅谷形成了别具一格的文化氛围，它是一种地区文化，是在高科技创新产业链发展的环境中逐步形成的，形成后对硅谷的进一步发展产生了巨大的积极影响。硅谷文化中鼓励创新，积极支持创业，不以失败为耻，大大激发了员工的探索冒险的创新热情；在严密公正的法律体系下，硅谷企业之间崇尚竞争，讲究公平，同时鼓励企业人员之间交流，尊重对手；硅谷文化中非常注重知识共享和团队精神，硅谷人大多明白任何人都无法单独完成复杂的创新过程，必须依靠协同创新平台来实现；最后硅谷企业鼓励人才不断突破自我，容忍企业人才跳槽，支持鼓励人才为了实现自己的梦想不断奋斗，成立自己的新公司。

五是"政、产、学、研、用"五位一体的协同创新体制。协同创新是硅谷有效整合高新技术产业发展和"创新创业创富"的技术、人才、资金、组织、网络、环境等各要素资源，并进行功能集成的最佳模式。在这个协同创新体制中，市场需求是导向，企业是创新主体，大学是产业思想库、人才库（即"高度熟练劳动力的供应者"）和创新之源，用户是出发点和落脚点，政府扮演着"育婴保姆"和"特殊用户"的角色，共同利益则是这个协同创新体制形成的基础和纽带。美国硅谷之所以能诞生苹果、惠普、英特尔等一大批世界著名的高科技企业，在很大程度上得益于这一地区企业、大学、科研机构的协同创新。创新型企业、研究型大学、研究机构、行业协会、服务型企业等紧密连在一起，演化出扁平化和自治型的"联合创新网络"。协同创新是当今科技创新的新范式，其关键是形成以大学、企业、研究机构为核心要素，以政府、金融机构、中介组织、创新平台、非营利性组织等为辅助要素的多元主体协同互动的网络创新模式，通过知识创造主体和技术创新主体间的深入合作和资源整合，产生 1+1+1>3 的非线性效用。

2. 外部因素

外部因素主要包括由市场、政府或当下现行体制所给予的有利因素。

一是充足的风险投资资金和稳定的机制保障。硅谷创新创业发展的主要动力在于具有以"功能全面、运行规范、发展成熟、专业性极强"为主要特征的、由创业者创办的风险投资企业和完善的风险投资体系和风险投资机制。硅谷的融资机制是一个系统，涉及从企业初创到上市前融资的多个环节，主要包括三个阶段，第一阶段是创业起步阶段，投资大多是来自个人，即天使投资；第二阶段是市场扩张阶段，融资来源于专业风险投资机构，主要为产品的市场化注入资金；第三阶段是企业成熟阶段，融资来自于大型风险投资机构或私募基金。尽管目前硅谷存在微软、苹果及惠普等大公司，但硅谷的创新主体还是众多的小型企业。新创建的小型公司由于要增添设备、招募人员等需要投资，但由于没有可靠的担保，一般银行不愿意提供贷款帮助，企业唯一追求成功的途径便是寻找风险投资。可以说，充足的风险投资资金是硅谷高科技产业发展的助推器。在硅谷创业没有风险资本固然不行，但若没有稳定的市场运行机制对风险投资及公司运行进行保障，纵使企业有再多的资金也难以成功。

二是恰当有效的政府政策。在科学技术高速发展的当今社会，大型的科技创新项目如果没有政府的支持均无法顺利开展，硅谷的成功同样离不开政府的支持。政府不断推行有效的政策鼓励创新，并通过一系列的实际措施确保政策的落实，这对硅谷的成功起到了至关重要的作用。同时在硅谷的市场竞争体系中，适当的政府行政干预对于硅谷整体把握正确的发展方向以及快速发展也非常重要。

三是充分的市场竞争。硅谷是世界每年新增企业数量最多的高新科技产业园区，每年都有数以万计的公司崛地而起，也有成千上万的公司轰然倒塌。有关数据显示在硅谷能够存活十年以上的公司只占10%，成活率非常低；10%~20%的公司能够存活3~5年。这完全是市场竞争选择所产生的结果。硅谷能够成功的一个重要因素是它的市场竞争非常充分，没有任何保护，其运作机制完全市场化。硅谷企业往往把技术人才的发明同商业资本结合起来，将最优秀的人才、最充足的资本以及最新的技术成果等资源按照市场需求进行整合优化，最后投向市场，接受大众的评判。

四是完善的法律体系及强有力的实施。硅谷的成功同样得益于美国先进的司法系统,政府通过制定相关法律为硅谷的发展创造了优良的法律环境。美国是世界上实行知识产权制度最早的国家之一,目前已基本建立了一套完善的知识产权法律体系。硅谷作为一个高科技产业园区,每天都会产生数以千计的科研创新成果,政府采取了一系列措施进行保护,如快速申请专利、通过技术转让机构网络促使科研成果尽快投入生产进入市场或允许大学、科研机构、非营利机构和企业拥有联邦资助发明的知识产权等。完善的法律体系一方面保障了进行创新的个人或企业的合法权益,另一方面对创新型的人才或企业起到了激励作用。

五是孵化功能和一系列有效的非技术性制度。在硅谷,发明家有了好的创意或技术,无需本人直接去做企业生产经营的事,而可以从各种专业公司那里得到流水线式的相应服务。它包括一整套齐全的支持创业的制度化基础设施,主要有研究机构、律师所、投资公司、会计师所、猎头公司、咨询公司、清算公司等。这些组织的存在,极大地降低了创业门槛,缩短了周期,刺激了创业者的创业欲望,提高了创业成功率。

六是硅谷形成了以"网络化、社会化、产业化、模块化"为主要特征的发达服务体系和中介组织。这是各创新要素和产业要素之间重要的黏合剂,是促进硅谷创新创业和高新技术产业发展的重要推动力。硅谷有发达的专业化分工与社会化、网络化的服务体系,并有现代金融、现代物流、现代商务、科技服务、信息服务等生产性服务业作为支撑。硅谷能够诞生成千上万的高科技公司,是与一系列专业化分工与发达的服务体系分不开的。在硅谷,大小公司是互为平台的,大型企业会把许多业务打散交给小企业分别运作,而众多的小企业支撑着大公司。

(二) 美国硅谷成功的启示

尽管我国与美国在国情、文化都存在较大区别,但硅谷成功的案例仍能给予以下启示:

第一,保证行政性干预的合理性。从硅谷的成功不难看出,对于高科技企业崛起最重要也是最基本的资源就是政府制定的适当政策和完善的法律体系。鉴于硅谷发展的成功经验，我国应当在创新型企业的发展过程保证政府行政性干预的合理性，防止某些部门通过政治手段对市场机制进行挤压，鼓励市场充分竞争阻碍高新产业园区的多元发展。

第二，加大对教育事业和科研创新的投入。在硅谷的发展过程中，周边的知名大学和技术型院校源源不断地向其输入优秀的人才，而硅谷企业也向高校的科研项目投入了资金，鼓励创新，实现了良性互动。应当加大对教育事业的投入，鼓励政府企业出资资助科研创新项目，支持高校、企业或个人进行原始创新，并积极将创新成果投入实践，转化为生产力。

第三，形成区域创新网络结构。区域创新产业网络结构是硅谷保持活力的根本原因之一。尽管我国已在全国如北京、上海、武汉等城市设立创业基地，但各个基地之间联系甚少，并且没有与之匹配的产业链，无法及时地将创新成果投入生产实践。应当促进创业基地中的企业相互紧密联系交流，相互借鉴相互学习，进行合理的良性竞争，真正实现群体式创新。每个高新产业园区形成区域性的网络结构，而全国各个城市之间也应当加强交流，相互取长补短，形成一个巨大的创新网络。

第四，加强创新园区的设施建设。适宜的气候条件和先进的生活设施是大量公司在硅谷设厂的原因之一。应当在建设高科技产业园区的过程中搞好基础设施和生活服务设施的配套工作，一方面要建立良好的生活环境，如提高园区绿化率、加强安保措施、建立丰富的文化生活环境等；另一方面置备完备的基础设施；最后是完善服务设施体系，主要包括财务服务、法律服务、工商注册等，顺利完成以上三方面建设对于吸纳企业和人才以促进高新技术产业园区顺利发展有重要意义。

第五，完善法律体系并保障合理有效的实施。应当以世界发达国家的知识产权法律体系的立法过程、法律条例以及实施过程中所出现的问题等为参考，结合我国实际情况，快速地完善法律体系，并且明确有关执法部门职能，以保证法律能真正地落到实处。通过此种方式才能激发创新型人才和企业的创新热情，真正保证他们的合法权益。

第六，培养高新技术园区的企业文化。硅谷在它的发展过程中兼容包并多种文化，交融凝结形成了一种充满生机活力的硅谷文化，正是它吸引了大量人才企业来到硅谷，推动了硅谷的高速发展。硅谷文化不可能移植，但是值得借鉴。在建立高科技园区时，要帮助园区培育形成适合自身并具有特色的文化，使之成为园区的灵魂，通过它来帮助园区吸纳人才、留住人才，促进园区的发展。

六、武汉建设全面创新改革试验区的目标与基本原则

（一）武汉建设全面创新改革试验区的目标

按照国家对全面创新改革试验的总体要求，《武汉系统推进全面创新改革试验加快建设具有全球影响力的产业创新中心方案》提出，力争通过3年努力，在建立产业技术创新市场导向机制和政府引导机制，企业为主体进行创新决策、研发投入、科研组织和成果转化机制，政府、市场、社会等多方共同参与推进的产业创新发展机制等方面，每年取得一批创新改革成果和可复制推广的创新改革经验。

围绕建设一个中心（具有全球影响力的产业创新中心），聚焦三大领域（信息技术、生命健康、智能装备三大新兴产业），推进五链统筹（围绕产业链，部署创新链，打造人才链，完善资金链，配套政策链）的总体思路，着力促进产业承东启西转移和调整，以推动科技创新为核心，以破除体制机制障碍为主攻方向，重点在"完善以企业为主的科技创新体制机制、激发产业创新人才动力和活力的体制机制、强化产业创新金融支撑的体制机制、优化产业创新政务环境的体制机制、深化产业创新开放合作的体制机制"等五个方面改革试验，加快构建全新的产业创新体系，把武汉打造成为我国战略性新兴产业发展先行区、传统产业向中高端转型升级示范区。

坚持市场化导向和产业化方向，发挥区位、科教等优势，着力促进产业承东启西转移和调整，以推动科技创新为核心，以破除体制机制障碍为主攻方向，加快构建全新的产业创新体系，统筹产业链、创新链、

人才链、资金链、政策链，建设战略性新兴产业发展先行区、传统产业向中高端转型升级示范区，为促进区域协调发展提供支撑。

要以学习贯彻党的十九大精神为契机，以体制机制改革创新为核心，大胆探索、重点突破，加快把武汉建设具有全球影响力的产业创新中心，为我省推动全面改革创新做示范：树立"世界光谷、中国车都、物流枢纽、创新龙头"的总体思路，依托东湖高新区、武汉开发区、临空经济区、临港经济区四大开发区，采取完善"顶层设计"、建立产业创新新机制、加快金融服务创新、深化财税管理改革、打造"人才特区"、建立新的政府绩效考核指标六大改革举措；建立金融支撑、人才支撑、政策支撑、公共服务、产学研协作、产业联盟、区域协同创新七大中心体系；突出武汉光通信、移动互联、集成电路、生物健康、高端制造、智能交通、北斗导航、通用航空、海洋工程、新型材料、节能环保十个产业重点；将武汉打造成世界知名、全国领先的产业创新基地；新兴产业最多、产业转型最快、先导产业水平最高、主导产业规模最大的新兴产业高地；人才创业最活跃、金融支撑最丰富、公共服务最全面、政策环境最宽松、成果转化最高效、产业合作最便利、协同创新最紧密的产业创新洼地。形成创新要素聚集化、创新主体企业化、创新平台开放化、创新服务专业化、运营模式市场化的创新创业生态。

（二）武汉建设全面创新改革试验区的基本原则

1. 政府引导，社会参与

武汉建设全面创新改革试验区，应以破除体制机制障碍为主攻方向，发挥政府的引导作用，加强顶层设计，做好统筹规划，着重于创新创业的环境营造，充分调动社会主体的积极性，整合空间载体、平台支撑等各类资源，推动政府、企业、社会形成合力，构建全社会推进大众创业、万众创新的大环境。目前，深层次改革创新仍需加强，科技成果转化、人才流动等方面的制度性障碍仍然存在，能够解决大众创业问题的普惠性政策依然不够，应更好发挥政府作用，深入探索服务型政府转变的有效模式，加快推进政府职能转变。持续简政放权，推进行政管理制度改革，进一步减少对市场的行政干预，建立和完善政府创新管理机制和政策支持体系；研究建立科技创新、知识产权与产业发展相结合的创新驱动发展评价指标，强化创新政策与相关政策的统筹协调；进一步降低商事注册、市场准入等门槛，探索符合双创需求的体制机制，推动商事登记制度改革，营造公平开放市场环境；加快形成职责明晰、积极作为、协调有力、长效管用的创新治理体系，逐步建立符合创新规律的政府管理制度。

2. 市场主导，激活主体

当前，改革试验要聚焦实施创新驱动发展面临的突出问题，着力从处理好政府与市场关系、促进科技与经济融合、激发创新者动力和活力、深化开放创新等4个方面，开展改革探索。探索发挥市场和政府作用的有效机制，需要进一步厘清市场与政府边界，明晰市场和政府在推动创新中的功能定位。充分发挥市场在创新资源配置中的决定性作用，充分利用市场热情，吸引各类社会组织提供创业创新服务、提供投融资支持、举办创业创新活动等，让社会组织成为服务双创的主力，让企业担当创新创业的主体。最大限度发挥市场配置创新资源的决定性作用，加快推进知识产权、市场准入、金融创新等改革，构建技术创新市场导向机制，推进要素价格倒逼创新，实行严格的知识产权保护制度，营造公平竞争的良好市场环境。

进一步打通科技创新与经济发展之间的通道，强化体制机制创新与科技创新的协同，着力改变科研与市场分离状况，加快推进科研院所、高等教育等改革。按照遵循规律、强化激励、合理分工、分类改革的原则，加快科研院所改革，探索去行政化，发展社会化新型研发和服务机构。加速促进科技成果的资本化、产业化，增强科技对经济社会发展的支撑、引领作用，推进构建以企业为主体、政产学研用结合的技术创新体系，加强知识产权运用和服务，促进创新资源向企业集聚，充分激发企业创新的内生动力。

3. 问题导向，先行先试

《关于在部分区域系统推进全面创新改革试验的总体方案》要求，

要以实现创新驱动发展转型为目标,以推动科技创新为核心,以破除体制机制障碍为主攻方向,选择一些区域,开展系统性、整体性、协同性改革的先行先试,探索营造大众创业、万众创新的政策和制度环境。应把破除阻碍创业创新发展的突出矛盾和关键问题作为出发点和落脚点,紧抓武汉市全面创新改革试验区建设机遇,发挥东湖国家自主创新示范区的先行先试优势,找准改革突破口,集中资源和力量,打通科技向现实生产力转化的通道,创造新的增长点,加快实现经济发展方式转变。突破制度障碍,开展政策创新试点,深入探索服务型政府转变的有效模式,持续简政放权,推进行政管理制度改革,最大限度减少政府对企业创业创新活动的干预,营造有利于创业创新的政策扶持体系,逐步建立符合创新规律的政府管理制度。武汉进行全面创新改革试验应针对产业创新主体、创新资源、创新动力、创新环境中存在的问题,在产业创新发展、人才引进培养使用和激励、科技金融创新、知识产权保护、财政税收等方面开展先行先试,坚持把发现问题、剖析问题、解决问题贯穿于先行先试始终。

4. 搭建平台,创新模式

开展全面创新改革,推进创新发展,平台载体建设至关重要,在整个创新体系中具有基础性作用。通过搭建更多创新创业平台,有利于推动创新要素有效聚集、创新成果加快转化,奠定创新型经济蓬勃发展新格局。通过构建推进全面创新改革的长效机制,在市场公平竞争、知识产权、科技成果转化、金融创新、人才培养和激励、开放创新、科技管理体制等方面进行改革突破,建立适合多主体、各领域创业且具有示范、带动作用的区域性改革创新平台,探索形成可复制可推广的创业创新扶持模式。

探索深化开放创新的有效模式是改革试验的主要任务之一,应把科技创新和体制机制创新作为双重任务,以科技创新为核心,全面推进经济、科技、教育等相关领域改革,营造创新驱动发展的良好生态和政策环境。要应充分利用全球科技成果和高端人才,开展更高层次的国际创新合作,加快推动建立深度融合的开放创新机制,推进科技计划对外开放，探索更加开放的创新政策、更加灵活的合作模式，扩大国际科技交流合作渠道和范围，主动融入全球创新体系，充分利用全球创新资源，统筹推进经济社会和科技领域改革，统筹推进科技、管理、品牌、组织、商业模式创新，加快形成我国经济社会发展的新引擎，为建设创新型国家提供强有力支撑。

七、加快武汉建设全面创新改革试验区的对策建议

当前，武汉城市发展跃上新台阶，经济总量突破"万亿元"大关，城市功能和品质大幅提升，区域辐射力、影响力和带动力显著增强。但总体来看，创新尚未成为城市经济社会发展的第一动力，科技支撑经济发展的动能还需提高，产业创新体系还需完善，企业、高等学校、科研院所的创新能力还需提升。解决这些问题，最根本、最关键的就是依靠科技的力量，向创新要动力，大力增强科技持续创新能力。武汉要紧抓科技和产业革命带来的重大历史机遇，主动对接国家发展战略布局，因势而谋，顺势而为，突出创新驱动发展的战略核心地位，加快建设全面创新改革试验区。

（一）优化产业结构，依靠创新培育发展现代产业

武汉要充分利用互联网、大数据、人工智能、物联网、云计算等新一代高新技术对传统优势产业进行升级改造，培育发展战略性新兴产业，围绕产业链，推动生产组织、企业管理、商业运营模式创新，为应对经济新常态注入新活力，为构建全新的产业创新体系提供条件。

1. 立足产业升级转型，调整产业结构

在经济新常态的现实背景下，武汉只有率先完成产业结构转型，才能在下一轮经济增长周期到来时迎得先机。针对传统产业，如钢铁、石化类，通过适当减少产量，增强产品质量，提高商品价格等方式增加企业利润；针对现代优势产业，做强做大武汉优势产业并使这些产业溢出效益；针对高科技产业，立足武汉的生物医药、高端装备制造、地球空

间信息及应用服务等战略性新兴产业，力争打造新的千亿级支柱产业。同时，大力发展金融、商贸、会展等现代服务业和研发设计、科技成果转化、信息技术等高技术服务业，形成武汉园区经济、科技经济、人才经济、服务经济的综合现代产业体系。

2. 突出城市中心功能，强化产业区域辐射能力

武汉以建设国家中心城市为目标，首先要成为中部中心城市。依据经济辐射理论，要成为区域性中心城市，要实现包括经济、社会、政治、文化、科技等方面的影响和作用。提升武汉国家中心城市辐射能力应发展总部经济，提升武汉产业辐射能力，彰显产业特色，并利用武汉临空临港的交通优势，向周边区域辐射。武汉已具有发展总部经济所需的雄厚产业基础和完备的产业体系，但是缺少相应载体，应加强规划，形成武汉特色的产业链、产业园区、产业集群的辐射效应，同时重构"武汉造"城市品牌，要让武汉的产业特色形成口碑效应，并充分运用"铁水公空"的站点发展高级别口岸与保税园区，构建我国中部地区立体交通网络和全国"立交桥"式枢纽，形成长江经济走廊和特色产业走廊。

3. 坚持科技创新驱动，培育产业持续增长能力

依靠创新培育发展现代产业应从科技产业化创新、产业模式创新、产业链创新三个方面入手，通过增强产业持续增长能力，吸引高端科技产业、高端人才聚集，带动科技创新产业的全面、健康、持续、稳定地发展。将产业与科技高度融合，大力发展互联网+、物流、商贸、工程设计、金融、会展、时尚创意等生产性服务业与现代服务业，拓展电子商务、服务外包、总部经济等产业方式，在做大规模的基础上，实现新的产业业态和新的商业模式，同时加强与周边区域的产业整合。

（二）加大创新资源投入力度，壮大创新人才队伍

武汉应在做好创新发展战略规划的前提下，加大创新资源投入力度，提高资源配置效率。同时，充分发挥市场的调节作用，引导创新资源向企业集聚，强化企业的技术创新主体地位，培养若干具有国际影响

力的创新型领军企业。要增强企业的技术创新意识，加大新技术、新产品科研经费的投入，加快技术开发和科技成果的转化应用；加大政府扶持力度，为技术创新提供资金支持，政府要发挥积极的作用，营造企业科技自主创新的良好环境，加大对企业创新筹资提供优惠政策，加快培育科技创新的资金市场，调动和引导社会资金，多渠道、多方式增加对企业研发活动的投入与支持。

"十三五"规划建议中指出"围绕重点学科领域和创新方向，造就一批世界水平的科学家、科技领军人才、工程师和高水平创新团队"。武汉应实施更加积极的创新人才引进政策，充分利用武汉的科教优势，打造人才链，系统推进全面创新改革试验。

1. 引进高端产业创新人才

围绕新兴产业和高新技术产业的发展，发布重点产业引才目录，量身定制引才政策，开展专项引才行动，面向全球靶向引进顶尖人才。对接中央"千人计划"、国家"万人计划"，以武汉"城市合伙人计划"为统领，实施重大人才计划工程，深化"黄鹤英才计划"、"3551光谷人才计划"，发挥区域科教资源优势，大幅度提升人才引进资金规模，从满足高技术产业和现代服务业发展的需求出发，引进海内外高层次创新创业领军人才。依托"创谷"、产业园区、创新创业园区（街区）等，建设一批产业创新人才基地，引进一批能够突破关键技术、带动新兴学科发展的高层次创新创业人才和"互联网+"跨界融合型人才。

2. 培育产业创新创业团队

实施"黄鹤英才（专项）计划"、"创新岗位特聘专家计划"、"科技创新团队计划"、"晨光计划"等人才计划，以"创新团队+创新项目"为重点，引进与培育相结合，发挥产业领军人才带动作用，支持企业建立自主创新团队。积极发挥"院士专家工作站"等平台的作用，引导高等学校、科研院所科技人员到企业服务。

3. 壮大高技能人才队伍

以高技能人才培训基地、技能大师工作室、高技能人才工作站等项目为重点，以技工院校、职业院校和企业培训中心为依托，形成专业与产业对接、学校与企业对接、招生与就业对接的技能人才培养新模式。推动高校学科和专业设置调整，建设一批产学研联合实训基地。

4. 注重完善创新人才激励制度建设

改革科研评价和奖励制度，将专利创造、标准制定及成果转化作为评定的重要依据，鼓励各类创业风险投资机构或个人对创新人才提供融资支持，充分调动其积极性。

（三）深化产学研协作，促进科技成果转化

国企和高校院所集中了绝大多数的科技资源，中小民营企业科技创新在人才和资源上受到明显制约。在国家推动企业科技创新的大战略下，必须充分开放和有效利用高校的科技资源，深化产学研结合，通过协同创新，把学科建设和科技成果转化有机地结合起来，有效地推动科技型中小微企业群体的形成与发展，才能逐步发展和形成以企业为主体的科研创新体系。

1. 培育产业创新主体

扶持企业发展壮大，加大企业培育力度，全面落实国家关于企业研发投入加计扣除的税收优惠政策和企业研发投入财政补贴等奖励补助政策，扶持行业龙头企业做大做强，培育一批具有全球影响力的领军企业，大力扶持"瞪羚企业"、"独角兽企业"等科技型中小企业健康快速发展。创建全国小微企业创业创新基地示范城市，支持科技人员、大学生创新创业，培育一批科技型小微企业。引进一批行业领军企业，吸引世界500强、国内500强企业和国内外大型企业（集团）及行业龙头企业在汉设立研发机构。加快企业"走出去"步伐，建立以企业为主体配置全球科研资源的风险担保机制，支持企业并购海外研发型企业和机构。

2. 建立产学研协同创新机制

武汉市进行全面创新改革试验应当推动企业、科研机构和高等院校3个部门积极开展合作，鼓励发展产业技术创新战略联盟，促进创新资源在三者之间合理自由流动，充分释放资本、人才、信息、技术等创新

资源的活力，高效完成创新产品从研发到投入使用的全过程。一是通过探索产学研合作新模式，增强企业创新能力，积极探索"一企一校"、"一企多校"、"多企一校"等合作模式。二是构筑产学研合作平台，全面深化与高校的战略合作。采取组织技术交流会、技术信息发布会、参加全国大型技术交易会等形式，为企业牵线搭桥，推动企业买技术、引成果，积极促进大学和科研院所的成果向企业转化。

3. 促进科技成果转化

应强化创新资源的共享与集成，以需求为导向，促进成果应用。努力调动高校、科研院所和企业的科研力量，促进各部门间的融合，从而使基础研究、应用研究、开发研究形成一个完整链条，建立研发的市场导向，引导高等院校和研发机构主动向市场、企业靠拢，并统筹研究方向，进行有针对性、实效性的综合研究。应强化信息的定向推送与互动，一方面，政府各部门和中介组织要主动深入企业和市场，掌握第一手的需求信息，将科技、人才、金融、项目、政策等信息资源进行综合集成、发布、推送、共享，促进创新资源的合理流动；另一方面，通过公共信息资源互动，鼓励各种机构、人才、信息、中介等都能围绕产学研都能围绕产学研合作开展服务。应强化中介平台的利用效率，打破各类中介平台的管理界限，进行资源优化整合，鼓励科技中介平台与社会性专业服务机构分工合作增强协同服务能力和工作效率，打造专业的科技中介服务网络。

（四）强化市场主导地位，发挥政府职能作用

武汉进行全面创新改革，应发挥市场科技创新中的决定性作用，强化市场加快科学技术渗透扩散、促进创新要素优化配置等功能，政府注重抓战略、抓规划、抓政策、抓服务，为科技创新营造良好环境。创新驱动，本身就是市场经济发展的要求，只有按市场经济规律构建和运行技术转移体系，才能实现它的效能最大化，应着力强化企业自主创新的动力机制。推进企业产权及现代企业管理制度改革，增强企业技术创新的内在动力，推动企业成为技术创新的主体；强化政府在技术创新中的

引导作用，在制定产业规划、构建创新体系、出台扶持政策等方面加强引导，为企业营造良好的技术创新环境；充分发挥市场机制在创新资源配置中的基础作用、在技术创新中的导向作用、在产业技术发展中的牵引作用，使技术创新成为企业和产业发展的不竭动力。

良好的创新环境和社会氛围是进行全面创新改革的重要保障和推进剂。武汉政府应转变自身职能，完善全面创新改革试验的政务环境，处理好市场与政府的关系，发挥政府职能作用，实现创新管理向创新服务转变，持续推进"放、管、服"改革，使企业在正常成长期时身边有"隐身政府"、在野蛮生长时身边有"包容性政府"、在需要援手时身边有"服务型政府"。推进"行政审批3.0"改革，为创新创业者提供多层次、普惠性和个性化的服务。政府争当"领先用户"，支持新技术、新产品在武汉先行先试。改革财政科技资金管理机制，充分下放科研经费调整权和支配权，促进自主创新。除针对各地实际情况完善现有创新激励政策及政府补贴政策，强化科技与经济对接、创新成果与产业对接、创新项目与现实生产力对接外，还应简政放权，将创新资源配置权利重新还给市场，而更多地关注如何提高政策执行的监督检查水平，确保各项创新激励政策落实到位，为进行全面创新改革试验助力。

课题负责人： 黄　涛　武汉科技大学文法与经济学院副院长、教授
课题组成员： 易江格　武汉科技大学文法与经济学院硕士研究生
　　　　　　　葛　瑾　武汉科技大学文法与经济学院硕士研究生
　　　　　　　杨　炎　武汉大学发展研究院博士研究生
　　　　　　　胡雅洵　武汉大学发展研究院博士研究生

武汉东湖高新区创新驱动发展战略研究

武汉光谷创新发展研究院课题组

创新是引领发展的第一动力，是建设现代化经济体系的战略支撑。党的十九大报告明确提出要坚定实施创新驱动发展战略，加快建设创新型国家和世界科技强国。

一、创新驱动内涵研究

创新驱动是以新思维、新机制、新模式、新要素为推动力的新的发展方式。所谓新思维，主要体现在创新发展理念上，要打破传统"总量取胜、GDP崇拜"的价值取向和发展思路，营造开放包容的创新氛围。所谓新机制，即发挥市场在资源配置中的决定性作用，减少政府行为和决策的短期倾向，促进政府规划和行为的长期化，以制度创新实现协同创新的格局。所谓新要素，主要体现为人（想法）是第一生产要素，知识、信息等无形资产成为主要的投入要素，变革式创业成为根本动力。所谓新模式，主要指依靠知识资本、人力资本和激励创新机制等无形要素，实现要素的新组合，加快科学技术成果在生产和商业上的应用和扩散。

创新方向、创新主体、创新网络、创新平台（载体）、创新机制、创新环境是创新驱动体系的关键要素。从创新方向来看，着眼经济社会发展方式转变与提升，以新兴产业的增量发展为主线，带动存量整体优化提升，加快从工业经济向信息经济、知识经济、创新经济、创意经济转变。从创新主体来看，核心是企业，具体而言是把人的想法变成初创企业，从初创企业到瞪羚企业、独角兽企业、龙头企业，此外还包括高校院所、政府、社会服务机构等创新主体。从创新网络来看，核心是在政府的引导下，建立以企业为主体、以产业为导向、政产学研金介用相结合的创新体系。从创新平台（载体）来看，主要包括建立苗圃-孵化器-加速器-专业园-产业集群的创业生态，建立基础研究、共性技术研究、商业应用研究、商品开发、工艺开发的创新链条。从创新机制来看，主要包括以科技体制机制为核心的创新驱动发展机制等。

围绕技术（产品）创新、商业模式（管理）创新、业态创新、产业组织创新、体制机制创新、文化观念创新是创新驱动的主要内容。体制机制创新是创新驱动发展的先导；技术（产品）创新是以市场需求为出发点，通过引进消化吸收、集成创新及原始创新等，将新技术、新工艺、新装备等应用于产品（服务）创新，形成适销产品，是创新驱动发展的主要内容；商业模式创新主要是将先进技术转化为成熟商业模式，在全新商业逻辑下，多、快、好、省地实现企业营收，是创新驱动发展的重要体现；业态创新主要是围绕产业价值链分解、融合、新业态诞生的运动规律下，将企业微观层面的商业模式创新转变为产业层面的业态创新；产业组织创新主要是指通过优化组织方式等创新各类主体、产业组织之间的发展结构、行动逻辑等，是创新驱动发展的重要依托；文化观念创新主要是指通过营造良好的创新创业文化，形成促进新兴产业发展及提升自主创新能力的良好氛围，是创新驱动发展的重要保障。

创新驱动发展具有明显的阶段性特征，结合区域个性，寻找凸显区域特色的有效路径，是实施创新驱动发展的关键。创新驱动发展可分为创新前端、创新中端、创新后端三个环节。其中在前端，主要是创新的投入，主体是科教部门，对区域创新资源禀赋的要求高。中端主要是创新成果转化、创新产出，强调的是创新主体的互动、协同发展，在这个阶段，企业是创新的主体。创新后端主要是依赖市场的高科技产业化的创新扩散，对市场竞争程度、市场成熟度、市场开放程度等的要求比较高。结合区域产业发展基础和特色，实施聚焦战略，探索区域有效路径，是区域实施创新驱动发展的关键。

二、趋势环境分析

全球新一轮科技革命和产业变革加速演进,世界竞争格局正在重塑,中国特色社会主义进入新时代,创新创业呈现出新特征。

世界迈向智能时代。人类经历了蒸汽时代、电气时代、信息时代三次科技革命,即将全面迈入以智能技术为主导的第四次科技革命。本次革命以数字化、网络化、智能化为核心,加速向其他行业渗透,诞生大量新技术、新模式、新业态,带动生产力大幅提升,改变人类生产生活方式与思维方式。这就需要东湖高新区抢抓机遇,加强前沿理论与关键共性技术研究,夯实产业基础,推进新一轮产业升级与融合发展,引爆新的经济增长点,实现综合竞争力的弯道超车。

中国发展进入新时代。我国经济发展由高速增长阶段转向高质量发展阶段,科技创新从以跟踪为主,迈入跟跑、并跑、领跑"三跑并存"的新阶段,即将迎来从世界科技大国向科技强国的飞跃。这就需要东湖高新区坚持把创新作为引领发展的第一动力,瞄准世界科技前沿开展战略布局,为我国建设世界科技强国提供有力支撑。

创新创业呈现出新特征。颠覆性创新成为新常态,多学科、多技术、多领域交叉融合的创新趋势显著,群体性技术创新即将迎来爆发。创新活动从单纯的科技推动转变为"创业拉动+技术推动"新模式,创业成为驱动创新的重要动力。创新的全球化进程不断深化,以人才为载体,资金、技术等创新资源在全球范围内加速流动。这就需要东湖高新区把握创新驱动发展新特点和新趋势,系统谋划,主动作为,在更大范围、更高层次、更深程度上推进创新驱动发展。

三、武汉东湖高新区发展现状分析

建区30年来,武汉东湖高新区坚持改革创新、先行先试,不断集聚创新资源,提升自主创新能力,培育战略性新兴产业,在我国高新区发展的不同阶段起到了重要引领作用，走出了一条具有光谷特色的创新驱动发展之路。

形成了新兴产业迭代生成机制，新产业新业态蓬勃发展。东湖高新区坚持突出"光"特色，探索了依托本地创新资源转化、推进产业跨界融合、承接国家战略布局等新兴产业培育模式，"5+2"产业体系基本形成。光电子信息产业收入突破5000亿元，光纤光缆、光器件国内市场占有率超过60%，激光产品国内占有率超过50%；生物、环保节能、高端装备、现代服务业产业规模均突破千亿元。集成电路和半导体显示加速布局；数字经济蓬勃发展，网络直播、人工智能、网络安全、数字创意、北斗+等新兴领域发展迅猛，东湖高新区正成为我国互联网产业"第四极"。

打造了科技型企业非线性成长培育体系，内生发展动力日益强劲。东湖高新区着力建平台、聚资源、优环境、造氛围，建立了"工研院-青桐汇-瞪羚塬"科技型企业培育体系。建设科技企业孵化器58家（国家级17家）、众创空间85家（国家级30家）、国家专业化众创空间5家，集聚各类创业服务机构500多家，每年举办创新创业活动2000多场，形成了集孵化服务、创业投资、创业活动等于一体的创业服务体系。2017年，东湖高新区新注册企业1.46万家，培育瞪羚企业320家，诞生了斗鱼网络、奇米网络、安翰光电等独角兽企业5家，集聚了小米科技、科大讯飞、奇虎360等近30家企业的"第二总部"。

构建了具有光谷特色的创新生态，自主创新能力显著提升。东湖高新区是我国重要的智力资源密集区，集聚了42所高校、56家科研院所、72名两院院士、30多万名专业技术人员和80多万名在校大学生。高新区始终坚持把自主创新作为立区之本、发展之基，建设了光电国家研究中心、脉冲强磁场重大科技基础设施等为代表的基础前沿创新基地及一批企业主体国家级科技创新基地和产业技术研究院。2017年，区内有高新技术企业1848家；专利申请量2.5万件，其中发明专利申请1.5万件；累计制修订国际标准25项，国家标准370余项，涌现出一批全球领先的重大创新成果。

探索了若干可复制可推广的先行先试经验，体制机制改革激发创新创业活力。东湖高新区具有改革创新的优良传统，诞生了我国第一家科技企业孵化器，探索形成了以大学科技园为载体的科技成果转化"四级跳"模式。新时期，东湖高新区大力实施"双自联动"战略，全面开展先行先试，颁布《东湖国家自主创新示范区条例》，推进"马上办、网上办、一次办"政务服务改革，出台"新黄金十条"、"新民营经济八条"等系列改革创新政策，打破制约创新的制度藩篱，有效激发了各类创新主体的创造活力。

但是，与世界领先的高科技园区相比，东湖高新区仍存在一定差距。第一，高端创业不足，企业家与创业者的洞见力、战略观、格局观有待提升；第二，产业发展层次有待升级，从跟随创新到引领创新任重道远；第三，院地、军地、校地协同创新机制有待进一步探索；第四，创新生态整体效能尚需提高，对高端人才的吸引力有待增强，平台化运行机制需要进一步完善；第五，开放创新的高度与深度不够，国际创新资源配置能力有待加强。

四、武汉东湖高新区创新驱动发展思路及目标

（一）指导思想

全面贯彻落实党的十九大精神，坚持以习近平新时代中国特色社会主义思想为指引，按照"创新、协调、绿色、开放、共享"新发展理念，深入实施创新驱动发展战略，大力推进"双自联动"。按照"一个生态、双轮驱动、三条路径、四大经济"的总体思路，推进以科技创新为核心的全面创新，推动国家战略科技力量布局，集聚利用全球高端创新资源，促进科技成果转移转化，激发大众创业万众创新活力，突破性发展新民营经济，探索形成具有光谷特色的自主创新发展道路，为建设世界光谷提供强大动力，争当全国高质量发展排头兵，为我国建设创新型国家和世界科技强国贡献光谷力量。

"一个生态"是指构建具有光谷特色的全球创新创业生态高地。推动创新思想的高效激发、碰撞与交流，全面提升创新主体洞见能力，建成主体协同高效、要素自由流动、文化开放包容的全球创新创业生态高地。

"双轮驱动"是指科技创新和体制机制创新相互协调、持续发力。不断强化科技创新引领作用，加强技术攻关，形成持续创新的系统能力；加快破除一切制约创新的思想障碍与制度藩篱，统筹推进科技、经济、社会治理等改革，最大限度释放创新创业活力。

"三条路径"是指实施企业创业成长、科技创新转化、全球开放链接三大路径。鼓励各类创新主体在新技术、新产品、新模式、新业态等方面创新创业；打通科技与经济结合的通道，增强内生发展动力；坚持扩大开放，增强国际化水平，以全球视野推进创新驱动。

"四大经济"是指大力发展智能经济、网络经济、平台经济、健康经济，推动产业交叉创新和跨界融合，培育战略性、引领性、前沿性新兴产业，打造世界级创新型企业，聚合高层次人才、资本、技术等创新要素，优化产业发展生态，打造全球新经济发展高地。

（二）战略目标

按照党的十九大建设创新型国家的战略部署和《国家创新驱动发展战略纲要》要求，立足光谷实际，瞄准发展目标，武汉东湖高新区实施"三步走"战略：

第一步，到2020年建成全球一流的高科技园区，成为全球创新创业网络的关键节点，"中国光谷"享誉世界，实现"美国有硅谷、中国有光谷"的发展格局。创新能力显著提升，在光通信、激光、空间信息等领域创新水平跻身世界前沿，研发投入强度达到10%。产业加速迭代升级，成为全球光电子信息产业发展高地，生物产业与智能产业竞争力持续提升，数字经济蓬勃发展，若干细分领域进入全球价值链中高端，为打造"芯-屏-端-网"万亿级光电子信息产业集群奠定坚实基础。企业培育富有成效，年新增创业企业超过2万家，培育瞪羚企业400

家，高新技术企业超过2500家。

第二步，到2035年综合实力进入全球高科技园区前列，成为全球创新创业网络的重要枢纽，基本建成"世界光谷"。光通信、新型存储、空天信息等战略领域创新水平全球领先，人工智能、精准医疗等领域形成竞争优势，重点产业进入全球价值链中高端，科技创业和风险投资活跃度居全球前列，瞪羚与独角兽企业大量涌现，培育若干世界级企业，形成充满活力的企业生态群落，成为全球新兴产业重要策源地。

第三步，到21世纪中叶建成全球领先的高科技园区，成为具有全球影响力的创新创业中心，全面建成"世界光谷"。走出一条具有光谷特色的创新驱动发展道路，形成适合科技产业"领跑"发展需求的创新治理体系和创新创业文化，建成一批世界一流的科研机构，涌现出一批引领全球的原创性科技成果，培育一批全球领先的创新型企业，为我国建设创新型国家、世界科技强国、现代化强国提供重要支撑。

五、武汉东湖高新区创新驱动发展的战略建议

（一）建设新兴产业生成中心

抢抓新一轮科技革命与产业变革历史机遇，深入推进"五谷"共建，加快布局光电产业、生物产业、智能产业，推进技术群体性突破与产业跨界融合，构建多元应用场景，建立新业态发展赋能机制，培育一批具有国际竞争力的原创性新兴产业集群，形成适应新经济发展要求的高能级现代产业体系。

（1）强化光电产业竞争优势。推动光电技术泛在化、融合化、智能化发展，强化光通信、激光等优势领域领跑地位，加快布局集成电路、新型显示等战略领域，提升发展物联网等衍生领域，完善产业链布局，打造世界一流的光电子信息产业基地。

（2）推动生物产业跨越发展。顺应生命科学纵深发展，生物技术与光电、智能技术融合创新趋势，推动生物医药、医疗器械、生物农业

等领域加快升级，推动精准医疗、智慧健康等生物前沿领域应用创新，探索互联网+医疗新业态，打造具备国际竞争力的生物产业基地。

（3）加快智能产业融合创新。抢抓人工智能发展重大战略机遇，推动智能技术链式突破，促进人工智能与其他产业深度融合，加快布局新一代人工智能新兴业态，推动空间信息服务、网络直播、网络安全、区块链等领域加速发展，优化提升智能制造装备、智能终端等领域，建成具有国际影响力的智能产业基地。

（二）厚植企业创业成长沃土

围绕大众创业万众创新需求，秉持"双创永远在路上"理念，全面推进科技创业孵化载体建设与服务升级，有效激发全社会创造活力，支持前沿技术与颠覆式技术创业，打造大中小企业融通发展的活力生态群落，建成全球最具吸引力的科技型企业创业成长栖息地。

（1）培育高端创业主力军。支持楚才（校友）、大学生、高校院所科研人员、海外高层次人才等高端创业"新四军"，开展前沿技术、颠覆式技术、未来技术创业，有效激发全社会创造活力，打造全球创业最活跃区域。

（2）打造瞪羚与独角兽企业栖息地。加强瞪羚与独角兽企业引进和培育，支持第三方机构整合国内外优质资源建设瞪羚俱乐部、瞪羚学院、独角兽公园等服务平台，为企业提供战略管理、决策领导、资本运作等方面智力服务，打造全球最具吸引力的高成长企业栖息地。

（3）建设全国创业服务引领区。鼓励高校院所、领军企业等主体建设多元化孵化载体，唱响"光谷青桐汇"、"东湖创客汇"、"楚才回家"、"3551国际创新创业大赛"等创业活动品牌，引进世界顶级众创空间，完善创业活动、创业导师、创业投资等创业服务体系，形成全国领先的创业服务能力。

（三）打造科技创造转化高地

面向国家战略需求与产业发展需要，建设若干世界级科技创新基地，围绕光谷主导产业组织攻克一批"中场突破"技术、"临门一脚"技术和"卡脖子"技术，超前布局前沿引领技术、颠覆性技术，打造若干"国之重器"，培育一批科技产业领域的国际"领跑者"，打造有全球影响力的科技创新与转移转化高地。

（1）打造全球重要科技创新源。提升引领前沿的源头供给能力，推进武汉光电国家研究中心、精密重力测量国家重大科技基础设施等建设，在光电、精密测量、空天信息、生命科学等领域筹划建设若干国家实验室、国家重点实验室、重大科技基础设施等科技创新基地，加快建设一批跨学科、跨领域的前沿科技创新基地。提升企业科技创新主体地位，推进国家信息光电子创新中心等建设，加快在先进存储器、数字化设计与制造、北斗导航、生物医药、海洋工程装备等领域建设一批技术创新中心、产业创新中心、制造业创新中心等国家级科技创新基地。推进新型研发机构与组织发展，在芯片、纳米与量子、人工智能、区块链等领域建设一批产业技术研究院。

（2）建设技术转移转化示范区。创新成果转化机制，探索赋予科研人员科技成果所有权和长期使用权，支持工研院探索科技成果转移转化新机制和新模式，鼓励高校院所技术转移机构探索市场化运营机制。支持企业开展跨国技术转移与并购，联合国际一流科研创新机构开展技术研发与转化。建设多类型技术转移转化平台，构建技术交易、技术经纪、科技金融等资源与服务高度融合的技术转移体系。

（3）构建军民融合创新发展区。推动军工单位与高校院所围绕智慧海洋、光智能、地球空间信息、数控系统等领域，共建军民融合协同创新平台和产业化基地，促进军民科技成果双向转移及产业化。鼓励"民参军"，探索"三证合一"试点，试点集中采购、公开招标、竞争性谈判等采购模式，打造改革创新先行区。推进"军转民"，探索开展军用技术再研发降密、解密试点，鼓励军工企业和国防科研机构参与民用紧缺技术研发，支持军工企业参与民品生产。

(四) 构建全球创新创业网络

深化自由贸易试验区与自主创新示范区"双自联动",主动对接国家"一带一路"战略,加快构建开放型经济新体系,建设国际化协同创新创业平台,聚集全球创新能量,全面提升全球高端创新资源配置能力。

(1) 深化自贸区改革创新。深化国际投资体制改革,全面实行外商投资准入前国民待遇与负面清单管理制度,全面放开一般制造业,扩大服务业对外开放。推动国际贸易转型升级,建设光谷内陆自由贸易港,加快发展贸易新业态,建设光谷跨境电商综合试验区。深化"放管服"改革,全面推进"三办"改革,完善国际化政务服务环境,营造国际化、法治化、便利化的营商环境。

(2) 强化国际创新合作。开展全球高端资源链接,与美国硅谷、以色列等全球创新尖峰地区共建国际创新合作园区,引进一批具有全球影响力的企业、科研院所、新型研发机构、创业投资机构等。支持企业"走出去",在"一带一路"沿线国家和地区布局,参加国际高水平展会,办好光博会、生博会、华创会、中国游戏节、直播节等重大品牌活动,打造国际交流合作平台。

(3) 构建协同发展网络。深化部地、院地、央地合作,争取国家重大创新平台、基础设施、科技项目落户光谷,围绕新型通信、人工智能等领域与大院大所共建一批协同创新平台,吸引央企设立研发中心与产业基地。加强长江经济带交流合作,加强与周边地区联动协同,做实做大光谷园外园,辐射带动武汉都市圈创新发展,引领长江经济带中游"科创走廊"创新发展。

(五) 营造活力创新创业生态

围绕创新驱动发展战略需求,推进高端人才、资本等创新要素的加速集聚与高效配置,优化园区城市功能配套,建设绿色低碳、产城融合的生态科技新城,提升光谷文化凝聚力与影响力,打造具有光谷特色的全球创新创业生态高地。

（1）建设国际人才自由港。打造"金字塔"式多层次人才体系，重点引进国际知名科技奖项获得者、国家最高科学技术奖获得者、国家两院院士等一批国际顶尖人才，大力引进一批产业领军人才、高层次创新创业人才，壮大大学生人才、青年科创人才、工匠型专业技能人才队伍，打造汇聚天下英才的"天下谷"。深化人才发展体制机制改革，搭建高层次人才服务平台，构建全方位、立体化的人才服务体系，形成人才跨国界、跨城市、跨体制自由流动的格局。

（2）打造科技金融创新中心。建立政府引导、多方参与、市场化运作的科技企业信贷风险分担机制，鼓励银行、融资租赁、科技担保等金融机构创新金融产品，引导互联网金融等新业态健康发展。完善股权投资体系，鼓励股权投资机构针对种子期、初创期企业开展直接投资，打造"天使光谷"。建立科技型企业上市梯级培育机制，支持企业利用多层次资本市场融资，打造资本市场创新先行区。

（3）实施知识产权、标准、质量和品牌战略。推进知识产权创造、保护与运用，深入开展知识产权综合管理改革试点，加快建设国家专利导航产业发展实验区，建设武汉知识产权法庭，推动知识产权证券化，探索开展专利保险试点。实施标准化战略，健全科技成果转化为技术标准机制，实施企业标准领跑者制度，强化"光谷标准"与世界标准的互联互认。推动质量强区与光谷品牌建设，设立"光谷质量奖"，推动优质品牌国际化，打造一批品牌形象突出的优势产品、企业和集群。

（4）打造活力生态科技新城。营造高品质城市环境，构建高水平基础教育体系和医疗卫生服务体系，构建便捷、智能的城市交通系统，加快建设一批高端国际社区，推进海绵城市、智慧光谷建设。优化园区空间布局，加快建设数字经济产业园、存储器配套产业园、医疗健康大数据产业园、文化科技产业园、军民融合产业园、光谷金融谷等一批专业园。加强生态园区建设，贯彻绿水青山就是金山银山理念，建立健全绿色低碳循环发展的经济体系，推进全域景区化，打造天蓝水清地绿的美丽光谷。

（5）培育区域创新文化。厚植"敢于冒险、鼓励创新、崇尚成功、宽容失败"的光谷文化基因，倡导"产业第一，企业家老大"的文化精神，形成全民崇尚创新创业、全民支持创新创业、全民参与创新创业的文化氛围。加强创新文化宣传，加大对科技工作者、创业者、企业家、改革者、服务者等多类型创新主体的宣传推广力度，进一步形成尊重劳动、尊重知识、尊重人才、尊重创造的良好风尚；加强与海内外高端媒体的联系，提升园区文化的国际影响力。

课题负责人： 赵荣凯　武汉光谷创新发展研究院院长
报告执笔人： 高程程　董　元　尚斌斌　史俊男　陆　芳

武汉航运交易所总体建设路径研究

付新平 等

一、武汉航运交易所建设的意义

(一) 多规合一，武汉面临前所未有的发展机遇

从国家宏观发展战略来看，2006年，国家实施中部崛起战略，2008年，国务院批准《武汉城市圈资源节约型和环境友好型社会建设综合配套改革试验总体方案》，2015年4月13日，国务院批准实施《长江中游城市群发展规划》，提出将武汉城市圈发展成为中部崛起战略的重要支点，以及将武汉打造成为"两型"社会建设引领区。

2015年3月28日，国家发展改革委、外交部、商务部联合发布《推动共建丝绸之路经济带和21世纪海上丝绸之路的愿景与行动》，将有力促进武汉打造内陆开放高地，努力开创开放发展新局面，提升武汉在"一带一路"等国家战略中的物流辐射力和区域影响力。

2016年8月，党中央、国务院决定在辽宁省、浙江省、河南省、湖北省、重庆市、四川省、陕西省新设立7个自贸试验区。中国（湖北）自由贸易试验区的设立，是武汉实施中部崛起战略、探索内陆城市扩大开放新路径、新模式的一大重要助力，也是落实国家"一带一路"战略和长江经济带战略的重要平台。

2016年12月7日，国务院总理李克强主持召开国务院常务会议，根据国民经济和社会发展第十三个五年规划纲要，审议通过了《促进

中部地区崛起规划（2016—2025 年）》，将原来提出的"三基地、一枢纽"，即粮食生产基地、能源原材料基地、现代装备制造及高技术产业基地和综合交通运输枢纽目标，进一步上升到"一中心、四区"的新战略定位，即全国重要先进制造业中心，全国新型城镇化重点区、全国现代农业发展核心区、全国生态文明建设示范区、全方位开放重要支撑区。

此外，从长江航运发展战略来看，2013 年习近平总书记考察武汉市时明确指出，要把长江干线打造成黄金水道。从 2014 年 9 月，国务院发布《关于依托黄金水道推动长江经济带发展的指导意见》，到 2016 年的《国民经济与社会发展十三五规划纲要》与《长江经济带发展规划纲要》，都明确提出加快武汉长江中游航运中心建设。

这些宏观发展战略的实施与推进，为长江航运和武汉经济的发展不断带来新的契机，长江航运进入加速发展阶段。

（二）九省通衢，构建中部地区对外开放新高地

武汉素有"九省通衢"之称，位于横贯东西的长江和纵穿南北的京广铁路干线的交汇处。目前，武汉已基本形成铁路、公路、水路、航空和城市交通网络相互衔接、四通八达的立体交通体系。

1. 公路

武汉是我国重要的公路枢纽。截至 2014 年末，武汉市公路通车里程 14520.49 公里，其中 316 国道、318 国道、106 国道、107 国道经过武汉。在高速公路方面，京港澳高速公路、沪蓉高速公路、大广高速公路、沪渝高速公路、福银高速公路等在武汉汇集，市域高速公路里程 633.5 公里，"环形+放射"的高速公路主骨架基本建成，辐射能力不断加强。

2. 铁路

武汉是中国高铁客运专线网的重要枢纽，是中国四大铁路枢纽、六大铁路客运中心、四大机车检修基地之一，是京广铁路、汉丹铁路、长荆铁路、武九铁路、武麻铁路的交会地。武昌火车站、汉口火车站和武

汉火车站构成了武汉客运枢纽。武昌南编组站、江岸西编组站、武汉北编组站、武汉铁路集装箱中心站构成了武汉货运枢纽。石武客专、汉宜客专开通运营，京汉广高速铁路与沪汉蓉快速铁路客运通道在武汉"十字"交汇，武汉成为通达南北、横贯东西的中国高铁之心，武汉2小时可达合肥、长沙、南昌、郑州等中部城市，4~5小时可达广州、深圳、上海、北京、西安等全国大部分重点城市。

2014年汉欧班列常态化运营，17天内穿越亚欧6国，直达欧洲捷克，武汉至欧洲的陆上货运大通道形成，武汉在实施"丝绸之路经济带"和推进向西开放战略中迈出了坚实的一步。目前汉欧班列已累计运行200余列发运集装箱2万余箱。

3. 水路

武汉市境内拥有长江、汉江等通航河流24条，通航总里程668.3公里，高等级航道总里程220.5公里，占33%，其中一级航道71公里，二级航道74.5公里。长江、汉江高等级航道骨架及滠水、举水、倒水等河流组成的水运航道体系已基本形成。

武汉是中国内河的重要港口，是长江中游航运中心，交通运输部定点的水铁联运主枢纽港。武汉还是中国内河通往沿海、近洋最大的启运港和到达港。武汉港上联重庆港，下达上海港，"泸汉台"、东盟四国江海快班航线联系东南亚，通江达海。武汉至上海洋山港"江海直达"航线更是长江中上游地区首条通江达海的优质航线。阳逻港还是国内首个也是唯一一个试行启运港退税政策的长江沿线港口。

4. 航空

武汉天河国际机场是中国中部地区第一门户机场、首个4F级机场。截至2015年末拥有民用航线322条，新增51条。其中，国际航线37条，国内航线285条。空中通达国内城市和地区57个，国外通航国家和地区21个。随着中部地区首条洲际直飞航线武汉至巴黎航线开通，武汉至印度国际货运航线开通，汉襄快线开通，汉台直航航班加密，武汉天河机场连通除非洲之外的四大洲（亚洲、欧洲、美洲、大洋洲），国际和地区旅客吞吐量及航线数量均居中部城市首位。

此外，在 2016 年获批设立的中国（湖北）自由贸易试验区中，武汉片区面积 70 平方公里，武汉长江航运中心建设也是其重要组成部分。2016 年 12 月 7 日，国务院审议通过的《促进中部地区崛起规划（2016—2025 年）》中，重点强调推进内陆地区的对内对外开放，突出长江中游城市群对中部地区的带动作用。

（三）大城崛起，回归长江航运中心的历史地位

武汉是我国重要的工业基地，拥有钢铁、汽车、光电子、化工、冶金、纺织、造船、制造、医药等完整的工业体系。改革开放以来，武汉经济获得长足发展，GDP 连续多年保持较高增长。2014 年突破万亿元，2015 年达到 10905.6 亿元，居中国大陆城市第八位，也是中部地区唯一进入前十名的城市。近年来，武汉市紧紧围绕建设国家中心城市、复兴大武汉的奋斗目标，主动适应新常态、抢抓多项国家战略机遇，坚定不移地稳增长、调结构、转方式，三次产业结构由 20 世纪末的 10.2∶47.6∶42.2 调整为 3.3∶45.7∶51.0。城市工业由以重工业为主成功转型为以高新技术、智能制造为主，形成大光谷、大车都、大临港、大临空等四大工业板块。武汉现已发展为中国中部地区工业、金融、商业、科学、文化教育中心。

随着武汉经济的快速发展，武汉成为长江航运的中心城市，武汉港航业发展迅猛。2014 年，武汉港集装箱吞吐量首次突破百万标箱，成功迈入世界内河集装箱港口第一方阵。然而，同长江下游城市和沿海港口城市相比，武汉港航业发展仍稍逊一筹，如 2014 年南京港集装箱吞吐量已接近 300 万标箱。武汉在长江航运中的中心地位明显不足。随着"一带一路"倡议、长江经济带开放开发、湖北自由贸易试验区建设等一系列国家战略的实施，武汉作为长江中游唯一的特大型城市的成功转型和逐渐崛起，武汉港航业发展将面临新的机遇，应该不失时机，重新回归长江航运发展的中心地位。

二、武汉航运交易所发展战略目标

(一) 国内外航运交易所发展沿革

1. 国外航运交易所发展沿革

航运交易所在国外已经有200多年的历史。伦敦波罗的海航运交易所是世界第一个也是最权威的航运交易所,1744年诞生于英国弗吉尼亚-波罗的海咖啡屋。经过多年的发展,经历了与其他交易所的合并,波罗的海航运交易所逐渐成为全球最主要的散货海运租船交易市场。波罗的海航运交易所现有公司会员约656家,来自全球46个国家,不仅有经纪人、租船人和船东,还有金融机构、海事律师、教育机构、保险公司和其他相关组织。波罗的海航运交易所于1985年开始发布运价指数BFI,目前该所每天公布超过50项航运相关指数,成为国际航运市场走势的晴雨表。世界上绝大多数散货租船交易都有波罗的海航运交易所成员的参与,或参与交易的全过程,或参与交易的某个阶段。除此之外,波罗的海航运交易所还提供商品交易(主要是大宗散货,2011年经营的货物已达60多亿吨)、船舶买卖及空运租机交易等业务。波罗的海航运交易所的船舶买卖市场也是世界上最重要的船舶交易市场。世界上大部分租船和船舶买卖业务的完成都由波罗的海交易所的会员谈判完成。

随着亚洲地区经济贸易快速发展,国际航运业重心东移,波罗的海航运交易所也将主战场转向了亚洲,2007年4月,在新加坡设立了第一个海外办事处,2011年4月,在上海浦东启动了全球航运运价衍生品中央交易系统。波罗的海航运航交所还拟大幅增加来自亚洲的成员比重,将其由现时的10%至15%增至约25%。

另一家国外航运交易所是日本航运交易所,其在国际上也有一定影响,特别在法律服务方面,将国际上最先进的海运合同文本引用到日本,形成有特色、有权威的航运文件,对日本航运的软环境改善起到特殊的作用。该所在所有航运合同范本中都订有在日本东京海事仲裁委员会仲裁的标准仲裁条款，有力地推动了日本海事仲裁的发展，提高了日本海事仲裁在国际航运界的知名度和影响力。

2. 国内航运交易所发展沿革

我国航运交易所起步于 20 世纪 90 年代。1992 年邓小平发表南方谈话之后，我国进入改革开放以来又一个新的经济发展的高峰期，对外贸易也出现快速增长，外贸运输市场呈现出明显的供不应求局面，航运运力严重满足不了对外贸易要求，国际航运市场出现普遍的"层层代理，居间盘剥"现象，航运市场交易成本居高不下。此外，我国社会主义市场经济体制改革也进入全面深入推进阶段，计划经济条件下形成的"平衡会"外贸运输和大宗商品运输的组织模式需要在新的形势下进行改革。交通部在立项研究《我国社会主义水路运输市场体系研究》基础上，于 1994 年 3 月，发布了《关于组建水路货运交易市场有关事宜》的文件，开始了我国组建航运交易所的步伐。1996 年 11 月上海航运交易所正式成立，成为我国第一家国家级航运交易所。经过多年的发展，上海航运交易所现已形成完善的组织结构、政策体系及配套机构，年交易额已达数百亿元。

继上海航运交易所组建之后，2011 年，重庆市政府组建了重庆长江上游航运交易所，第一年交易额就达 17 亿元，第二年突破 40 亿元，2015 年已突破 70 亿元。上海航运交易所和重庆航运交易所的建设，促进了上海国际航运中心和重庆长江上游航运中心的建设和发展。

除上海航运交易所和重庆航运交易所外，在沿海港口城市，还有大连航运交易市场（2004.11）、天津国际贸易与航运服务市场（2005.11）、青岛国际航运交易所（2009.9）、广州航运交易所（2011.9）、宁波航运交易所（2012.1）、厦门航运交易所（2012.6）等。

1994 年，交通部有关文件就明确提出在武汉组建长江航运的交易中心武汉航运交易所，负责长江流域的航运交易及其相关业务，并且组建了领导小组和工作专班，但由于条件不成熟，没有及时建成。2011

年,武汉新港管理委员会通过广泛调研,制定了武汉航运交易所组建方案,并于2011年11月挂牌成立。2015年7月,为了武汉航运交易所更好地发展,武汉航运交易所重新组建,武汉市政府办公厅印发了《武汉航运交易所筹建工作方案》,明确了武汉航运交易所将发展货运、船舶、航运人才、政务、商务和信息等服务,并按照一年起步、三年成型、五年提升的工作步骤建设发展。

(二)武汉航运交易所的后发优势

武汉航运交易所的后发优势主要体现在两个方面。

一是环境优势。首先,武汉位于我国经济地理中心,具有区位和综合交通优势。随着长江经济带的建设发展,对航运物流的需求与日俱增。武汉成为长江中游最大的物资集散地和商业贸易中心,成为我国经济承东启西、接南联北的战略要地。其次,武汉作为长江航运行政管理机构长江航务管理局所在地,是长江航运管理中心,长江海事局、中国船级社武汉分社、长江水利委员会和人民银行武汉分行等各大机构聚集,武汉具有显著的政策、管理、信息、创新优势。最后,武汉是航运生产要素的聚集地,是全国重要的港航技术人才和科研基地,航运相关领域专业研发机构、航运高级人才培养机构和国家级骨干科研单位聚集,人才和技术优势明显。

二是武汉航运交易所具有厚积薄发的创新优势。武汉航运交易所于2015年7月进行重组,2016年1月正式运营,目前已完成货运交易平台、船舶交易平台、人才服务平台、司法拍卖平台等8大平台的建设,开展了"单一窗口"受理服务、网络信息化服务、航运交易全流程服务等12项特色业务。

武汉航运交易所正在打造货运交易、船舶交易、航运人才等全流程服务平台,实现"互联网+航运交易"的模式创新。2016年9月,武汉航运交易所开发的货运交易平台上线,全新生态圈平台模式获得了行业的强势关注。武汉航运交易所货运交易平台一手发布江海直达、泸汉台快班、武汉-东盟四国等特色航线的武汉港全中转航班和船期信息,用户可通过智能查询查到合适的航线、舱位、货源等，并可以通过快速下单模式产生订单。用户也能定位及查询长江流域的船舶动态，也能查询到已有订单中的箱动态信息。该平台还提供集卡运输、仓储物流服务、个性化金融服务、法律仲裁服务等，货运版"滴滴打车"强平台模式明显。

(三) 武汉航运交易所的战略目标

1. 武汉航运交易所发展战略

以武汉新港为主体，以湘赣、豫皖为两翼，以湖北省综合运输体系为基础，广泛布局水港、陆港网络，大力开辟直航和多式联运线路，通江达海，联通海外，在5到10年内，把武汉航运交易所建成要素密集、交易活跃、资讯发达、信息可靠、功能完善、服务高效的国家级航运交易中心。

（1）主要服务范围：一主两翼。武汉航运交易所的主要范围涵盖两个层次：一是以武汉新港核心腹地——临港经济新区为中心，并延伸至长江中游经济带；二是长江中游经济带两端及邻近省份，从南北方向上可分为湘赣及豫皖两大片区。

（2）密织江海直达集装箱班轮运输航线。强化武汉新港至上海江海直达线路，努力拓展以武汉新港为起运港的国际直航线路，打造长江中游集装箱内外贸干线中心港口。

以武汉新港为中心，开发武汉—宜昌—荆州—岳阳—九江等中部地区支线航线，做大武汉中心港口，支撑江海直达班轮航线。

根据货物流向流量等市场需求，开辟长江上游—武汉—九江—安庆—太仓—上海等一线多点班轮组合航线，将中西部地区与东部沿海有效连接，打造以武汉新港为核心的多层次黄金水道品牌航线。

坚持政府培育、市场主导原则，开发丰富多彩的航运线路，是武汉航运交易所贯彻落实供给侧改革发展方针，服务长江经济带等国家战略的关键。

（3）打造具有中部特色的多式联运产品。充分利用武汉综合交通的优势条件，打造具有中部特色的多式联运货运交易产品，是武汉航运交易所建设发展特色的重要方面。一是沿着湖北省以及中部地区高速公路干线网络，广泛布局公路港，形成武汉新港辐射公路港的环形腹地，形成具有市场竞争力的公水多式联运产品；二是以汉欧班列连接阳逻港的多式联运示范工程为契机，充分利用武汉多个铁路枢纽的优势资源，大力开展水铁联运，打造一批以武汉新港为节点，连接长江黄金水道和国家铁路干线网络的铁水多式联运产品，吸引四川、重庆、湖南、河南等中西部地区货源，有效扩展武汉新港的经济腹地。

2. 武汉航运交易所建设目标

（1）总体目标。①要素密集，交易活跃。武汉航运交易所除了提供航运服务、多式联运服务等运输物流产品外，其交易范围要按照航运和物流供应链管理的思路广泛拓展，覆盖运输物流相关市场的全部范围，前向延伸到货物贸易、期货、政府采购等环节，后向延伸到船舶交易以及与船舶相关的船舶技术、船舶备件、工程船舶、运动船舶等领域，最大限度拓展交易范围。

以交易为核心，聚集航运及其相关市场要素和市场主体，如与航运相关的航运企业、港口企业、货代企业、船代企业、船舶中介、船舶检验、航运保险、航运金融、船东、船员、船舶修造企业、航运教育培训机构、航运仲裁诉讼等航运市场要素，充分激活市场活跃度。

②资讯发达，信息可靠。大量航运物流企业以及相关机构的聚集，以及航运及其相关生产要素和市场资源的集散，必然带来发达的资讯产业发展。同时，发达的资讯产业也将有力促进企业集聚和要素集散。武汉航运交易所是资讯运转的主要平台，在武汉长江中游航运中心资讯行业起主导和引领作用。为此，武汉航运交易所一方面应积极争取相关政府部门和管理机构授权，集中发布航运物流及其相关信息，如航运指数、运价动态、货源、船舶、船员、航道、海事等信息，另一方面，要逐渐构建航运物流及其相关领域数据采集手段，建立具有中国特色、切合长江航运发展实际的大数据运用系统，运用大数据驱动资源集聚、资讯发展、功能拓展和目标实现。

③功能完善，服务高效。航运交易所作为武汉长江中游航运中心建设发展的平台，其目标就是营造航运物流发展的软环境，只要有利于航运中心建设发展的工作和事项，都是航运交易所功能拓展的范畴，包括政务服务、交易服务、金融服务、信息服务、咨询服务、技术服务、人才服务等。

在提供不同功能服务时，要根据服务内容的差异确定服务报酬的形式和数量。航运交易所是一个基础性公共服务平台，应以提供无偿高效的基础性、公共性服务为主。

(2) 分阶段目标。①建设阶段（2016—2017年）。目标：构建交易核心业务体系。任务：构建航运交易、船舶交易、劳务交易、信息交易和航运金融等核心业务体系。

②发展阶段（2018—2020年）。目标：完善交易核心业务，延伸服务内涵，构建航运物流交易供应链平台。任务：逐步完善航运交易、船舶交易、劳务交易、信息交易和航运金融等核心业务体系，延伸交易服务内涵，拓展交易服务功能，构建以交易核心业务为基础的航运交易供应链平台。主要包括：拓展航运与船舶交易的价格发现与价格协商功能，信息交易的资源整合功能，供应链管理的金融融资服务功能等。

③发展与完善阶段（2021—2030年）。目标：将航运交易所建成在国内外有重要影响、要素密集、交易活跃、资讯发达、信息可靠、功能完善、服务高效的国家级航交所，实现中游地区70%的水路货运、70%的集装箱多式联运、80%的船员劳务和80%的船舶交易在航运交易所完成。任务：精心打造10条左右精品线路，包括长江干线沪汉台航线、江海直达航线、多式联运线路等特色鲜明、货源充足、运行稳定、质量优良的精品线路；编制发布长江干线和多式联运运价指数，建立稳定的运价发现机制和区域运价协调机制，并创新运价指数及其相关交易产品；创新物流电商运行模式和交易产品，开发2~3个航运金融产品；船舶交易平台实现全流域船舶联网交易，全国船舶交易信息联网，建立基于物联网的船舶备件交易平台等。

三、武汉航运交易所发展路径分析

(一) 航运交易

航运交易是航运交易所的核心业务之一,其狭义含义是航运服务产品的交易,交易双方为货物承运人和货物托运人,其广义含义是航运及其相关产品的交易关系,不仅仅限于货物承运人和货物托运人。航运交易过程关系复杂、情况多变,已经形成既有交易渠道和运作习惯,在当前环境下,航运交易所往往"有场无市",必须经过市场培育和利益调整,不断引导航运交易活动场内运行。

1. *接受政府财政补贴的运输业务必须进场交易*

为了培育航运市场,加强示范,武汉市等政府部门对以武汉新港为中心港口的航线实施运营补贴,如武汉—上海天天班、泸—汉—台快班等班轮航线。无论是从监管角度还是从培育市场角度,凡接受政府财政补贴的航运及其相关业务均应要求进入武汉航运交易所开展交易。与此相应,接受政府补贴的汉欧班列也应该纳入武汉航运交易所进行交易。

2. *政府采购物资的运输业务要求进场交易*

出于与前述相同的理由,政府采购物资,包括抗震救灾、政府储备、应急物资等的运输业务,应该要求进入航运交易所进行交易。进而,也可以通过政府引导,把武汉市属国有企业的货物运输业务吸引到航运交易所进行交易。

3. *航运交易所航运交易业务发展的市场化路径*

组建航运交易实体,申请无车承运人、无船承运人、货运交易经纪人、多式联运经营人资质,通过积极介入市场交易活动,促进交易所交易业务发展,通过市场示范和模式创新,吸引其他企业效仿。

(二) 船舶交易

1. *新船和二手船交易*

对造船企业进行整合集聚,包括长江航运集团旗下的青山船厂、金陵船厂、宜昌船厂等，以及大量的地方造船企业；另外整合制造销售游轮、游艇等的个体化小型船舶的企业，将武汉市及其周边大小船舶新船交易全部纳入航运交易所业务范畴。

将武汉船舶交易市场整合至武汉航运交易所框架下，使之成为武汉航运交易所的有机组成部分，推动武汉航运交易所快速提高交易活跃度。

2. 船舶与航运设备和零配件交易

进一步建设和完善船舶设备和零部件交易平台，发布本地、沿江及国际主要船舶设备和零部件交易市场行情信息，打造面向航运企业、船东、船厂、船用设备生产企业、港口机械生产企业、租赁机构、船舶经纪人、货主企业等服务的船舶设备和零部件交易市场。

逐步引入船用设备、港口装卸设备、水工设备制造销售企业，船舶拆解企业等入场交易，延伸船舶交易产业链，扩大交易规模与活跃度。

3. 船舶与航运技术交易

充分发挥武汉航运交易所现有船舶技术与船舶用品交易平台的作用，加大线下的船舶技术及船用产品交易市场整合力度，集结所有交易要素，形成集聚优势和多边市场合作，加快高端航运服务业发展。

（三）劳务交易

航运与物流涉及广泛的知识领域，需要广泛的专业人才集聚，包括船员、理货员、报关员、鉴定师、咨询师、工程师、验船师、律师、会计师、职业经理等。武汉航运交易所应积极建设航运人才基地，为不同层次的航运人才提供公共平台，为长江中游航运中心建设提供多方位、全层次劳务服务。

1. 设立劳务交易机构

船员是航运劳务交易市场中最活跃的部分。武汉航运交易所可依托武汉市丰富的航运资源，与高校以及长江海事局等船员发证机构合作，从源头上掌握船员资源。与船舶劳务公司进行合作，设立专门的船员劳务公司，开展船舶全套专业人员配置、船员职业档案集中备案等业务，为港航企业招聘人才和航运人才求职提供服务，促进航运人才有序流动。

同时，依托武汉地区的众多修造船厂、港口与物流散户资源，与修造船厂、港口开展劳务交易合作，将港口装卸、拖运，船舶修造等相关劳务纳入交易范畴，扩展劳务交易业务层次。

2. 开展人才培训业务

依托长江流域行政管理机构、武汉理工大学、武汉海事学院等高校和培训机构，以及省、市人力资源社会保障部门相关资源，开展航运人才培训、招生及考试等相关业务。武汉航运交易所作为航运要素高度集聚、航运交易频繁有序开展的场所，可以为航运物流、金融、法务等专业学生提供社会实践、公益服务机会，为学校科研人员与需求企业牵线搭桥，既为学校人才提供锻炼学习与深入观察市场活动的机会，也便于企业以较低费用解决问题，为长江中游航运中心建设提供多方位的人才。

同时，武汉航运交易所可与航运相关培训部门、人力资源管理部门、武汉理工大学、武汉海事学院等高校建立合作关系，开展招生、培训、考核、给养、社保、维权等服务，提供培训学费优惠、考试费用减免、提高福利待遇等人才扶持政策，建立全流程、一站式的航运人才服务产业。

（四）信息交易

武汉航运交易所信息平台是航交所与外部各相关主体联系的窗口与纽带，是航交所实现航运市场价格发现、航运供求市场调节、航运市场信息沟通、航运市场风险防范、航运市场秩序监管、航运市场要素繁荣等功能的基础，也是物流电子商务、物流金融业务得以正常开展的保证。

1. 政策制度信息

发布各级政府行业主管部门最新规章制度、行业政策、行业标准等信息，引导行业健康发展；由相关部门授权发布长江流域干支流相关航道水深、极端天气情况、涉水地质灾害等信息，为航运企业、货主企业及中介机构的营运提供最新背景资料；与省级物流公共诚信平台联网，授权发布物流诚信白名单与黑名单信息，提高航交所交易参与者的风险意识与诚信意识，推动市场主体优胜劣汰，促进市场有序发展；及时阻止极端交易行为，按时公布监管行为处置结果，维护航运市场秩序。

2. 航运信息

（1）航运供求信息。公布航运供求信息，提升市场透明度，减少交易双方信息不对称，包括运力信息、货源种类、数量及分布信息、船舶信息以及汉新欧的运输信息等，促成供需双方直接见面交易，缩短航运市场信息搜索时间，减少航运市场交易环节与交易成本，促进多式联运等特色业务发展；逐步公开本地集装箱运输、港口服务、货代服务典型价格与收费方式，主要大宗商品现货及期货价格，为托运人提供价格知识服务及供需相关背景信息，减少交易欺诈风险；会同长江流域行政管理机构和专业研究机构，定期组织撰写航运市场分析报告，为航运企业运力购置和运输合同谈判提供决策参考。

（2）航运交易成交信息。公布航运交易成交信息，提供参考价格，促进公平交易，包括本地、上下游、国际范围等船舶买卖、租赁（程租、期租、光船租赁等）价格费率，内河、沿海及国际典型航线典型货种价格信息。发布长江航运景气指数、中国口岸出口集装箱运价指数及国际航交所价格指数等，通过提供航运市场价格走势，减少交易参与者行情误判可能。通过扩大信息披露范围，实现更大范围市场空间的资源配置和价格调节。

（3）航道及航班信息。与长江航务管理局、长江航道局、长江海事局等长江航运管理机构进行交流合作，对接数据平台，实现信息互联互通，在武汉航运交易所集中动态发布水文、航道、气象等通航安全信息；集中发布航线有关港口泊位信息、集装箱班轮船期公告、船舶舱位信息及运价等；发布各类航班信息，包括航空航班信息、汉新欧班次信息以及船舶航班信息等，如"泸汉台"运输航次信息，为托运人提供明确的托运时间与时长，促进市场交易高效进行。

3. 信誉评级和推荐制度

建立航运物流相关企业信誉评级和推荐制度，以交易诚信、服务质量为尺度，通过一定的企业登记和信誉评级，定期公布评级较好的航运物流企业名单。形成武汉航运交易所与其他航运交易所信誉评级信息交换共享机制，在长江流域以及国内航运市场形成诚信经营氛围与服务品牌意识，提升行业整体发展水准。

(五) 航运金融

武汉航运交易所航运金融业务可以采用信息技术、资源整合及专业服务为参与者提供独特及广泛的整体解决方案。通过分析金融市场与行业金融市场发展状况，为航运参与者提供金融服务。

1. 供应链金融

供应链金融是针对货物多式联运的每一环节活动而产生的金融服务。武汉航运交易所可以通过搭建与航运相关的金融平台，将整个航运与金融市场的行情在平台上进行披露；研究和开发航运交易、金融、保理、第三方支付结算等服务，争取与国际接轨的政策支持，推动武汉航运金融的发展。进行企业化改制，利用民间资本或与银行合作，整合港口航运相关业务体系，探索股权投资、产业基金等运作模式，主攻搭建大平台，拓展航运金融产品。

2. 融资租赁

在提供船舶和船舶设备直接买卖交易的基础上，武汉航运交易所可以提供船舶、船舶设备、港机设备、飞机及其他交通运输通用设备（如挂车、列车、集装箱、托盘等）的租赁服务。武汉航运交易所可提前投资资金购买设备，再根据客户需求出租给客户，并按一定的费用标准收取相应的租金，达到航交所和客户利益最大化的目标；成立航运指数期货开发小组，研究航运金融衍生品的开发。这些航运金融衍生品可以是运价指数期货、FFA 和运价期权等。

3. 建立航运发展基金

通过建立航运发展基金，为航运企业提供船舶贷款、担保等资金服务,增加航运企业的融资渠道,以其专业性高、针对性强、资金注入集中等特点,为航运企业克服资金短缺提供重要帮助,也可为企业扩张提供资本。以航运为主导的产业链涵盖了船舶建造、船舶修理、码头、保险、经纪、物流、金融等服务业,产业链条长、辐射面广,航运发展基金通过支持航运业,可带动全产业链发展,以金融资本为工具,推进航运产业整合、产业升级和结构优化,提高产业集成度,促进供应链金融的发展,更好地实现规模效益。航运发展基金可通过银行贷款、资产证券化、股权抵押等手段实现杠杆效益,以较少资金成倍撬动投资;还可通过金融资产组合,加速发展基金在"货币—资产—金融产品—货币"之间的转换和流动,进而提高基金保障、降低运作风险。

(六) 咨询服务

航运物流市场虽有中远、中海、中外运长航此类国有超大型企业,但更多的是规模不大、缺乏经营人才、发展困难的中小型航运物流企业。中小航运物流企业在经营过程面临问题时,求助咨询公司没有财力,求助政府部门也存在难度。武汉航运交易所可利用自身港航专家数据库优势,以及对航运市场的贴身感受,定期不定期组织行业专家为中小市场主体提供集体培训,也可专门设立窗口为市场参与者答疑解惑。

1. 管理咨询

武汉一直是长江航运的中心,也是华中地区最大的铁路、航空和公路交通枢纽,是我国内陆地区最大的水、公、铁、空综合交通运营管理中心,具备创新内河航运和多式联运管理政策,以及运营组织模式和企业经营方式的独特条件。武汉航运交易所将搭建这些政策、模式创新的平台,为航运物流企业提供投资管理、企业战略、市场运营等方面的咨询服务。

2. 技术咨询

武汉航运交易所可以通过建立港航专家信息数据库,为船舶设计与改造、船队规划及营运管理、货运航线规划与配载、港口规划与工艺设计、港口装卸设备及电气控制系统选型等领域技术咨询服务提供支持及便利。

3. 法律咨询

随着航运市场的扩大,航运纠纷事件时有发生。为有效维护各航运企业的权益,武汉航运交易所可联合已有的条件成熟的法律咨询机构,为缺乏相关法律知识、需要法律援助的航运市场参与者提供海事仲裁、港口与航运法律事务咨询服务。

四、武汉航运交易所发展对策建议

(一) 不断丰富以价值链为线索的平台资源

价值链概念是哈佛大学商学院教授迈克尔·波特于1985年提出的。波特认为,每一个企业都是在设计、生产、销售、发送和辅助其产品的过程中进行种种活动的集合体。所有这些活动可以用一个价值链来表明。企业的价值创造是通过一系列活动构成的,这些活动可分为基本活动和辅助活动两类,基本活动包括内部后勤、生产作业、外部后勤、市场和销售、服务等;而辅助活动则包括采购、技术开发、人力资源管理和企业基础设施等。这些互不相同但又相互关联的生产经营活动,构成了一个创造价值的动态过程,即价值链。

波特的价值链理论揭示,企业与企业的竞争,不只是某个环节的竞争,而是整个价值链的竞争,而整个价值链的综合竞争力决定企业的竞争力。用波特的话来说:"消费者心目中的价值由一连串企业内部物质与技术上的具体活动与利润所构成,当你和其他企业竞争时,其实是内部多项活动在进行竞争,而不是某一项活动的竞争。"

价值链在经济活动中是无处不在的,如上下游关联的企业与企业之间存在行业价值链,价值链上的每一项价值活动都会对企业最终能够实现多大的价值造成影响。航运交易所通过一系列的价值活动,广泛参与到航运企业以及其他相关企业的价值活动中,形成不同市场功能、不同合作模式、不同经济规律的行业价值链。以这些价值活动或价值链为线索开展价值链分析和价值链拓展，可以不断丰富航运交易所的平台资源。比如，从横向看，武汉航运交易所在航运交易、船舶交易、劳务交易等价值活动的基础上，平行拓展航空、铁路、公路等运输方式以及多式联运业务，横向整合平台资源。从纵向看，依托武汉航运交易所的交易业务，对航运交易所产业链中的上下游环节进行纵向整合，通过实现各航运交易所价值活动参与者自身的价值创造，形成航运交易所航运市场供应链综合服务体系，纵向拓展平台资源。

（二）不断挖掘以大数据为核心的平台功能

大数据（big data, mega data），或称巨量资料，是需要新处理模式才能具有更强的决策力、洞察力和流程优化能力的海量、高增长率和多样化的信息资产。在维克托·迈尔·舍恩伯格及肯尼斯·库克耶编写的《大数据时代》中大数据指不用随机分析法（抽样调查）这样的捷径，而采用所有数据进行分析处理。大数据具有 volume（大量）、velocity（高速）、variety（多样）、value（价值）等 4V 特点。

早在 1980 年，未来学家阿尔文·托夫勒便在《第三次浪潮》一书中，将大数据热情地赞颂为"第三次浪潮的华彩乐章"。从 2009 年开始，"大数据"成为互联网信息技术行业的流行词汇。根据美国互联网数据中心统计，互联网上的数据每年将增长 50%，每两年便将翻一番，而目前世界上 90% 以上的数据是最近几年才产生的。此外，数据又并非单纯指人们在互联网上发布的信息，全世界的工业设备、汽车、电表上有着无数的数码传感器，随时测量和传递着有关位置、运动、震动、温度、湿度乃至空气中化学物质的变化，也产生了海量的数据信息。

大数据也是由人类日益普及的网络行为所伴生的、由相关部门和企业采集的、蕴含数据生产者真实意图和喜好的、非传统结构和意义的数据。2013 年 5 月 10 日，阿里巴巴集团董事局主席马云在淘宝十周年晚会上说，大家还没搞清 PC 时代的时候，移动互联网来了，还没搞清移动互联网的时候，大数据时代来了。

武汉航运交易所本质上就是一个关于航运及其相关领域的大数据平

台。所以，首先要按照大数据平台要求，建设航运经济、航运市场和航运技术等大数据能力。一是与政府部门、港航、铁路、公路、航空等各类物流企业合作，完成数据集成和数据融合；二是以不断丰富的平台资源为基础，对建设数据采集、汇聚和整理能力，不断改善大数据系统。其次，要建设强大的数据采集、处理、分析、挖掘、发布等能力。如果把数据比喻为蕴藏能量的煤矿。煤炭按照性质有焦煤、无烟煤、肥煤、贫煤等分类，而露天煤矿、深山煤矿的挖掘成本又不一样。与此类似，大数据并不在"大"，而在于"有用"。价值含量、挖掘成本比数量更为重要。对于很多行业而言，如何利用这些大规模数据是成为赢得竞争的关键。航运交易所大数据的价值体现在以下几个方面：①为武汉航运交易所价值活动的参与者提供精准服务。②帮助参与航运交易所价值活动的中长尾企业服务转型。③充分利用大数据的价值，发现航运市场新规律，认识事物的内在关系，为航运市场的发展提供新思路，发掘新业务，制定新战略，也为航交所发展提供方向和动力。

（三）不断拓展以交易所为主导的平台空间

交易是航运交易所的核心业务，武汉航运交易所定位为长江中游的航运交易中心，既是广义的航运市场及其相关市场交易的虚拟平台，又是广义的航运市场及其相关市场运作的实体平台，两个平台"线上线下（O2O）"，相得益彰。作为航运市场及其相关市场交易的虚拟平台，武汉航运交易所必须不断扩展功能、创新技术、突出服务、维护诚信、提升效率、保障安全；作为航运市场及其相关市场运作的实体平台，武汉航运交易所宜设置在汉口沿江航运机构集中的区域，增加航运交易所为核心的航运要素经营主体集聚效应。

从城市功能角度来看，城市空间结构由一系列功能空间组成。由于城市是由产业和人口集聚而形成，因此城市功能空间可以分成三种类型：第一类是产业工业型空间，主要由生产制造型企业组成；第二类为服务型空间，由零售批发业以及邮电、通信、金融等服务业集聚后形成，其作用在于向工业企业、城市人口等提供各种服务型产品；第三类是居住型空间，这部分空间是专门用于城市人口的集中居住。

从城市的形成到功能空间的分化经历了五个阶段：均质化阶段、商业空间分化阶段、综合服务型空间形成阶段、新工业空间形成阶段、居住空间的独立与多中心的形成阶段。武汉城市发展已经进入空间高级化阶段，新工业空间已经形成，多中心也已经初步形成。但是，作为武汉城市功能的航运功能空间的集聚程度明显不够，汉口沿江区域具备极好的航运集聚条件，但是，其集聚程度比上海东大名路航运街要低。航运交易所是航运资源和航运要素整合集聚的理想平台，应该布局在汉口沿江区域，加强沿江区域航运资源和航运要素的集聚，打造具有国际影响力的内河航运一条街。

集聚效应对城市功能空间演化具有重要作用。集聚效应可以分解成两种子效应，一种是聚合效应，另一种是扩散效应。聚合效应促进产业在空间集聚，吸引更多企业进入，使集聚规模扩大。而扩散效应则推动集聚区域的企业向外转移，使产业集聚发生转移。聚合效应与扩散效应并非在任何情况下均发挥作用，而是与产业集聚程度有关。由于商业诚信体系还不够发达，航运服务业提供的服务型信息化产品，对于供需双方面对面沟通具有一定的依赖性，因此，需求的空间集聚对于航运业降低需求搜寻成本，进而降低整体经营成本至关重要。

为了更好地引导航运及其相关领域的交易，示范航运及其相关领域的运作，建议武汉航运交易所根据其功能模块的要求，组建相应功能实现的经营实体。

课题负责人： 付新平　武汉理工大学湖北现代物流研究中心教授
课题组成员： 周毓萍　徐晓明　邹敏　何凡　田丹　张逸轩
　　　　　　　何瑜莎　张雪　刘洁　连天碧

湖北省黄石韧性经济体系建设研究报告

武汉大学经济与管理学院课题组

"100韧性城市·世纪挑战"项目是美国洛克菲勒基金会于2013年5月提出的一项城市发展项目。该项目在全球选出100座城市,通过为城市制定和实施韧性战略提供资金、技术、服务等方面的支持,打造韧性行动交流平台,旨在帮助世界各地城市增强韧性、应对21世纪日益频发的自然灾害、社会危机和经济挑战。该项目支持各城市采纳韧性理念,该理念不仅限应对地震、洪涝、突发疫情等急性冲击,还包括应对日复一日或循环往复动摇城市体系的慢性压力。若城市能够同时克服上述挑战,无论顺境逆境,均能更好应对恶性事件,更为行之有效地推动城市系统的运转。2014年12月3日,在新加坡由洛克菲勒基金会组织召开的"城市韧性峰会"上,湖北省黄石市从全球331座竞争的城市中脱颖而出,成为全球第二批35个入选"100韧性城市"的会员城市之一。

城市韧性是城市中的个人、社区、机构、企业和系统在各种慢性压力和急性冲击之下存续、适应、发展的能力。其中,慢性压力指日复一日或循环往复动摇城市结构的负面影响,如失业率居高不下、公共交通系统征税过多或低效率、暴力横行;急性冲击是对城市造成威胁的突发剧烈事件,包括地震、洪涝、疫情、恐怖袭击。根据学术界的观点,韧性使得城市能够衡量自身对特定冲击和压力的遭受情况,制订积极的综合计划应对这些挑战,并提升应对效果,在短期和长期内能够改善城市状况,保障所有人的利益。

根据城市韧性的概念和学术界已有研究成果,将经济韧性定义为经济体（国家、地区）能够抵御急性冲击或慢性挑战、并通过不断学习改进经济系统内部功能、结构和关系，从而提升抵御风险冲击、适应环境持续变化、保持可持续发展的能力。经济韧性反映出经济系统在遭受冲击和压力后能够维持原有的结构、功能和关系的能力。其核心内容包括：经济体（政府、企业及其他经济体构成的复杂系统）、经济冲击（经济波动、政策调整、金融危机、技术革新等）、环境变化（市场环境、生态环境、营商环境、投资环境等）以及可持续发展（增长速度、经济结构、资源效率、生态保护）。

一、黄石市韧性经济重点领域

黄石市地处湖北省东南部，长江中游南岸，与黄冈市隔江相望，北接鄂州市鄂城区，西靠武汉市江夏区、鄂州市梁子湖区，西南与咸宁市咸宁区、通山县为邻，东南与江西省武宁县、瑞昌市接壤。黄石市辖区面积4583平方公里，地势西南高、东北低，绵延于湘江鄂赣三省边境的幕阜山脉。

黄石市是湖北省最早设立的两个省辖市之一，现辖四区两县，包括黄石港区、西塞山区、下陆区、铁山区（四区）和大冶市、阳新县（两县），拥有黄石经济技术开发区（2010）和大冶湖高新技术产业园区（2018）两个国家级经济技术开发区以及黄石新港（物流）工业园、阳新工业园区、黄石港工业园、西塞山工业园、下陆长乐山工业园、大冶灵成工业园等6个省级工业园区。黄石全市总人口269.9万，常住人口246.55万。2016年，黄石市地区生产总值（GDP）1305.55亿元，按可比价格计算，比上年增长7.2%，经济总量保持在湖北省第九位。其中，三次产业比重为8.74∶55.26∶36。

黄石作为老工业城市和全国重要的工业原材料基地，随着矿产消耗日趋枯竭，经济发展对资源型产业的路径依赖使得黄石韧性经济系统建立面临巨大潜在挑战。基于黄石当前经济发展现状，将创新、绿色、协调、开放、共享五大理念纳入韧性经济系统建设中，进而明确重点领域，加快推动产业高端化、绿色化、协同化、开放化、服务化发展，从而为转变经济发展模式、推动资源型城市转型、增强黄石经济韧性提供实现路径。根据上述理念，黄石韧性经济重点领域确定为以下四个方面。

（一）传统优势产业改造升级

钢铁、有色、建材、纺织服装、食品饮料等传统产业是黄石的支柱产业。推动传统产业转型升级，加快产业链向高端环节延伸，已成为黄石建设韧性经济系统，实现经济提质增效的首要任务。目前，黄石已集聚一批传统领域的龙头企业，如中国现存最早的钢铁企业湖北新冶钢、黄石规模最大的工业企业大冶有色、全国三大水泥集团之一华新水泥、中国十大名牌服装之一美尔雅、中国保健酒第一品牌劲牌酒业，黄石传统产业转型具有先天优势。按照"控制总量、调优存量、延伸高端、绿色发展"思路，做大做强特色高端钢铁产业、有色金属精深加工业、节能环保建材产业，完善纺织服装产业体系，延伸食品饮料产业链，符合黄石资源禀赋和产业基础，也是加快新旧动能转换的应有之意。

（二）推动新兴产业规模扩大

电子信息、高端装备、生物医药等战略性新兴产业是当前黄石培育的八大省级重点成长型产业集群，也是完善现代产业体系、提升经济发展质量的必然选择。当前，黄石已集聚一批新兴领域的龙头企业，如沪士电子、欣兴电子、东贝机电、三丰智能、远大药业、世星药业、朗昕药业、芳通药业，形成了较强的产业基础和竞争优势。培育壮大电子信息、高端装备、生物医药等产业符合国家战略新兴产业发展战略和黄石产业强市发展战略，有利于拓展产业链、推动产业多元化、绿色化、智能化、服务化、高端化发展。

（三）加强与武汉等中心城市合作以及"港城联动"

加快黄石市深度融入长江中游城市群和武汉城市圈。黄石市是湖北省最早设立的两个省辖市之一，也是武汉城市圈的副中心城市。近年来，武汉依靠对周边地区的极化效应，推动工业化和城镇化的快速发展，逐步拉大与黄石的发展差距，两地的经济联系逐步弱化，从而恶化了黄石经济发展的区域环境，极大制约黄石经济发展。新时期，长江经济带上升为国家战略，湖北省发展格局也由两圈一带升至两圈两带，在多重区域战略实施背景下，加强与武汉等中心城市的合作与联系，为黄石经济实现跨越式发展提供历史性机遇。

"以港兴市"引导加快多式联运中心建设。黄石位于长江中游南岸，具有丰富的岸线资源，境内也已形成由公路、铁路、水路、管道等多种运输方式组成的综合运输网络；此外，武汉天河机场在黄石建成中部城市首个候机楼，实现两地航空运输的对接。在打造长江中游区域交通枢纽和多式联运中心形成初步优势。当前，黄石主城区基本形成"半小时"交通圈，这不仅有助于形成"港城联动"发展格局，推动商贸服务和现代物流等配套产业发展，也为黄石融入武汉城市圈和长江中游城市群提供交通服务纽带功能。

（四）绿色生态城市建设和工业遗产保护与再利用

以生态立市指导山水田园城市建设。"十二五"期间黄石提出"生态立市"战略，以创建环保模范城市和生态宜居城市为载体，以改善环境质量、降低污染排放为抓手，推动传统产业改造升级和高端产业延伸发展。当前，黄石生态环境修复历史欠账较多、环境风险隐患层出、环境监管能力不足，黄石践行"生态立市"形势依然严峻。十三五期间作为生态环境保护的战略机遇期，黄石需进一步探索绿色生态城市建设的路径和模式。

探索生态修复与工业转型结合的路径。保护工业遗产不仅是生态环境修复的内在要求，也是探索工业绿色化发展的重要方向。工业遗产保护是工业和服务业融合发展的重要抓手，工业遗产的保护与再利用有助于推动工业旅游业的蓬勃发展，是加快新旧动能转换的体现。探索工业遗产保护与再利用也为黄石转变传统发展方式提供借鉴。

二、黄石市韧性经济体系建设存在的突出问题

黄石市产业体系建设趋于完善，但面临的形势依然严峻。作为资源枯竭型城市，其产业建设对矿产、钢铁等资源依赖较大，且创新要素匮乏、高新技术产业尚未形成、生态环境问题突出、区位优势利用不充分等问题导致黄石难以摆脱粗放式发展模式的路径依赖，新旧动能转化较慢，经济发展的结构性矛盾日益突出，经济稳定增长动力不足。当前，黄石经济韧性系统建设中主要面临产业结构和空间布局不合理、空间承载能力不高、企业创新发展能力不强、劳动市场供求不匹配、生态环境问题亟待解决等五个方面的突出问题。

（一）产业结构和空间布局不合理

1. 重工业比重过高

首先，产业结构的重化导致单位产值能耗居高不下。目前，黄石市正处在产业转型升级的攻坚期，以钢铁、有色、建材、能源等传统产业为主导的格局依然存在，单位产值能耗绝对数高居全省前列。截至2017年底，黄石市六大高耗能行业产值占工业总产值比重为58.2%，同比增加3个百分点。其次，控制能耗增量压力较大。2017年，受市场需求快速增长影响，工业产能迅速扩张，特别是钢铁、有色、水泥、电力产能释放造成黄石能源消费增长迅猛。规模以上工业能耗"由降转升"，同比增加2.9%。此外，调整能耗结构难度较大。产业转型升级处于"爬坡期"，能源消费增量逐年增长的趋势将长期存在。

黄石重工业比重近五年占比均在90%左右。2016年，规模以上工业产值2089.79亿元，占比87.39%，采矿业占工业比重由2012年的21.57%升至2016年的22.33%，资源型产业仍具较大规模。重工业比重过高阻碍了产业结构优化，导致就业结构固化。2012—2016年，第二产业人员仅下降0.6万人。传统工业规模过高也会加剧环境污染，严重降低经济发展的质量和效率。受国内外宏观经济形势多变带来的不确

定性压力，国内工业需求萎缩和产能过剩矛盾日益突出，劳动力成本增长，工业企业收益大幅降低，增长后劲不足，工业品过剩带来的风险危机四伏，黄石工业面临的发展形势十分严峻。

2. 服务业发展不充分

黄石市服务业发展不充分，尤其是生产性服务业发展缓慢，规模较低，占比较小，难以为振兴黄石工业提供相关配套服务。2012—2016年，黄石服务业从业人员仅上升0.8万人，生产性服务业对经济的拉动力较弱。2016年，生产性服务业159.13亿元，占服务业比重维持在34%左右，年增幅度不大。黄石市工业产值638.56亿元，远高于服务业产值的470.1亿元，虽然两部门较2012年的271.86亿元产值缺口有所下降，但规模差距依然明显。"产业强市"战略不仅要振兴传统产业，也要加快服务业、尤其是生产性服务业的发展。

黄石服务业发展面临极大挑战。首先，区域竞争不断加剧。受武汉对资本、人才等要素"虹吸效应"影响，黄石服务业发展压力较大；同时与武汉等中心城市经济联系不强，制约了通过承接发达地区的产业转移推动生产性服务业规模提升。其次，产业转型难度较大。黄石工业基础雄厚，整体规模较大，但价值链地位较低，研发、设计等高端服务发展不足。随着工业转型升级，大量高端服务业需求依赖外包，难以实现服务业与制造业、农业融合发展，制约产业向高附加值环节延伸。

3. 战略性新兴产业规模偏小

当前，黄石市战略性新兴产业发展形势十分严峻。虽然近年黄石战略性新兴产业发展日趋向好，规模不断扩大，但其所占比重不升反降，从2012年15.01%降至2016年11.99%。产业创新能力和盈利能力明显不足、经济拉动率和贡献率较低、缺乏与传统产业融合发展等一系列问题较为突出，经济增长动能单一、现代产业体系不完善，难以为区域经济转型升级、从而实现稳增长、促改革、调结构、惠民生提供有力支撑。

从总量上看，2017年，黄石新能源汽车、电子信息、高端装备等新兴产业占全市工业产值比重不到17%，生物医药、电子信息等新兴产业产值占工业总产值比重不到30%,总体规模仍然偏小。新兴产业规模不大,资源型企业多,高新技术企业少,初级产品多,终端产品少,关联度低的单体企业多,产业集群配套企业少。2016年,黄石战略性新兴产业实现产值841.11亿元,较上年771.31亿元增长35.3%,增加值156.57亿元与2012年的156.22亿元基本持平。其中,电子信息产业增长较快,增加值3.56亿元较上年增长21.81%;先进制造业增加值37.16亿元较上年增长0.31%;新材料产业规模最大,增加值74.57亿元,较上年下降1.1%;新能源高效节能产业增加值3.96亿元,较上年下降9.1%;生物医药与医疗器械增加值28.53亿元,较上年增长0.15%。尽管黄石战略性新兴产业蓬勃发展,涌现出大批高新产业发展技术项目,集聚了一批行业龙头企业①,但绝大部分仍处在建设初期,高新技术产业的生产能力尚未完全释放。而且物联网、云计算、大数据、人工智能等信息技术产业发展不足,节能环保、生物、高端装备制造、新能源、新材料和新能源汽车等产业规模较小,阻碍实施创新驱动战略加快传统工业转型升级进程。

4. 产业集聚程度有待提升

尽管黄石市已形成黑色金属、有色金属、建材、能源、装备制造、纺织服装、食品饮料、化工医药等8个主导型产业集群,但龙头企业在园区内分布不集中,彼此间缺乏有效的经济联系,导致产业集聚程度较低,从而阻碍产业集群化发展,产业发展陷入低端价值锁定困境,制约产业链向高端延伸发展。

产业布局分散。园区产业布局分散,同一产业园区布局多个产业,同一产业分散在不同园区现象普遍,导致产业缺乏集聚性,没有发挥规模效应。从产业链角度来看,产业布局分散导致现有产业链条横向拓展和纵向延伸程度不够,提高了企业成本,降低了行业内信息传递效率,削弱了产业集群发展优势。

---

① 高端装备(三丰智造)、航空航天器材(新冶钢)、新能源汽车(汉能企汽车)、生物医药(劲牌)等。

产业关联性不强。园区产业间联系度较弱，产业类型多样，未能形成特色优势产业。黄石市现有工业园区普遍存在一、二、三产业同时布局现象，未能形成专业特色农业园区和服务业集聚园区，一定程度上挤占了工业发展空间，削弱产业间、园区间、企业间关联度。

产业链条有待延伸。园区大部分高技术企业产品的研发设计、原材料产地和销售市场均不在黄石本土，特别是智能制造、电子信息、生物医药产业领域尤为突出，产业链上游环节、中游环节和下游环节处于割裂状态。新兴产业的产业链延展性不足，降低了产业发展的规模经济和范围经济，不利于增强引进企业对黄石本土的根植性，增加了黄石市抵御外部经济风险的不确定性。

（二）空间承载能力不高

1. 用地效率较低

黄石市建设用地闲置、废弃、低效利用普遍存在，粗放式土地开发加剧了黄石土地资源短缺，使得用地问题成为制约黄石经济发展的一大瓶颈。黄石在招商引资过程中为企业提供较为宽裕的土地资源，向企业出让的土地价格小于征地成本加基础设施成本，引进企业对低价或无偿获得土地并未有效合理开发利用，一定程度上造成建设用地效率低下。2015年和2016年单位工业用地增加值分别为19.7亿元/平方公里和23.0亿元/平方公里，虽然总体呈上升趋势，但均低于湖北省和全国同期单位工业用地增加值。

2. 园区基础设施落后

黄石市园区基础设施建设滞后项目建设，供气、供热、道路、水电、污水处理等重大基础设施配套亟待完善。从生产性配套设施看，各种功能要素、基础设施建设严重滞后，部分园区后期配套设施仍处于起步阶段，园区内部微循环道路体系尚未形成，企业厂区通行、扩展受限。天然气管道未入园，污水管网建设不完善，二、三级管网未能完全形成。从生活性配套设施看，学校、医院、银行、休闲娱乐场所等生活配套设施不完备，企业发展、生活空间受到极大限制。基础设施和市政配套落后，极大影响了招商、招才和产业转型升级进程。

3. 可开发用地空间有限

黄石市开发区和工业园区由于城镇开发边界、生态保护红线和永久基本农田等空间管制约束，可开发后备建设用地有限，难以满足工业和服务业扩张需求。以下陆长乐山工业园区为例，园区规划面积14.17平方公里，可开发用地较小，加上棚户区改造和自然湾拆除腾出的土地，可利用土地也仅有2平方公里，且区内电网星罗棋布，严重制约土地综合开发利用和项目落地。黄石新港（物流）工业园区核心区规划面积仅有35平方公里，除去已征用面积，可用空间明显不足。

（三）企业创新发展能力不强

1. 自主创新能力有待提升

黄石市创新要素集聚不够，缺乏核心技术和自主品牌，部分龙头企业的研发和销售地不在黄石，企业的竞争能力较弱。2016年，黄石R&D经费支出占工业主营业务收入比重0.93%，较湖北省平均水平低3.99%，较全国平均水平低1.02%；高新技术企业增加值占工业增加值比重为24.52%，低于全省平均水平19.95个百分点，与全省高新技术产业发展差距较大；规上工业企业R&D人员全时当量为5953人年，占全省6.18%，低于黄石工业增加值占全省工业增加值比重1.09个百分点，黄石人力资本创新能力尚未释放，企业创新能力低于湖北省平均水平和全国平均水平，不足以支撑黄石韧性经济发展，企业创新能力有待进一步增强。

2. 对政府政策依赖较强

近年黄石市积极承接东部地区产业转移，大力开展招商引资行动，践行"工业强市"战略极大地推动了黄石经济发展。但相比武汉等中心城市，黄石的区位条件和要素禀赋对企业的吸引力不足，受武汉虹吸效应明显，劳动力供给较为短缺；此外，政府为增强引进企业的根植性，为园区企业提供大量公共政策服务，支持园区企业兴建厂房，修建人才公寓，帮助园区企业招募员工，给予工人补贴等。这使得黄石制造业企业严重依赖政府"保姆式"的服务，独自抵御市场风险能力较弱，黄石政府为企业发展背负较大的财政负担。

3. 融资能力有待加强

黄石市除龙头企业外，整体盈利能力不强，融资能力较弱。黄石市上市企业较少，仅有12家。其中，主板上市企业8家。黄石企业的直接融资能力有限，直接发行债券和股票量小体微，不足以支撑企业的人才战略、创新战略和市场扩张战略的强力推进。国有商业银行等间接融资金融机构，考虑企业盈利能力，存在"嫌小爱大"、"惧贷、惜贷"现象，对黄石中小创新企业发展及传统产业转型升级的资金支持力度较小。在贷款规模、贷款期限和贷款利率实行较为严格条件，进一步加剧黄石企业融资难度，部分中小企业难以达到银行的贷款门槛，只能通过高额贷款利率的民间融资方式获取贷款。同时，除银行贷款利息、第三方收费和担保费外，存贷挂钩、担保保证金、银行"业务创新"中间产品更加重了企业融资成本。企业融资能力较低，经营成本加剧，一定程度上抑制黄石企业创新能力提升和市场扩张步伐，阻碍了企业自我发展能力增强。

（四）劳动市场供求不匹配

1. 高端技术人才吸引力不足

受武汉"虹吸效应"以及襄阳、宜昌等地"竞争效应"的影响，黄石市对人才的吸引力相对较弱，面临高端技术人才"引不进、留不住"的不利境地，高端人才供给短缺已成为影响企业长远发展的共性问题。虽然近年相继实施"东楚英才计划"、"百名人才引进计划"等一系列引进人才的优惠政策，但仍难以满足企业对人才的"止渴"。本地产业发展面临较大的技术人才缺口，特别是武汉高端产业蓬勃发展对黄石人力资本造成极大的虹吸效应，加速了黄石技术、管理、营销人才外流，制约黄石研发和产业化能力的提升，对产业可持续发展极为不利。

企业先天性缺乏引才招才的"源头活水"。首先，区位因素不利于人才引进，交通基础设施有待升级。黄石多数企业位于经济欠发达的工业园，与中心城区距离较远，区位优势不明显，城郊地区不完善的交通基础设施限制了人才交际和流动范围。其次，生活配套设施亟待完善。企业周边没有形成与生活娱乐配套的基础设施，对高端人才的吸引力不足。最后，企业忽视了对技术人才的培养，导致企业内研发团队建设较为缓慢，培养体系有待健全。

2. 基础劳动力用工短缺严重

践行"产业强市"和"做大做强"理念，加快黄石市对外招商引资和对内园区建设进程，创造大量就业岗位，但劳动力市场供不应求局面依然存在。黄石各辖区经济发展不平衡是导致基础劳动力用工短缺的主要原因。地区用工待遇差别较大，住房标准也参差不齐，劳动者用脚投票决定了劳动资源配置不均衡，造成企业不同程度的用工缺口。用工待遇的巨大差别也使得小企业对用工者吸引力不足，用工缺口更为明显，大企业的基础劳动需求有限，技术改造会提升高端劳动用工需求，挤出低端劳动力。此外，较多农村剩余闲置劳动力与本地劳动资源供给不足相形见绌，城镇化潜力尚未激发，工业规模快速扩张使得城镇用工短缺现象愈发严重。

3. 园区用工流动性较高

当前，园区区位较偏远、生活配套不完善、生产环境待改善、人才公寓覆盖低等问题较为突出，使得黄石市各园区劳动用工流动性较高。首先，部分企业地处园区内偏僻地段，周边生活娱乐配套设施缺乏，难以满足员工日常需求，偏向寻求更高的用工待遇和更好的生产环境，交通不便和生活配套缺乏也会加剧用工流动性。农民工流动无序化也是劳动力市场存在的突出问题，规范并稳定劳动力市场运行是当务之急。其次，政府配套政策体系不健全，补贴政策和保障房政策覆盖面有限，相应成本转嫁给企业增加了企业财务负担，加剧了企业引才招才的难度。人才引进渠道不宽也阻碍了人才引进。政府现有的人才招募平台与企业中高端人才需求匹配度不高，导致企业中高端人才招聘只能各自"单打独斗"，难以形成"磁场效应"。

(五) 生态环境问题亟待解决

1. 生态环境风险压力显著

黄石市产业结构重工业化特征突出，对资源型产业依赖较大，工业布局不合理，环境风险压力显著。2016年，黄石市区空气质量达标天数仅267天，较上年减少45天，空气质量不断恶化。此外，黄石市区长江水源地一级保护区内布局有黄石军用码头、沈家营码头、有色码头，沿江一公里范围布内局有远大富池工业园、西塞山工业园区化学工业园，其中湖北新冶钢有限公司临江而建，对长江生态环境构成极大隐患。西塞山区、下陆区、大冶市及阳新县部分地区土壤重金属污染问题严重；大冶湖流域、保安湖流域分布有色金属采矿、冶炼及建材加工企业50余家，存在含重金属工业废水外排和泄漏事故风险；磁湖、大冶湖、保安湖水质为Ⅳ类，青山湖水质为劣Ⅴ类。工业污染呈现向农村转移的趋势，规模化畜禽、水产养殖和种植业面源污染问题凸显。

2. 生态环境修复力度有待加强

黄石市是典型工业型城市，工业在经济发展中居于支配地位，特别是钢铁、有色等重化工业严重依赖矿产资源的开发，并产生大量工业废物，由此引发一系列生态环境问题。如磁湖水质呈中度营养化，青山湖、大冶湖、保安湖呈有机物污染和富营养化，湿地生物多样性减少，湿地保护和修复任务艰巨。黄石市长期进行高强度矿产资源开发，当前共有矿山409座，占地3133公顷，其中尾矿库170座，占地742公顷，开山塘口327个，需要恢复治理的矿山植被破坏面积达700公顷。矿山开发易诱发地面坍塌、崩塌、滑坡、泥石流等地质灾害。黄石市县有地质灾害隐患点（区）356个，矿山地质灾害治理形势极为迫切。

3. 环境保护监管能力急需提升

黄石市财政资金有限，尚不能满足日益增长的环境监管能力提升的需求。随着长江经济带"共抓大保护、不搞大开发"战略的稳步推进，以及《大气污染防治行动计划》、《水污染防治行动计划》、《土壤污染防治行动计划》的深入实施，环境保护已成为黄石市政府日常工作的核心内容，但受制财政资金和人员编制，环保资金、监管人员投入存在较大缺口，导致当前环保工作呈现"小马拉大车"局面。特别是基层监管能力极为薄弱，无法适应生态环境修复和保护、建设和管理的要求。

三、黄石市韧性经济体系建设的推进对策

黄石市打造韧性经济体系需以夯实要素禀赋、推动产业转型升级、加强与武汉等中心城市的合作及港城联动为抓手，围绕振兴黄石工业、完善现代经济体系、建设绿色生态城市为目标提出推进对策，从而增强黄石经济韧性，加快城市转型，实现经济高质量发展。

（一）加快优化营商环境

（1）推动政务服务便利化。依法精简行政审批事项和冗余服务环节，推动简政放权和权责清单管理制相结合，不断提高政务服务质量和效率。一方面，大力优化服务环境和服务理念。加强登记窗口建设，按照"规范化、智能化、现代化"标准改善登记大厅硬环境，充实窗口力量。另一方面，改进服务方式、丰富服务手段。积极推进"互联网+政府服务"，推动政府服务事项由实体政务大厅向网上办事大厅延伸，构建统一线上备案审批平台。此外，公开服务流程和办事指南，全面推行行政许可和公共服务标准化。

（2）拓宽政企沟通渠道。建立督察机构、审计部门与工商联、商业协会工作沟通机制，推动相关政策、扶持资金、重大项目精准落地。政府相关部门应加强与黄石市各行业典型企业沟通[1]，从准入政策、品牌培育、拓宽融资、企业管理等方面给予指导和扶持，提供完备的政策咨询服务。对于重点企业和重点项目，持续做好服务对接工作，建立包括已注册、待注册、前期筹备等重点企业重点项目库，实施领导分包

---

[1] 典型企业包括龙头企业和小微企业。

制，帮助企业解决发展的关键问题，保证重大项目快速结办，高效落地。此外，建立政府部门与工商联、商业协会、非公有制企业定期沟通互动机制，定期召开政企座谈会，全面细致了解企业各类诉求。对有代表性的建设性意见，属本级办理的限时办结，需上报的限时报出，不能办结的写入政府规划议程。

（3）加快市场准入。实施市场准入负面清单制度，开放除法律法规禁止以外的领域，放宽准入门槛。同时要规范市场准入程序，取消除法律法规规定以外的审查环节，营造良好的市场竞争氛围。此外，取消除涉密和特定重大技术工程以外的招标限制，全面开放市场。当前，黄石市围绕放宽市场准入积极推进证照分离改革，提高市场准入透明度和可预期性，加快深化"多证合一"改革，营造快速、平等、便利的准入环境。

（二）完善现代产业体系

（1）加快改造提升传统产业。统筹推进以"智能化、绿色化、服务化"为重点的技术改造工程。支持黄石市龙头企业围绕"资源循环利用、节能减排、服务制造"推进传统产业技改项目的建设。鼓励钢铁、有色、建材、石化、工程机械等重化工企业改造生产线，引进智能化生产设备，并加强建设废料循环和污染处理等工序；鼓励纺织服装、食品饮料等行业重点提高产能，增强私人订制服务、产品设计和品牌建设。此外，依托黄石创新中心、产业技术创新联盟等服务平台，开展产学研用深度合作，促进技改成果落地。充分利用互联网技术，加快产品设计、营销方式、支付结算、售后服务等环节创新，推广工业设计、定制化服务、供应链管理、全生命周期管理等新模式。

（2）加快服务业创新发展。尤其要创新生产性服务业发展，根据黄石市服务业优势资源、产业基础和发展潜力，聚焦重点领域和发展短板，优化服务供给结构，促进生产性服务业向专业化和价值链高端延伸，生活性服务业向精细和高品质转变，构建与经济转型相适应、与现代农业、工业相融合的服务体系，支撑经济发展、民生改善、社会进步,促进服务业提质增效,加快建成区域性服务业中心城市。一方面,优先发展生产性服务业。以产业升级需求为导向,加快生产服务专业化、高端化推进,提升产业体系整体竞争力。促进黄石产业转型升级,应重点发展金融服务业、现代物流业、信息服务业、科创服务业、节能环保服务业等生产性服务业。另一方面,扩大生活性服务有效供给。发挥社会服务对提升生存质量和发展能力的重要作用,在政府保本兜底基础上,充分发挥市场主体作用,增加服务有效供给,推动生活性服务业提质增效,更好满足多层次、多样化需求。黄石应重点发展现代商贸业、教育培训服务业和旅游休闲业等生活性服务业。

(3) 发展壮大战略性新兴产业。围绕"中国制造2025"确定的十大重点领域,结合黄石市的产业基础和比较优势,确定战略性新兴产业重点发展领域,加快对接《中国制造业2025湖北省行动方案》。当前,黄石需制订战略性新兴产业发展规划,提升产业支撑作用。以信息技术、智能装备制造、新能源汽车、节能环保、新能源、新材料、生物医药产业为突破口,加快培育一批具有黄石特色的新兴产业,打造新的经济增长点。重点围绕终端产品和龙头企业招大引强,推行新产业招商、全产业链招商。设立产业发展基金,充分发挥投资引导作用,重点支持新兴产业领域初创期创新型产业。

(4) 促进产业融合发展。一方面,促进生产性服务业与制造业融合发展。黄石市应重点发展服务型制造,推动服务向制造拓展,搭建服务制造融合平台。鼓励制造业龙头企业开展设计咨询、设备制造及采购、施工安装、维护管理等一体化服务,支持制造业领军企业面向全行业提供市场调研、研发设计、工程总包和系统控制等服务,推进信息化与工业化的深度融合。另一方面,构建新型农业社会化服务体系。黄石应鼓励农民专业合作社、农业产业化龙头企业、工商资本、其他社会化服务组织投资发展农业服务,支持农机合作社发展为机械化综合农事服务主体,促进供销社等主体向农业综合服务商转型,支持农商联盟发展,鼓励银行、保险、科研、邮政等机构与农村各类服务主体深度合作。此外,促进服务业内部融合发展。促进设计、信贷、物流、旅游、餐饮、养老等服务业跨界融合发展。通过采用互联网、大数据、云计算等技术，发展精准服务、体验服务、聚合服务等模式，培育线上线下联动的体验式消费、群体共享式消费、个性需求定制服务等互联网新商务。发挥平台型、枢纽型服务企业的引领作用，带动创新创业和小微企业发展，共建"平台+模块"产业集群。

（5）促进产业集群化发展。首先，盘活土地资源。以建设国家服务业综合改革试点区域为契机，加快改造城镇低效用地。鼓励企业盘活闲置用地，加快老厂区、老厂房、老设施及露天矿坑的改造与再利用。同时，实施退城入园三年计划，加快推进华新水泥、新兴管业、宝钢黄石公司、三环离合器等33家企业退城入园。其次，延伸产业链建设。鼓励具备条件的工业企业发展市场调研、产品设计、技术开发、工程总包和系统控制等业务，推动新兴产业链建设，构建特色产业集群。依托龙头企业强化与上下游企业协同发展，通过推动产品延伸，加快整合、重构企业间关系网路，强化企业间关联度。此外，建设先进制造业集群。加快黄石市的湖北省级重点成长型产业集群做大规模、延伸链条、协同发展。包括铜冶炼及深加工、电子信息、服务、模具、化工医药、饮料食品、高端装备制造、汽车零部件等8个省级重点成长产业集群。并依托产业创新中心、新技术推广应用中心建设创新型产业集群，打造新兴产业创新发展策源地，推动制造业集群转型升级和引进先进制造业集聚。

（6）推动产业创新发展。推动建设产业技术研究院、产业技术创新联盟、国家产业创新中心等机构。围绕黄石市黑色金属、有色金属、建材、能源、装备制造、纺织服装、食品饮料、化工医药等8大主导产业集群，以及铜冶炼及深加工、电子信息、服装、模具、化工医药、饮料食品、高端装备制造、汽车零部件等8个省级重点成长型产业集群，加快建立产业技术研究院；推进劲牌、美尔雅、新冶钢、东贝机电、华新水泥等黄石市龙头企业与湖北师范大学、湖北理工学院、湖北工程职业学院等本土科研院校以及武汉大学、华中科技大学、武汉理工大学等武汉高校的紧密合作，共建产业技术创新联盟；围绕钢铁、建材、纺织等传统支柱产业以及高端制造、生物医药、电子信息等新兴产业组建国家产业创新中心，推动新兴产业集聚发展、培育经济发展新动能。推动产业链、创新链、资金链和政策链深度融合，打造"政产学研资"紧密合作的创新生态；推动技术创新成果的转移转化，扩散新技术、新模式，培育新业态、新产业，促进区域产业集群发展、创新发展；开展军民科技协同创新，推动产业前沿技术、共性技术联合攻关，促进科技成果双向转移转化。

（7）优化劳动市场建设。一是统筹人才队伍建设。深入实施东楚英才计划和高技能人才振兴计划等专项行动计划，推进实施专业技术人才知识更新和培养等工程，并引进一批高层次创新领军人才，定期发布重点领域紧缺人才目录。创新"人才+岗位+项目"开发模式，发挥重要计划、重大项目、重点资金的引才作用，建设一批高技能人才培训基地、高技能人才工作站和创新实践基地。二是拓展劳动用工渠道。开展用工宣传工作，通过搭建就业服务点、印制宣传礼品，借助网络、报纸、电视台等平台介绍黄石市企业用工信息，通过播放宣传片的形式提升黄石影响力和企业知名度。鼓励企业开展"草根式"宣传，推动"以工代工"措施。三是完善用工配套设施。加快政府与企业配合完善企业的配套设施，推动改善企业生产环境，营造"清洁、高效、适宜"的生产环境。同时完善用工的配套政策。引导企业对新招员工做好岗前培训，根据工作年限、技能水平、工作绩效，实施差异化生活补贴和福利待遇，完善医疗保健、家属就业、子女入学等配套服务。

（三）推动经济绿色发展

（1）工业绿色发展。首先，黄石市应加快完善工业布局规划，加强园区内环境管制、加快绿色承接产业转移。落实主体功能区规划，加强分类指导，制定产业发展市场准入负面清单，明确禁止和限制发展的行业、生产工艺、产品目录，严控沿江钢铁、化学原料和化学制品制造、有色金属、印染、造纸等项目建设的环境风险。其次，推动产业结构绿色化。加快传统制造业绿色化改造、发展壮大节能环保产业、完善绿色制造体系。严禁钢铁、水泥、玻璃等产能过剩行业扩能，加快重化工企业技术改造、设施（装备）改造，推进石化、钢铁、有色等重点行业智能工厂、数字车间、数字矿山和智慧园区改造。此外，推动工业遗产的再利用。鼓励工业遗产与文化创意产业、博览科学教育、旅游生态环境等资源相结合，建设创意产业园、主题博物馆、主题文化广场、遗址公园等，促进工业遗产的集中展示和合理利用。鼓励开展工业遗产的学术研究和交流，挖掘工业遗产价值，推动工业遗产再利用。

（2）服务业绿色发展。首先，大力发展绿色金融。发展绿色信贷、绿色保险、设立绿色发展基金、不断完善水权和排污权交易市场，完善绿色金融财税政策。优化信贷结构，加大对节能环保、绿色交通及绿色消费等项目的支持力度。探索建立绿色信贷风险补偿机制和分担机制，提高绿色信贷不良贷款的容忍度。加快结合社会资本设立绿色发展基金，鼓励绿色企业发行绿色债券，推动上市挂牌。其次，优先发展绿色物流。采用新型绿色物流技术、发展多式联运、建立企业联盟运作模式，加快发展绿色物流，积极研究开发绿色物流技术，大力提升物流管理人员的专业能力，掌握企业内物流以及向外延伸的整条供应链的管理等综合知识，加强园区间物流企业合作与交流，共同提高绿色物流技术应用水平。此外，发展壮大生态旅游。鼓励发展生态旅游，推动旅游业生态健康可持续发展，加快发展工矿旅游、全域旅游、乡村旅游。对资源配置进行全面规划，合理开发优质矿山旅游资源，优化开发黄石国家矿山公园、东钢工业旧址、华新水泥厂旧址、汉冶萍煤铁厂矿旧址、源华煤矿旧址等知名工矿遗迹。

（3）农业绿色发展。首先，优化农业空间布局。黄石市应加快推动农业绿色开发。在农业生产与水土资源匹配较好地区，稳定发展油茶、稻虾、柑橘等比较优势和黄石特色的农业，在资源过度利用和环境问题突出地区，适度休养，调整结构，治理污染，在生态脆弱区，实施退耕还林还草等措施，加大农业生态建设力度，修复农业生态系统功能。其次，强化资源保护和利用。黄石应加快防治农田污染、综合治理养殖污染、节约高效利用农业用水。加强农业面源污染防控，科学使用农业投入品，提高使用效率，减少农业内源性污染，鼓励使用有机肥、生物肥料和绿肥种植，推广高效、低毒、低残留农药、生物农药和先进施药机械，在饮用水水源保护区、风景名胜区等地划定禁养区、限养区，完善污染治理设施建设，严控养殖容量和养殖密度，开展水产养殖池塘标准化改造和生态修复，推广高效安全的复合饲料。最后，强化科技和人才支撑。加快农业科技人才的培育与应用，推动农业科技体制机制创新、强化农业科技成果应用转化。建立黄石农业科技协同创新联盟，依托黄石国家农业科技园区，进一步整合科研院所、高校、企业的科技资源，健全农业科技创新的绩效评价和激励机制，充分利用市场机制吸引社会资源参与农业可持续发展科技创新。

（四）加强黄石—武汉协同发展

（1）发展飞地经济。总结武汉东湖高新区可复制、可推广的先行先试政策，在黄石市探索共建以电子信息产业、生物医药制造业和智能装备制造业为主导的"武汉东湖高新区·黄石产业园"。依托黄石经济技术开发区和大冶湖高新技术产业开发区的产业基础，两地按照协议共同分担基础建设投入，并设立双方长期友好合作的机制，产业园管理委员会由双方共同派驻人员，企业盈利和税收按协议分成。通过飞地经济模式发挥武汉东湖高新区对黄石的辐射带动作用，推进产业交流合作和重大项目建设等方面的跨区域合作和共享，实现两地资源共享、产业联动。

（2）科学承接武汉制造业转移。黄石市在电子信息产业和新能源产业等领域有较雄厚的产业基础和强烈的发展意愿。武汉东湖高新区则在土地供应、环境保护、制度条件等方面面临较大约束。应加快传统产业淘汰速度，加大土地整治强度，优化营商环境，在科学评估资源环境承载能力前提下，以"腾笼换鸟"的形式科学承接武汉市电子信息产业和新能源汽车及零部件产业转移，延长本地产业链，推动黄石市产业集群化、规模化。在电子信息产业领域，主要加大智能终端产业转移。依托黄石PCB元器件领域的优势，加强引进行业龙头企业研发高端化智能手机、平板电脑、可穿戴设备等产品，形成产业链上的辐射带动效应，促进智能终端产业在黄石的聚集，将黄石发展成为承接智能终端产业转移的高地。在新能源汽车及汽车零部件产业领域，加大定向招商力度，积极引进纯电动公交车、乘用车、通勤车、物流车配套项目布局黄石，打造新能源汽车研发基地。

（3）共同打造先进制造业集群。黄石市应加快对接武汉的光电子信息产业、新能源汽车产业和生命健康产业。在电子信息产业方面，围绕武汉深天马、华星光电等重大平板显示项目，引进玻璃基板、偏光片、驱动 IC 等一批平板配套项目，为武汉提供电子信息产业配套。积极发展以智能手机、平板电脑、可穿戴设备等产品为主的移动终端产业，抢抓国家将武汉列为国内集成电路产业集聚区的历史性机遇，大力引进封装测试及其配套企业，与武汉集成电路产业集聚区配套的封装测试配套产业，LED 及下游应用产业等延伸产业。在新能源汽车领域，配套发展汽车轮毂、汽车玻璃、车用座椅等汽车零部件项目，依托中兴派能、劲锋锂能等企业，加快配套发展车用动力电池制造产业；依托三环离合器、安达汽配、奥莱斯轮胎、哈特贝尔轴承、鑫华轮毂等重点企业，积极发展汽车关键总成及零部件产品。在生命健康产业，以劲牌生物、三九制药为龙头，发挥飞云制药、威仕生物、卫材、燕舞等企业在中药饮片、中药提取等领域的积累优势，实施大品种战略，与武汉共同建设现代中药产业集群。

（五）构建综合立体交通枢纽

（1）优化港口功能布局。首先，推动港口协同发展。强化港口分工协作，统筹黄石市港口规划布局，适度发展一般港口，推进专业化、规模化和现代化发展，严格控制港口码头无序建设。加强黄石港口与沿海港口协作互动，完善集装箱、铁矿石、煤炭、汽车滚装及江海中转运输系统。加快黄石港转型升级，拓展服务功能，促进港口、园区、产业协调发展。鼓励大型港航企业以资本为纽带，采用商业模式整合黄石市沿江港口和航运资源。其次，发展现代航运服务。依托黄石港港口建设，积极对接武汉长江中游航运中心，积极培育航运金融、保险、海事仲裁、信息、航运交易、船舶检测认证等高端航运服务业态。大力发展江海联运服务，进一步完善黄石港江海联运服务功能。此外，加强集疏运体系建设。以黄石市航运中心和主要港口为重点，加快铁路、高等级公路等于重要港区的连接线建设，加强信息平台建设，强化集疏运服务功能，提升货物中转能力和效率，有效解决"最后一公里"问题，实现枢纽港与铁路、公路运输衔接互动。推进港口与沿江开发区、物流园区的通道建设，扩大黄石市港口运输服务的覆盖范围。

（2）完善综合交通网络。首先优化公路运输网络。以国家高速公路为骨架，统筹推进地区高速公路建设，消除市级间"断头路"。提高国省干线公路技术等级和安全服务水平，加大普通国省道改造力度。加快普通国道建设，消除瓶颈路段制约，提高技术等级和安全水平。加强市际通道和连接重要口岸、旅游景区、矿产资源基地等的公路建设，实现主要港口、民航机场、铁路枢纽、重要边境口岸、省级以上工业园区基本通二级以上公路。加快县乡连通路、资源开发路、旅游景区路、山区扶贫路建设，实现具备条件的乡镇、建制村通沥青（水泥）路。配套完善道路安全防护设施和交通管理设施设备。其次提升航空运输能力。建设黄石通用机场，疏通交通运输通道，积极对接布局鄂州的湖北国际物流核心枢纽。优化航线网络，提高主要城市间航班密度，培育和拓展国际运输航线。积极发展航空快递，深化低空空域管理改革，大力发展通用航空。机场航站楼建设坚持朴实使用原则，不搞豪华装修等形象工程。此外，增强铁路运输能力。强化建设铁路运输网络，加快铁路建设步伐，形成与长江经济带黄金水道功能互补、衔接顺畅的快速大能力铁路通道。对接武汉市长江中游城市群交通中心，联通黄石市同长江中游城市群的城际交通网。加快普通铁路建设，完善网络布局，进一步提高黄石市铁路运输能力。建成五九客运专线大冶北至阳新段、棋盘洲港区铁路专用线，规划实施沿江铁路货运支线、鄂东城市群城际铁路专线黄时段、武九客专与武黄城际铁路分线工程，改扩建黄石市沿江大能力普通铁路，提升既有铁路运能，形成客货共线的普通铁路网。

(3) 大力发展联程联运。首先,建设综合交通枢纽。加快建设黄石市区域性综合交通枢纽,提高综合交通运输体系的运行效率,增强对产业布局的引导和城镇发展的支撑作用。加快综合交通枢纽规划工作,做好与黄石市和周边城市城镇体系规划、城市总体规划、土地利用总体规划等的衔接与协调。统筹综合交通枢纽与产业布局、城市功能布局的关系,以综合交通枢纽为核心,协调枢纽与通道的发展。其次,加强客运枢纽一体化衔接。根据黄石市空间形态、旅游出行等特征,合理布局不同层次、不同功能的客运枢纽。提高枢纽一体化水平,实现干线铁路、城际轨道、干线公路、机场等与城市轨道交通、地面公共交通、市郊铁路、私人交通等的精密衔接。鼓励采取开放式、立体化方式建设交通枢纽,尽可能实现同站换乘。建成团城山综合客运枢纽站,新建黄石综合客运东站、大冶市交通客运枢纽站、阳新综合客运站等3个综合客运枢纽站,改建罗桥铁路货运枢纽站。此外,加快发展多式联运。打破黄石市区域和行业分隔,推动不同方式、不同区域之间运输资源有效配置和集约利用,提升运输服务一体化水平。加快物流网络建设,增强沿江物流园区综合服务功能,培育壮大现代物流企业,形成若干区域性物流中心,提高物流效率,降低物流成本。根据国家标准规范,培育黄石市交通多式联运经营人,鼓励发展铁水、公水、空铁等多式联运,增加集装箱和大宗散货铁水联运比重,提高公水、空铁联运效率,增强货物运输的便捷性、兼容性和安全性,推进公水滚装甩挂运输发展。

课题组组长: 吴传清　武汉大学经济与管理学院教授、博士生导师
　　　　　　　　中国主体功能区战略研究院副院长
　　　　　　　　武汉大学区域经济研究中心主任
课题组成员: 黄　磊　杜　宇　黄　成　邓明亮　万　庆　董　旭
　　　　　　　宋子逸　张高琼

关于武汉申办世界技能大赛的再次建议

李 光　乔亚兰

2017年10月13日，世界技能组织2017年大会在阿联酋首都阿尔扎比召开，我国上海市成功获得2021年第46届世界技能大会举办权，这也是我国首次获得世界技能大赛举办权。在随即隆重举行的第44届世界技能大赛中，中国队以15枚金牌位列金牌榜首，中国选手获得唯一的"阿尔伯特·维达"大奖，创造了中国队的历史最佳成绩。在为我国取得世界技能大赛重要突破欢欣鼓舞之余，笔者再次提出湖北省武汉市申办世界技能大赛的建议，以期引起有关决策者重视。早在2011年3月，笔者就通过《武汉市人民政府参事建议》正式提出"关于武汉申办第44届世界技能大赛的建议"，并被中共武汉市委《每日汇报》摘要编发，《长江日报》也刊发了笔者建议的主要内容。令人遗憾的是，当时并没有引起有关决策者和社会的重视，至少在理论上使武汉与中国第一个申办或举办世界技能大赛城市失之交臂。值得关注的是，习近平总书记批准中国申办世界技能大赛，亲自在申办报告中致辞并在申办陈述中发表视频讲话。

世界技能组织前身是成立于1950年的"国际职业技能训练组织（IVTO）"，至今已有68年历史。2010年10月7日，世界技能组织大会表决批准中国正式加入世界技能组织。2011年，中国首次派出代表团参加世界技能大赛。目前，世界技能组织总部设在荷兰首都阿姆斯特丹，现有78个成员国及地区成员，涵盖了70%以上的世界人口。其举办的世界技能大比赛每两年一次，是当今世界地位最高、规模最大、影响力最强的职业技能竞赛。从世界技能大赛的宗旨看：一是推广职业技能教育及训练；二是促进职业技能教育及训练信息交流；三是促进成员之间年轻技术人员及培训人员的经验交流与合作；四是提高社会对技术人才及职业技能训练的重视。世界技能大赛不仅仅是"国际技能的奥林匹克"，而且是观察世界主要工业国家实力消长的重要窗口。第44届世界技能大赛的竞技项目分6大类47项。第一类是艺术创作与时尚；第二类是施工与建筑技术；第三类是信息与通信技术；第四类是制造与工程技术；第五类是社会及个人服务；第六类是运输及物流。显而易见，这些竞技项目覆盖了高新技术产业、现代制造业和现代服务业。世界技能大赛与企业、尤其是世界500强企业和国际知名企业联系紧密，在历届世界技能大赛的赞助商和供应商中，不乏杜邦、思科、微软、可口可乐、三星、3M、本田等众多世界著名企业的身影。世界技能大赛既是国际青年技能精英人才的盛会，也是国家及地区之间技能实力的角逐，更是世界企业之间技能竞争力的较量。

自首届世界技能大赛1950年在西班牙首都马德里举办以来，历届世界技能大赛分别在美国、法国、加拿大、意大利、英国、德国、葡萄牙、澳大利亚、荷兰、瑞士、芬兰、日本、韩国、奥地利等国家及地区的城市举行，迄今在亚洲只举办过4次，其中第32届世界技能大赛1993年在中国台北成功举办。从历届世界技能大赛举办城市看，有多届世界技能大赛并非在举办国的首都，如在西班牙巴塞罗那和希洪、美国亚特兰大、法国里昂、英国伯明翰和格拉斯哥、德国慕尼黑和杜伊斯堡、日本大阪和静冈、加拿大蒙特利尔和卡尔加里、瑞士圣加仑、奥地利林茨、荷兰乌得勒支、爱尔兰科克、意大利摩德纳以及韩国釜山等城市都举办过。第45届世界技能大赛已确定2019年在俄罗斯喀山举办。2018年6月，"2018年中国技能大赛——第45届世界技能大赛全国选拔赛"分为上海、广州两个赛区进行，其竞赛项目覆盖世界技能大赛全部6大类52项。

武汉迫切需要世界技能大赛等重大国际性活动。中共十九大报告明确提出："要建设知识型、技能型、创新型劳动者大军，弘扬劳模精神和工匠精神，营造劳动光荣的社会风尚和精益求精的敬业风气。"2017

年，我国技能人才规模达到1.65亿人，高技能人才达到4791万人。武汉正在强化长江中游特大城市功能，加快建设国家中心城市和"国际化大武汉"。按照国家赋予的战略使命和未来发展愿景，武汉不仅是中国的武汉，而且也是世界的武汉，必须努力跻身世界知名的现代化国际城市之列。要实现这一宏大目标，必须不断提高承办国际性大型赛事及重要活动的能力。鉴于我国上海申办2021年第46届世界技能大赛举办城市取得成功，笔者再次建议武汉市政府从城市发展战略考虑，时不我待，果断决策，积极创造条件，不能再错失良机，应力争2025年第48届世界技能大赛或2027年第49届世界技能大赛在武汉举办。武汉要成为国家中心城市和现代化国际性城市，实在太需要世界技能大赛这类国际性大型赛事及重要活动来促进和加快自己的国际化进程。无数事实表明，举办国际性大型赛事及重要活动，无疑是一个城市国际地位的象征，也是加快城市开放、加快城市文明建设、加快城市地位提升、加快城市基础设施改善的便捷路径。然而，国际性大型赛事及重要活动举办权往往有众多城市竞争，从申办到举办往往需要多年的时间，需要多届政府接力完成，更需要现任政府及其决策者的战略视野、社会责任、雄心壮志和聪明睿智。

武汉将受益于世界技能大赛等重大国际性活动。通过申办世界技能大赛，构建多行业技能交流的国际平台，武汉可以学习和借鉴世界各国促进技能培训及技能竞赛的经验，有效推进和完善面向全体劳动者的职业技能培训制度，加强人力资源能力建设，不断提高劳动者素质，倡导劳动者爱岗敬业、钻研技能的工匠精神。通过申办世界技能大赛，可有效提升武汉的高新技术产业、先进制造业和现代服务业水平，实现"武汉制造"和"武汉服务"的提档升级，加快实现从"武汉制造"向"武汉创造"、"武汉智造"的战略性转变。通过举办世界技能大赛，将进一步彰显武汉作为国际中心城市、科教大市、创新型城市、国际化大都市的风采，宣传武汉的高技能人才资源和人力资源能力建设优势，强化国家中心城市的引领、辐射和集散功能，提高江城武汉的世界知名度。通过举办世界技能大赛，表明武汉以更大开放度承担重要国家事务和国际性大赛及活动的决心，展示武汉对内凝练实力、对外积聚人气的宽阔胸襟，表征努力复兴大武汉、建设现代化大武汉的自信。

武汉具有申办世界技能大赛的良好基础及有利条件。武汉是我国科教大市、人力资源大市和人才培养强市，拥有高等院校82所（其中高等职业院校30所），在校大学生达到130万，近年来每年的大学毕业生近30万，位居全国第一。武汉有完整的大学、中专、技校教育培训体系，尤其是拥有一批职业技术学院和国家重点中专学校。历史上武汉是我国重要的工业基地，制造业发达，服务业加快发展，拥有一批全国乃至世界知名的大中型企业。武汉区位优势明显、交通便利、宜居宜业，在我国高铁时代更占尽天时地利。"十三五"、"十四五"时期是武汉城市大建设、大发展的关键期和收获期，以大容量轨道交通为主干的立体交通网络和以智能化、宽带化、无线化、泛在化基础网络为支撑的"智慧城市"将初步形成，一大批高水平的大型公共基础设施将投入运行，长江新城、长江主轴等建设将获得重要进展……武汉2021年GDP将超过20000亿人民币。这些都为武汉申办世界技能大赛创造了有利条件，也使武汉申办世界技能大赛具有经济可行性、社会可行性、政治可行性、环境可行性和技术可行性。通过申办世界技能大赛，可进一步加快国家中心城市和国际化大武汉建设，进一步提升武汉的城市知名度、美誉度和影响力。

为武汉积极申办世界技能大赛城市，特提出以下具体建议：

——切实把握我国上海成功获得2021年第47届世界技能大会举办权的机遇，认真总结武汉2017年成功申请获得联合国"设计之都"的经验，尽快组织针对世界技能组织、申办世界技能大赛的专项研究，掌握与之相关的各种信息，进行必要性、可行性科学论证，并制订具有科学性和可操作性的工作方案，为科学决策提供支持。

——一旦形成积极申办2025年第48届世界技能大赛或2027年第49届世界技能大赛举办城市的重大决策，要尽快学习借鉴上海申办世界技能大赛举办城市的成功经验，尽快作为非首都国家中心城市与国家人力资源和社会保障部沟通，并尽快按程序和时间节点向世界技能组织提出正式申请。

——尽快成立"武汉市申办世界技能大赛工作组",在政府直接领导下有组织、有计划、有步骤、有目标地开展申办工作,尽快学习理解国际技能大赛标准及规则(尤其是最新7.1版世界技能大赛竞赛规则A册、B册),尽快系统研究承办世界技能大赛所需要解决的各种问题,尽快全社会征集并确定世界技能大赛申办口号和办赛理念,尽快谋划和创新世界技能大赛的各项工作及活动。

——加强与世界技能组织联系,积极关注和参与世界技能大赛相关活动,并组织工作专班考察第45届世界技能大赛承办城市俄罗斯喀山的各项工作,充分学习借鉴世界技能大赛举办城市的成功经验。在适当时候特别邀请世界技能组织现任主席西蒙·巴特利等官员访问武汉。2018年3月,上海出版印刷高等专科学校聘请西蒙·巴特利为名誉教授。

——将申办2025年第48届世界技能大赛或2027年第49届世界技能大赛纳入武汉市相关发展规划,大力加强城市公共基础设施建设和城市文明软环境建设,积极参与和承办我国各类技能比赛,积极组织参加"中国技能大赛""中国青年技能营",积极争取承办世界技能大赛全国选拔赛,积极参与和承办我国各类技能比赛,积极组织地方性技能交流和技能竞赛活动。

——以申办第48届世界技能大赛或第49届世界技能大赛为契机,通过实施武汉"高技能人才培养计划"重点工程及延伸计划,切实加强高技能人才培育和激励,努力创造高技能人才成长的社会氛围,为国家培育和选拔优秀技能竞技选手,努力提升武汉的技能培训水平和整体技能水平,努力成为重视职业技能培养、激励职业技能成才的城市典范。

——积极引导社会公众关注和参与技能活动,形成全社会重视技能的良好氛围。积极倡导和组织武汉地区的企业,积极关注、参与、支持世界技能大赛和国内技能比赛以及技能培训相关活动,积极鼓励企业赞助世界技能大赛相关活动,尤其要努力实现相关行业大、中、小、微企业重技能的全覆盖,不断提高企业技能的总体水平和综合竞争力。

报告撰稿人: 李　光　武汉大学"珞珈杰出学者"、教授、博士生导师

乔亚兰　湖北艺术职业学院人文学院院长、副教授、博士

关于盛隆电气集团坚守实体经济走高质量发展道路的调研报告

李 健

总部在武汉的盛隆电气集团（简称盛隆电气）是我国电气制造业的后起之秀。近几年，有不少企业反映日子不好过，但是这家企业产品的市场销售却一直火爆，仅2017年在武汉举办的一次电气智能用电博览会上，盛隆电气拿到的订单就高达756亿元。为什么在经济下行压力加大、增长速度放缓的大环境下，该企业仍能够保持强劲的发展势头，攻城略地，在国内国外大把大把地拿订单？他们成功的秘诀是什么？中共盛隆电气集团党委书记、董事长谢元德给出的答案是："因为我们始终坚守实体经济不动摇，咬定青山不放松；始终坚持走高质量发展道路，把创新作为第一动力，把质量视为生命；始终坚持员工与企业共同成长，创立并成功实践了一种被称为'群体老板制'的群体企业家制度。"

一、咬住青山不放松，坚守实体经济不动摇

盛隆电气健康成长的第一个秘诀是，始终坚守实体经济，聚焦电气制造业。

前些年，由于实体经济发展的外部环境欠佳，不少企业选择脱实向虚，转行去搞房地产、股票、期货等，赚快钱。盛隆电气也曾经受到过这种诱惑，公司管理层有人向谢元德提议，与其干制造业辛苦受累，又挣不到什么钱，不如改弦更张，也像其他企业那样，去搞些房地产，搞

些股票、期货，挣点轻松钱。谢元德对此明确表示反对。他认为："办企业和种庄稼一样，必须实打实，不能耍小聪明、搞投机。实体经济是一个国家经济的根基，也是盛隆电气的立身之本，在任何时候、任何情况下，我们都必须坚守，不能动摇。"他还公开宣布，盛隆电气在任何时候不去圈国家的地，在任何情况下不去圈老百姓的钱，并强调，"任何人都不准踩这两条红线"。在谢元德的带领下，该企业这么多年来，不但一直没有染指房地产和股票、期货，而且还主动剥离了五金加工和建筑、运输等低端产业，进一步聚焦电气制造业，特别是国家急需发展的互联网智能电气制造业。

坚守终于换来了成功，盛隆电气现已成为我国互联网智能供电设备制造业的一艘巨轮。知名企业家、武汉市工商联主席间志谈到盛隆电气走过的路，不无感慨地说："谢总这么多年来，一直坚持搞实体经济、搞制造业，非常不容易，也非常了不起。这种坚守是需要定力的，我们每位企业家都应该向他学习。"

"我国是个大国，必须发展实体经济，不断推进工业现代化、提高制造业水平，不能脱实向虚。"看到习近平总书记在广西考察工作时的这段讲话，谢元德十分激动，进一步坚定了做实体经济、扎根制造业的决心。谢元德高兴地对我们说："党的十九大报告提出，要把发展经济的着力点放在实体经济上，加快发展先进制造业，是对像盛隆电气这样一直坚守实体经济、从事制造业的企业的莫大支持与鼓舞。"如今，谢元德和他的团队，正信心满满地带领盛隆电气员工向着新的目标奋进。

二、走高质量发展道路，坚持创新驱动和质量兴企

盛隆电气健康成长的第二个秘诀是，始终坚持走高质量发展道路，重视技术创新，重视产品质量。

"让每一度电创造更多的GDP"，是盛隆电气的发展愿景，也是盛隆电气的目标追求。为了实现这个目标，他们将创新作为第一动力，花大力气构建以市场为导向、企业为主体、产学研深度融合的技术创新体

系。他们很早就与清华大学、中国科学院电工研究所等单位开展了产学研合作，在北京成立了由我国著名电气专家、中国工程院院士顾国彪领衔的智能配电研究所，并且不拘一格在海内外延揽高端人才。在谢元德看来，创新驱动就是人才驱动，因此他始终把培养人才、引进人才作为企业发展的"置顶"任务。

盛隆电气勇做互联网智能供电设备领域的弄潮儿，不断攀登行业竞争的制高点。八年前，集团总裁谢洪潮博士等注意到，世界配用电领域正在从以电力保护技术为代表的功能化时代，走向电力技术与数字化技术、互联网技术相融合的智能化时代。面对这场新的变革，他们果断出击，组织精兵强将开发具有世界先进水平的iPanel互联网智能低压电气柜和iOVE2000互联网智能配电系统。如今，这两款有自主知识产权的产品，由于技术含量高，性能优越，质量可靠，节能环保效果明显，都已成为企业的拳头产品和市场上的抢手货。

"智能用电，保证20年"，是盛隆电气写在最新系列产品上的标志，也是盛隆电气对客户的庄严承诺。为了实现这个承诺，谢元德和他的团队采取了一系列措施。一是把质量视为企业的生命，将质量第一的意识牢牢地铸就在每个员工的心中。二是建立行之有效的质量保证体系，实行产品质量责任追究制和一票否决制。三是从严把好产品的出厂关，质量不合格的产品宁可砸掉，也不准流入市场。通过这些举措，盛隆电气的产品质量在用户中建立了良好的信誉。

三、创立"群体老板制"，使优秀员工成为群体企业家

盛隆电气健康成长的第三个秘诀是，始终重视企业管理变革和商业模式创新，创立独具特色的"群体老板制"，使优秀员工成为群体企业家。

谢元德认为，走高质量发展道路，不但要抓技术创新，抓产品质量，还要抓企业管理变革和商业模式创新。他在很多年前就提出："盛隆电气不但要成为一个制造优质产品的企业，而且应成为一个培养企业

家的平台，一块能够使员工变成老板的热土。"谢元德在实践中探索出一种被称为"群体老板制"的群体企业家制度，在盛隆电气取得了巨大成功。现在，这项改革已经受到湖北省和武汉市领导的高度重视，在社会上引起广泛关注，并且被清华大学经济学院、复旦大学管理学院等写进了案例库。"群体老板制"的主要做法是，企业为有本事、想干事的员工创新创业营造环境，搭建平台，帮助他们成长为领军人才；支持员工通过自己的奋斗当企业家、当老板，共同参与企业治理，共同分享发展成果。为了培养"老板"，盛隆电气建立了三级创业公司架构。当创业者淘到第一桶金、在公司账户上有属于自己的100万元后，就可以申请注册三级创业公司，担任经理。经理个人账户达到300万元后，可以申请成立二级创业公司，担任总经理。总经理个人账户达1000万元后，可以申请成立一级创业公司，担任总裁。在清华大学教授宋学宝看来，"群体老板制"的实质是群体企业家制，这项制度的最大优点是，既发挥了公有经济和民有经济的长处，又摒弃了二者的短处，因此，能够在最大程度上实现公平和效率的统一。

"群体老板制"在盛隆电气已经产生了"裂变效应"。经过一茬又一茬的接力，盛隆电气的"老板"队伍像滚雪球一样，越滚越大，现在已经达到400多名。这400多名"老板"及其带领的团队，如同400多台大大小小的发动机，为盛隆电气的发展提供了强大而持久的动力。"群体老板制"不但增强了员工的凝聚力，促进了企业的快速成长，而且提高了企业对外部优秀人才的吸引力，产生了巨大的磁石效应。不少知识分子和大学生，争相到这里建功立业。例如，国家千人计划专家郜涛从新加坡回国后，最初是在武汉地区一所著名大学任教，两年前受"群体老板制"的感召，他毅然来到盛隆电气。原来在一家世界500强企业担任高管的电气工程师韩文，也是看到关于"群体老板制"的报道后辞去外企高薪来盛隆电气的。现在，他已是盛隆智慧城市建设有限公司的总经理。

坚守实体经济，走高质量发展道路，实行群体企业家制度，促进了盛隆电气的快速健康发展。现在，该集团旗下已经有35个子公司和工厂，2个研究院，业务遍布国内所有省市和海外50多个国家及地区。盛隆电气不仅成功参与了京沪高铁、南水北调、首都机场等多个国家重大工程项目，拿到很多订单，而且积极进军"一带一路"沿线国家，现已成为越南国家电网、苏丹新港、斯里兰卡汉班托塔机场等海外重大项目的设备供应商。

报告撰稿人：李　健　武汉大学原党委书记、教授

2017年湖北省国民经济和社会发展主要指标

	单位	2016年		2017年	
		实际数	增幅（%）	实际数	增幅（%）
生产总值（当年价）	亿元	32 297.91	8.1	36 522.95	7.8
其中：第一产业	亿元	3 499.3	3.9	3 759.69	3.6
第二产业	亿元	14 375.13	7.8	16 259.86	7.1
工业增加值	亿元	12 255.46	7.8	13 874.21	7.2
第三产业	亿元	14 423.48	9.5	16 503.40	9.5
全社会固定资产投资	亿元	29 503.88	13.1	31 872.57	11.0
社会消费品零售总额	亿元	15 649.22	11.8	17 394.10	11.1
出口总额	亿元	1 720.1	-5.3	2 064.1	20.2
外商直接投资	亿美元	101.29	13.2	109.94	8.5
地方公共财政预算收入	亿元	3 102.02	7.3	3 248.44	8.4
城镇常住居民人均可支配收入	元	29 386	8.6	31 889	8.5
农村常住居民人均可支配收入	元	12 725	7.4	13 812	8.5
居民消费价格指数	上年=100	102.2	2.2	101.5	1.5
城镇化率（%）		58.1	—	59.3	—
全员劳动生产率	万元/人	8.86	8.7	10.09	13.8
人口自然增长率（‰）		5.07	—	5.59	—

数据来源：2016年、2017年《湖北省国民经济和社会发展统计公报》。

（易晓波　整理）

后 记

《湖北发展研究报告》是湖北省教育厅和武汉大学共同发起、由湖北省普通高校人文社会科学重点研究基地武汉大学发展研究院承担的专项任务。从2003年开始,《湖北发展研究报告》由武汉大学发展研究院组织研究和编辑出版多年。根据武汉大学实施"顶天立地"发展战略的需要,2011年成立了武汉大学湖北发展问题研究中心。从2012年开始,《湖北发展研究报告》由武汉大学湖北发展问题研究中心与武汉大学发展研究院共同组编。

《湖北发展研究报告》的宗旨是:关注湖北省科技、经济和社会发展中的重大问题,分析湖北省经济社会的运行状况,探索湖北省可持续发展战略及其重要举措,提出有助于湖北省高质量发展的对策建议。《湖北发展研究报告》力求具有科学性、探索性、创新性、时效性和实用性。《湖北发展研究报告2003》《湖北发展研究报告2004》《湖北发展研究报告2005》《湖北发展研究报告2006》《湖北发展研究报告2007》《湖北发展研究报告2008》《湖北发展研究报告2009》《湖北发展研究报告2010》《湖北发展研究报告2011》《湖北发展研究报告2012》《湖北发展研究报告2013》《湖北发展研究报告2014》《湖北发展研究报告2015》《湖北发展研究报告2016》《湖北发展研究报告2017》已先后由武汉大学出版社出版。

在深入贯彻落实中国共产党第十九次代表大会精神、努力实现中华民族伟大复兴的实践中,湖北省肩负"建成支点、走在前列"的国家战略使命和高质量发展的重要任务。《湖北发展研究报告2018》积极适应国家及湖北省改革和发展的需要，并重点研究湖北省创新型省份建设、湖北乡村产业振兴、湖北省长江新城建设方略、湖北省农村一、二、三产业融合、发挥武汉大学在湖北创新发展中的支撑及引领作用、湖北省政府职能从研发管理向创新服务转变、创造湖北省民营经济发展营商环境、湖北省科技创新创业政策监测、湖北省稳定脱贫机制、湖北省武陵山片区精准脱贫、湖北省大健康产业发展、湖北省工业效率的时空演化、武汉国家中心城市建设、湖北省高新区创新生态系统评价、湖北省大气雾霾治理、武汉全面创新改革试验区建设等问题。《湖北发展研究报告2018》包括23篇研究报告，这些报告分别由武汉大学、武汉理工大学、华中师范大学、中国地质大学、中南民族大学、武汉科技大学、湖北省社会科学院、湖北省科技信息研究院、湖北汽车工业学院、武汉光谷创新发展研究院等单位的专家学者完成。这部报告的特点是：紧紧围绕湖北省深入实施创新驱动战略和促进科技、经济、社会协调发展，力求观察问题的全面性、分析问题的透彻性、研究问题的系统性和解决问题的建设性。《湖北发展研究报告2018》是在湖北省普通高校人文社会科学重点研究基地建设基金、武汉大学人文社会科学发展基金资助下完成的。《湖北发展研究报告2018》中所陈述的只是课题组及撰稿人的看法，并不代表任何部门以及他们所属机构的观点，观点是否得当、数据正确与否均由他们自己负责。由于《湖北发展研究报告2018》是以跨学科、跨部门方式集体完成的，文字风格等不尽一致，加之时间紧迫，虽然几易其稿，最终又由《湖北发展研究报告2018》统筹人、武汉大学发展研究院李光教授统稿，但仍有许多不尽如人意之处，敬请读者不吝指教。

《湖北发展研究报告》从开始策划起，就得到中共湖北省委、省政府及其教育厅等职能部门以及武汉大学领导的关心和大力支持。在《湖北发展研究报告2018》的研究及编撰过程中，武汉大学党委书记韩进、武汉大学校长窦贤康更是为之倾注了心血，多次提出具有指导性和建设性的意见。《湖北发展研究报告2018》的面世，蕴含着多方面的关心和支持，也凝结着众多人的辛勤劳动，在此一并致以衷心的感谢和诚挚的敬意。

从 2003 年至 2018 年,《湖北发展研究报告》已经组编出版了 16 年。我们期待《湖北发展研究报告 2018》的读者提出建设性意见,以便进一步完善我们的组编工作,并使《湖北发展研究报告》更好地成为展示湖北省发展研究成果的公共平台。

组编者

2018 年 6 月

图书在版编目(CIP)数据

湖北发展研究报告.2018/武汉大学湖北发展问题研究中心,武汉大学发展研究院组编.—武汉:武汉大学出版社,2018.8
ISBN 978-7-307-20507-9

Ⅰ.湖… Ⅱ.①武… ②武… Ⅲ.区域经济发展—研究报告—湖北—2018 Ⅳ.F127.63

中国版本图书馆 CIP 数据核字(2018)第 197319 号

责任编辑:唐 伟　　责任校对:汪欣怡　　版式设计:汪冰滢

出版发行:**武汉大学出版社**　　(430072　武昌　珞珈山)
　　　　　(电子邮件:cbs22@whu.edu.cn　网址:www.wdp.whu.edu.cn)
印刷:武汉中远印务有限公司
开本:720×1000　1/16　　印张:21.5　　字数:307 千字　　插页:2
版次:2018 年 8 月第 1 版　　2018 年 8 月第 1 次印刷
ISBN 978-7-307-20507-9　　定价:60.00 元

版权所有,不得翻印;凡购我社的图书,如有质量问题,请与当地图书销售部门联系调换。